KB066151

의료문화의 사회학

데버러 럽턴 지음

김정선 옮김

한울
아카데미

이 도서의 국립중앙도서관 출판시도서목록(CIP)은 e-CIP홈페이지(http://www.nl.go.kr/ecip)에서
이용하실 수 있습니다. (CIP제어번호 : CIP2009003820)

Second Edition

MEDICINE AS CULTURE

Illness, Disease and the Body in Western Societies

Deborah Lupton

SAGE Publications

London • Thousand Oaks • New Delhi

Second Edition
Medicine as Culture: Illness, Disease and the Body in Western Societies
by Deborah Lupton

English language edition published by SAGE Publications of London, Los Angeles, New Delhi,
Singapore and Washington D.C., ⓒ Deborah Lupton, 2003.
Korean Translation ⓒ Hanul Publishing Group, 2009.
All rights reserved.

옮긴이의 말

　요즘과 같이 건강에 대한 담론이 일상화된 사회에서 이를 학문적으로 이해하고 접근하려는 시도는 예전과는 매우 다른 양상을 보인다. 그동안 특정한 병원균이 신체에 침입함으로써 생물학적 인간이 정상적인 기능에서 벗어나게 되는 것을 건강 문제라고 보는 생의학적 모델은, 건강을 유지하는 유일한 방법은 의학적인 지식과 기술이 개입되는 것이라고 보아왔다. 그러나 현대 사회의 질병의 양태가 만성적 질환으로 변화하고 신체적 질병 이외에도 정신적·사회적 건강의 중요성이 강조되면서, 건강과 질병에 대한 올바른 이해를 위해서는 위계적으로 연계되어 있는 신체의 생물학적이고 병리적인 과정, 이에 대한 개인의 심리적인 반응과 대응, 그리고 사회적 차원의 다양한 변수가 어떻게 상호 영향을 미치는가를 폭넓게 고려해야 한다는 시각이 설득력을 얻고 있다. 건강에 접근하는 이러한 일상적이고 학문적인 시각의 변화는, 생의학에서 가정하는 건강과 질병 경험의 보편성과는 달리, 자신이 속한 사회에서 통용되는 가치체계와 문화특성이 질병과 건강을 이해하는 데 중요한 단서가 된다는 사실을 강조하게 된다.

이 책은 바로 건강 문제에 대한 의료적 접근이 곧 하나의 문화적 현상이라는 시각에서 현대 사회의 건강과 질병, 의료를 논의하고 있다. 특히 의학적 지식이 단지 신체적 질병뿐만 아니라 모든 사회적 행동의 평가 기준으로 활용되는 의학에 대한 의존도가 심화되는 동시에, 한편으로는 생의학적 의료의 한계에 대한 반발과 대안으로 다양한 대안치료법이 발전하고 있는 현대 사회의 모순과 갈등의 상황을 하나의 문화현상으로 설명하는 매우 흥미로운 접근 방법을 취하고 있다. 이리힌 패러독스의 원인을 분석하기 위해 사회학·역사학·문화연구·여성학 등 다양한 학문적 스펙트럼의 이론적 자원들을 동원하여 에이즈, 죽음, 다이어트, 여성의 몸 등과 같이 건강과 관련된 사회적 이슈들을 구체적인 사례를 통해 분석함으로써 이론과 현실을 성공적으로 접목시키고 있다.

따라서 이 책에서 제시하는 유용한 이론적·경험적 자료들이 그동안 서구적 합리성에 근거한 현대 의학적 지식과 오랜 역사와 문화적 토양 속에 뿌리박고 있는 한국적 정서가 이루어낸 독특한 우리나라의 의료문화를 이해하고 파악하는 데 도움이 될 수 있을 것으로 기대한다.

역자 김 정 선

서론

21세기 초반, 서구사회에서는 과학적 의료에 대한 환상이 점차 증가하고 있다. 그러나 모순적이게도, 의료문제뿐만 아니라 사회문제에 대한 해답을 얻기 위해 생의학에 의존하는 경향이 증가하고 있기도 하다. 또한 선행을 하는 신(神)과 같은 존재로서 의사에 대한 신화도 여전히 지배적인 반면, 의사들은 환자들을 통제하고 억압할 수 있는 의학의 권력을 남용하고 의료사고와 금전적인 탐욕을 부린다고 비판을 받기도 한다. 그런가 하면 다른 한편에서는 대부분의 서구사회에서 의료 관리에 접근하는 것은 사회적 재화이며 모든 사람이 반드시 누려야 할 권리로 인식한다. 건강과 질병, 그리고 몸에 대한 시각은 공공분야와 민간분야에서 지배적인 토론의 대상이 되고 있다.

일부 비판가들은 의료전문직이 권력을 너무 많이 가지고 높은 사회적 지위를 누리고 있으며, 사람들이 의료전문직과 그들이 제공하는 치료를 너무 신뢰하여 의료기술에 지나치게 자원이 편중 투자되고 있다고 주장한다. 최근 질병과 이환 행동에 유전적인 소지가 있다는 집착과 함께 과학적 의학의 지식이 정상성의 한계를 정의하고 적절한 인간의 몸의 기능과 태도를 규정하는 데까지 침투하고 있다. 그러나 질병이나 질환이 사람들의 건강을 해친다는 것은 부정할 수 없으며, 서구사회의 사람들은 다른 어떤 시대보다 더 고통과 불편함에서 해방되었고 평균 수명도 훨씬 연장되었다.

서구사회의 세속화, 계몽주의의 유산인 합리성과 개인주의에 대한 의존성, 평균 수명의 증가와 전염성 질환으로 인한 사망률 감소, 생의학과 과학을 각종 질병과 조기 사망 등에 대항하는 무기로 삼는 것 등으로 인해 인간의 몸이 취약하고 유한하다는 점을 부정하는 경향이 생겨났다. 서구사회의 사람들에게는 아주 나이가 많은 사람들을 제외하고는 심각한 질병과 죽음이란 이상하고, 신비하고, 놀라우며, 기대하지 않았던 사건이다. 의료 또는 의료에 대한 신념은 일종의 신조가 되었다. 서구사회에서는 건강과 몸을 둘러싼 지배적인 일련의 기대가 존재한다. 즉 우리는 모든 신생아가 출생과 신생아기에 무사히 살아남을 것이라고 기대하고, 모든 여성이 아무 문제 없이 출산을 할 것이며, 모든 수술과 의학적 치료는 성공적일 것이라고 기대한다. 그리고 대부분의 사람들에게 이러한 기대는 실제로 충족되며 따라서 이를 더욱 강하게 믿게 된다.

그러나 의학적 권위가 상황을 통제하는 능력이 있다는 이미지를 주더라도, 의료인들이 전지전능하다는 믿음으로 인해 일이 잘못되었을 때엔 불가피하게 실망하게 되고, 어떤 때엔 의사에 대해 법적인 행동을 취하게 되기도 한다. 기대하지 않았던 일이 발생할 때 — 너무 일찍 죽음이 찾아오거나, 수술이나 치료가 실패하거나, 더 건강이 나빠질 때, 신생아와 아이가 사망할 때, 질병이 장기화되고 악화될 때 — 이러한 경험에 의미를 줄 수 있는 설명이 별로 많지 않다. 더욱이 우리가 아플 때 의료가 도움을 줄 것이라고 계속 희망을 가지는 반면, 우리는 의료인과의 만남에서 아무런 힘이 없다는 느낌에 대해 화를 내기도 한다.

제목이 제시하고 있듯이 이 책은 서구사회 의료의 사회문화적 차원을 검토하여, 왜 의료가 지금과 같이 강력한 패러독스를 갖게 되었는지에 대해 그리고 왜 건강과 질병의 문제를 둘러싼 논쟁과 갈등과 감정이 있는지에 대해 조명해보려 한다. 이 책은 주로 건강과 질병에 대한 의료사회학/건강과 질병의 사회학, 의료역사학, 의료인류학과 같은 하위 학문 분야에서 출판된 연구에 기초하지만, 동시에 여성주의, 문화연구, 담론 분석의 통찰력도 두루 참고하고 있다.

학제적인 시각은 그 범위 면에서 흥미롭고 자극이 되기도 하지만 문제점도 있다. 여러 분야의 연구와 지식을 통합하려 할 때 그 경계가 어디인지 선을 긋기가 매우 어려울 수 있다. 이 책에서 이러한 딜레마에 대한 하나의 대응은, 1980년대 이후에 출판된 연구와 발전에만 주로 초점을 맞추는 것이다. 또한 이 책은 대체로 언론매체와 문화연구, 여성학에서 성행했던 정신분석학적 설명과 같이 질병의 개인적이고 심리적인 차원에 대해서는 논의를 피하고 있다. 이와 관련하여 정신질환에 대한 자세한 논의는 생략하기로 결정했는데, 이는 그 주제만으로도 한 권의 책을 채울 수 있으며 따라서 정당하게 충분한 공간을 할애할 수 없었기 때문이었다.

이 책은 21세기 초반에 의료와 질병, 그리고 몸에 대한 사회문화적 차원을 이해하려는 학문과 연구에 서로 다른 이론적 관점을 연결시키려는 과감한 시도를 하고 있다. 이러한 논의는 관련 현상에 대한 생생한 경험의 실증적인 증거를 제공하려는 연구들에 의해 지지되고 있으며, 이러한 경험과 지식을 만들고 제한하는 거시적인 정치적 과정에 대한 인식을 제공하기도 한다. 이 책은 의미가 재생산되는 장소로서 대중매체와 엘리트 문화에 대한 문화연구의 관심과 담론(어떤 현상에 대한 표현과 논의 방식)에 대한 후기구조주의적 관심, 그리고 실재의 실천과 개념 구성 면에서 담론의 역할 등을 주제로 채택하고 있다.

1장에서는 의료와 사회에 대한 주요 이론적 시각을 개괄한다. 여기서는

1950년대 이래 의료사회학과 건강과 질병의 사회학에서의 발전과 패러다임의 변화를 검토하기 위해 기능주의, 정치경제학적 관점, 사회구성주의와 푸코의 이론들을 논의한다. 의료인류학과 의료역사학의 공헌이 논의되고 문화연구와 담론 분석의 새로운 학제적 분야도 소개된다. 이 장에서는 이러한 하위 영역들과 학제적 영역들이 후기구조주의와 포스트모더니즘 운동의 출현으로 합류되고 있다는 점을 논의하고, 이러한 차이와 유사성에 대한 광범위한 이해가 어떻게 의료, 보건 관리, 의사 - 환자 관계 등의 사회문화적 차원을 이해하는 데 도움을 주었는지를 보여준다.

이후의 장들은 이러한 이론적 기초에 근거하여 문화로서의 의료에 대한 더 구체적인 차원을 검토한다. 2장에서는 서구 문화에서의 몸을 탐험하는 데 할애하여, 인문학과 사회과학에서 성적이고 성별화된 몸과 훈련된 몸, 깨끗한 몸, 상품화된 몸, 그리고 의과학과 공중보건 담론의 맥락에서 죽은 몸 등의 구성을 이해하려는 최근의 훌륭한 학자들의 통찰력을 살펴본다. 3장에서는 의료와 질병에 대한 지배적인 담론적 표현과 회화적 표현을 탐구하는 데서 언어와 시각적인 이미지에 초점을 맞추는 것으로 관심을 옮겨간다. 이 장에서는 문학과 대중문화에서의 질병과 죽음에 대한 묘사와 현재 지배적으로 사용되는 기계와 군대의 은유 체계, 면역 체계와 암에 대한 은유, 은유와 젠더 등을 포함하는 중세시대 이래 사용된 몸과 질병에 대한 은유의 변화에 특별한 관심을 기울이고 있다. 또한 3장에서는 에이즈 환자들의 이미지와 몸의 내부에 대한 도해법(圖解法, iconography), 정치적 행동주의 전략으로서의 문화적 분석의 사용 등에 대해 논의할 것이다.

4장과 5장은 매우 밀접한 관련을 가지고 있다. 4장은 건강과 질병에 대한 일반인들의 관점을 검토하고 있다. 이 장에서는 수백 년에 걸친 의학적 치료 양식에서 변화하는 '환자'에 대한 인식을 추적하고, 건강관리에 대한 환자의 경험에 대해 과학적 의학의 등장이 미친 영향에 초점을 맞춘다. 또한 이 장에서는 '환자 역할', 질병의 도덕적 차원, 질병에 대한 현대적 경험, 특히 병의원에서의 경험, 일반인들의 관점에서 의료기술이 질병의 원인에 대한 주관성과 신념에 어떠한 영향을 주었는지 등을 살펴본다. 5장은 더 자세하게 의사와의 상호작용에서 권력 관계를 둘러싼 문제들을 다루고 의료의 지배, 의사 - 환자 관계, 환자의 의존성과 저항, 의료에서의 간호사의 위치, 환자와의 상호작용에 대한 의사의 시각 등을 둘러싼 최근의 이론적인 논쟁과 연구들을 살펴본다. 또한 이 장에서는 대안 치료(총체적인 치료)와 정통 의사 - 환자 관계에 내재되어 있다고 주장되는 문제에 대해 유효한 대안이라고 제시되는 자조 집단(self-help group)의 주장들을 검토한다.

마지막 6장에서는 생의학과 보건관리의 사회문화적 분석에 적용되어온 여성학을 검토한다. 이를 위해 이 장에서는 앞선 장에서 다루었던 몇 개의 이슈와 논쟁을 선택했다. 이 장에서는 부인과학이라는 전문분야의 발전과 역사적으로 여성의 몸이 구성되어온 방식에 대한 함의를 논의한 뒤, 보다 자세히 피임과 낙태, 월경과 폐경, 출산과 산전관리 기술, 인공적인 재생산 기술 등을 둘러싼 권력 투쟁과 담론적 규정, 이론적 논쟁들을 살펴보려 한다. 6장에 이은 간단한 결론에서는 이 책의 전반에 걸친 지배적인 주제와 논쟁을 상기시키고 의료·건강·질병에 대한 담론과 이미지에 대해 보다 정교한 사회문화적 인식이 대안적인 '시각'을 확장하는 데 기여할 수 있는 방법을 모색하고자 한다.

차례

옮긴이의 말 ● 5
서론 ● 7

제1장 __ 의료와 사회에 대한 이론적 관점들 ─────────── 15
건강과 질병의 사회학 ● 16 | 기능주의 ● 17 | 정치경제학적 시각 ● 20 | 사회구성
주의 ● 25 | 의료인류학 ● 29 | 역사적 차원 ● 32 | 문화연구 ● 34 | 담론과 '언
어적 전환(linguistic turn)' ● 36 | 결론: 시각의 수렴 ● 38

제2장 __ 몸과 의료 ────────────────────── 40
사회 이론과 몸 ● 41 | 푸코, 몸, 그리고 병원(clinic) ● 45 | 성별화된 몸(The Gender-
ed Body) ● 46 | 섹슈얼한 몸(The sexual body) ● 51 | 공중보건과 훈육된 몸(the
disciplined body) ● 57 | 청결, 오물, 그리고 몸의 경계 ● 61 | 상품화된 몸 ● 66 |
음식과 몸 ● 74 | 죽은 몸(the dead body) ● 78 | 결론 ● 86

제3장 __ 엘리트 문화와 대중문화에 나타난 의료, 질병, 이환 ──────── 87
엘리트 문화에서의 질병과 죽음 ● 88 | 대중문화에 나타난 의료, 질병, 그리고 죽음 ●
91 | 질병과 은유 ● 94 | 기계와 같은 몸 ● 100 | 군대 은유 ● 102 | 자신에게 대
항하는 몸: 면역 체계의 은유 ● 107 | 암에 대한 은유 ● 110 | 은유와 젠더, 그리고
의료 ● 114 | 이환, 질병, 그리고 죽음의 도상학(Iconography) ● 118 | 억압적인 이
미지에 대한 대항: 문화적 행동주의 ● 125 | 결론 ● 130

제4장 __ 이환과 질병에 대한 일반인의 시각 ──────────── 131
질병 경험에 대한 역사적 관점 ● 132 | 과학적 의학의 등장 ● 137 | 현대의 시각: 합리성, 도덕성, 통제 ● 142 | 질병의 경험 ● 146 | 질병 경험의 도덕적 차원 ● 151 | 입원 ● 157 | '잠재적인 환자 역할' ● 164 | 일반인 관점에서의 질병과 이환의 원인 ● 167 | 결론 ● 172

제5장 __ 권력 관계와 의료적 상호작용 ──────────── 174
권력에 대한 기능주의적 관점 ● 174 | 권력에 대한 정치경제학적 관점 ● 178 | 권력에 대한 후기구조주의와 포스토모더니즘의 관점 ● 184 | 의료 지배에 대한 환자의 저항 ● 187 | 의사들의 관점 ● 195 | 간호사의 관점 ● 202 | 의료적 상호작용에서의 도덕적 가치 ● 205 | 대안의료와 자조집단: 의료의 지배에 대한 도전인가? ● 207 | 결론 ● 215

제6장 __ 여성주의와 의료 ──────────── 217
부인과학, 섹슈얼리티, 여성적인 몸 ● 219 | 피임과 낙태 ● 228 | 월경과 폐경 ● 232 | 출산과 통제를 위한 투쟁 ● 240 | 산전검사 기술 ● 246 | 임신보조기술 ● 254 | 결론 ● 260

결론 ──────────── 262

참고문헌 ● 265
찾아보기 ● 282

제1장

의료와 사회에 대한 이론적 관점들

지난 20여 년 동안 학문영역 간의 경계가 점차 모호해지는 경향이 증가해 왔는데, 그중에서도 특히 인문학과 사회과학이 더욱 그러하다. 그 결과 학자들의 연구 결과를 어떻게 명명해야 할지가 점점 어려워지고 있다. 문학, 정신분석학 이론, 철학, 사회심리학, 문화연구, 언어학, 역사학, 사회학, 인류학 등이 모두 연구 프로젝트를 통해 더욱 가까워져 가는 것을 경험하고 있다. 특별히 언급해야 할 것은 '언어학적 전환(linguistic turn)'의 등장 또는 사회적 삶과 주관성의 생산과 유지를 설명하는 데 특히 언어와 담론 과정에 대한 관심이 증가했다는 점이다.

이러한 발전과 더불어 건강과 질병의 사회학 영역 아래 있는 여러 학문적인 활동에 대한 관심도 변화해왔다. 이러한 변화를 야기하는 데 중요한 동력이 되었던 중요한 자극이 몇 가지 있다. 그중 하나는 20세기 후반에 와서 학자나 일부 소비자들이 과학적 의학에 대한 착각에서 점차 벗어나기 시작했다는 점이다. 매우 효과적이고 자비로운 것으로만 여겨졌던 의학이 도전을 받게 되면서, 의학이 객관성과 정치적 중립성에 기반을 두고 쉽게 접근하기 어려우며 이해하기 어려운 지식이라는 주장도 도전을 받게 되었다. 또 다른 요인은 후기구조주의와 포스트모더니즘 이론의 영향인데, 프랑스의 역사학자이며 철학자인 미셸 푸코의 연구가 영어권에 소개되고, 젠더와 몸에 대한 여성학자들의 관심이 증가하는 것과 때를 같이했다. 이런 자극에 대한 반응으로 건강과 질병에 대한 인류학과 사회학 연구자들은 특히 생의학적 지식의 정치적 중립성(즉, 과학적 원리와 이해에 기초한 것이 의학)이라는 '진실'에 의문을 제기하기 시작했고, 이는 서유럽 대륙과 영국에서 시작하여 점차 북미와 호주 지역으로 확대되었다.

이 장에서는 서구사회에서 의료의 사회적 역할을 탐구하는 인문학과 사회과학 분야의 주요 연구들을 검토함으로써 지난 50여 년간 이루어진 이론적 발전을 살펴볼 것이다. 특별히 의료·건강·질병에 대한 사회문화적 차원을 탐구하는 데 적합한 대표적인 접근으로 사회구성주의론의 출현에 관심을 기울이고자 한다. 이 책은 원칙적으로 사회학 분야의 관점에서 저술되고 있으며 동시에 인류학·역사학·문화연구에 대한 사회학적 전통에 대한 논의를 주로 하고 있다. 이 장의 목적을 분명히 하기 위해 학문 내에서와 학문 간의 시간적 흐름에 따른 시각과 패러다임을 비교하고 있다. 그러나 이러한 구분은 많은 경우에 예전처럼 유효하거나 적절치 않다는 점을 경고할 수밖에 없다. 사실상 이 장에서 저자가 가장 강력하게 지적하고 싶은 것 중 하나는 의료·건강·질병에 대한 인류학·역사학·문화연구는 사회 이론의 유사한 흐름과 발전 과정에 기초한 지적 전통과 궤적을 공유하고 있다는 것이다.

건강과 질병의 사회학

영어권에서 처음 의료사회학(처음 하위 분야로 명명되어 지금도 미국에서 선호되는 명칭) 또는 건강과 질병의 사회학(영국과 호주에서 선호되는 명칭)이 발달하기 시작했을 때에는 주로 수량화가 가능한 객관적인 변수들의 측정을 통한 체계적인 경험주의에 관심을 가지고 있었다. 발전 초기에 과학적인 학문, 즉 의학에 적용될 수 있는 유사과학적 학문으로 받아들여지기 위해, 영국이나 호주보다는 미국에서 좀 더 그랬지만 의료사회학은 주로 아직까지 어느 정도 그 전통을 유지하고 있는 실증주의적 가치를 도입했다. 결과적으로 의료사회학은 비판사회학의 하위 분야라기보다는 기껏해야 사회의료의 지류 정도로 간주되었다(Jordanova, 1983; Scambler, 1987; Mechanic, 1993). 자연히 과학적 의학 자체의 모델에 대한 가정과 마찬가지로 의료사회학과 건강과 질병의 사회학의 역사와 발전 과정에서 대부분 신체에 대한 생물학적·해부학적 개념은 의문시되지 않고 남아 있었다(Armstrong, 1987a: 651). 즉 후기구조주의와 포스트모더니즘, 여성학과 푸코의 의료에 대한 비판 이론 등이 잇따라 등장하는 1980년대 초반까지 실증주의적 접근은 영향력 있는 접근방법이었다.

의료사회학/건강과 질병의 사회학의 역사에는 이론적 시각이 크게 세 가지가 있다. 그것은 기능주의, 정치경제학적 접근, 사회구성주의이다. 이 세 가지 전통의 변형이 지금까지 건강과 질병의 사회학 분야에서 순환되고 있는 것이다. 그러나 1970년대의 기능주의와, 정도는 조금 약하지만 정치경제학적 접근은 쇠퇴의 길에 있는 반면, 사회구성주의적 접근은 지속적으로 발전하고 있다는 점은 분명한 사실이다.

기능주의

의료사회학에 대한 기능주의적 접근은 건강관리 제도에서의 사회적 관계를 사람들이 일정하게 정의된 역할과 기능을 수행함으로써 사회 질서와 조화가 유지되는 동의에 입각한 사회의 산물이라고 본다. 기능주의는 의사와 다른 보건 관련 전문직 종사자들이 수행하는 매일매일의 과정과 사람들이 질병과 질환에 어떻게 대처하는가에 관심을 가지고 있다. 고전적인 기능주의적 입장은 질병이란 사회적 기대와 규범에 순응하지 못하는 일종의 사회적 '일탈'의 잠재적인 상태로 본다. 질병은 신체적이고 사회적인 역기능의 원인이 되는 인간 신체의 부자연스러운 상황으로 간주되어 되도록이면 빨리 제거되어야 하는 상태로 간주된다.

기능주의자들은 오명이나 수치심, 취약함과 같은 감정들이 많은 질병에 동반된다고 주장한다. 여기에서 의료전문직의 역할은 예전에 교회가 했던 것과 같이 정상과 '일탈'을 구별할 수 있는 힘을 사용해서 사회 통제의 필수적인 기관이나 사회의 도덕적 안내자로 행동하는 것이다. 따라서 사회질서 유지는 질병의 성격과 의료적인 상호작용에 대한 이론화에서 기능주의에 기초하고 있으며, 의학은 잠재적으로 파괴적인 질병의 특성을 통제하는 중요한 기제로 간주된다.

기능주의 이론을 의료에 적용한 대표적인 학자는 미국의 사회학자인 탤컷 파슨스(Talcott Parsons)이다. '환자 역할'의 요구와 기능에 대한 그의 설명과 의사 - 환자 관계에 대한 의미, 그리고 전문직으로서 의료 제도의 사회적 측면에 대한 논의 등은 1950년대와 1960년대 의료사회학에 큰 영향을 미쳤다. 파슨스와 그 추종자들에 의하면 심각한 질병에 걸린 사람은 신체적으로 문제가 있어 다른 사람에게 의존할 수밖에 없으며, 따라서 사회적 역할의 기대에서 이탈하고 있다. 파슨스는 환자 역할의 규범에 순응하는 것이 이러한 일탈을 합법화해주는 것이라고 본다. 그는 환자 역할의 주요 요소를 다음 네 가지로 설명한다. 평소에는 규범적으로 완수할 것으로 여겨질 사회적 의무에서 환자는 면제된다. 환자는 자신의 질병 상태에 대해 비난을 받지 않으며 그들의 규범적인 의무를 충족시키지 못하는 것에 대해 죄의식을 느낄 필요가 없다. 그러나 그들은 반드시 회복하기 위해 노력해야 하며, 그렇지 않으면 꾀병을 부리는 것으로 비난받을 수 있다. 아프다는 것은 '정상'으로 돌아가기 위해 의료의 도움을 청해야 하는 상태로 정의된다 ― 즉, 환자는 반드시 다시 건강한 상태로 돌아오기 위해 의료전문가에게 도움을 구해야 한다(Parsons, 1987/1951: 151~152).

따라서 환자는 사회적으로 '꾀병을 부리고' 있지 않다는 것을 의사에게서 공식적으로 증명받아야 하는 사회적 약자의 역할을 맡게 된다. 의사의 역할은 사회적으로 공헌을 하는 것으로 간주되며 의사 - 환자 관계는 불평등한 권력 관계인데도 본질적으로 조화로운 동의에 의한 것으로 여겨진다. 파슨스는 환자들이 무의식중에 의사에게서 지지와 도움을 구하고 아이들과 같이 의존적이 된다고 주장한다. 환자와 의사와의 관계에서 환자 역할과 권력의 불평등은 환자의 의존성을 생산적으로 만들어 궁극적으로 의존성을 떨쳐버리고 건강한 상태로 다시 돌아가도록 작용한다. 따라서 이는 환자들이 질병의 상태로 그냥 남아 있어 책임을 회피하는 것에서 벗어나도록 하는 동기를 부여함으로써 사회가 잠재적인 위협을 방지할 수 있는 기제이다(Lupton, 1997a).

파슨스의 연구가 의료 현장의 사회적 차원을 설명하는 획기적인 연구였으나, 기능주의적 관점은 의료 현장에 내재한 잠재적인 갈등을 간과했다는 점에서 비판을 받고 있다. 사람들이 아프다는 것을 핑계로 '꾀병'을 부리게 될 가능성이 있다는 파슨스의 생각은 암묵적으로 도덕주의적 성향을 보인다(Lupton, 1997a). 기능주의적 접근은 환자를 순종적이고 수동적이며 늘 감사를 하는 사람들로 전형화하는 반면, 의사는 보편적으로 자선을 베풀고 능력이 있으며 이타적인 것으로 간주된다는 비판을 받는다(Turner, 1995). 이와는 달리 환자와 의사 간 이해관계의 갈등은 암시적으로 또는 명시적으로 권력을 위한 투쟁으로 나타나서 의사와 환자 간 만남의 매 단계에서 협상과 조정이 필요하다고 비판한다(Gerson, 1976; Strong, 1979: 7). 의사와 환자는 서로 다른 갈등을 하는 이해관계를 가지고 있다는 점을 반드시 고려해야 한다. 의사는 생계와 자신의 직업 경력을 위해 의료 현장에서 전문직의 의무를 하고 있는 것이며, 환자는 자신의 생활을 방해하는 신체적인 고통과 불편함을 없애려 하는 것이다. 나아가 의료의 장에는 조직적인 제한이 있고, 의사와 환자의 만남에는 환자 역할 모델의 역동성을 넘어서서 영향을 미치는 외부적인 요인들이 있다고 주장한다. 즉 의사와 환자 모두 의료 현장에서 그들의 만남에 영향을 미치는 의료 이외의 외부적인 관계들을 가지고 있다는 것이다.

앞서 언급한 바와 같이 이와 같은 비판으로 인해 의료사회학과 건강과 질병의 사회학에서 기능주의적 접근의 유행은 이미 지나갔다. 그렇더라도 기능주의는 의식적이든 무의식적이든 환자와 의사의 정서적인 관계, 욕구와 충동에 대해 중요한 의미를 가지고 있다(Lupton, 1997a).

정치경제학적 시각

1970년대에 마르크스주의를 중심으로 자본주의 경제체제에 대한 사회 이론의 변화가 더욱 광범위하게 나타나면서, 정치경제학적 접근은 기능주의에 대한 비판적 대응으로 발전해왔다. 비판적 구조주의로 알려져 있기도 한 이 접근은 1970년대와 1980년대 초기의 지배적인 지적 운동이었으며, 건강과 질병의 사회학에서 여전히 영향력이 있다. 이 관점에서 건강은 신체적 또는 정서적 건강의 상태뿐만 아니라 '높은 수준의 삶의 만족을 유지하고 증진시킬 수 있는 기초적인 물질적·비물질적 자원에 접근하고 통제할 수 있는 것'으로서, 이는 곧 '건강의 중요한 요소는 투쟁'이라는 것을 의미한다(Baer et al., 1986: 95). 정치경제학적 이론가들은 병자, 노인 또는 신체장애인은 상품의 생산과 소비에 기여하지 못하기 때문에 사회에서 주변화되는 것이라고 본다. 여성, 비영어권 배경을 가진 자, 백인이 아닌 자, 노인, 실업자, 노동계층 구성원 등의 다른 주변화된 집단들은 특권을 가진 집단보다 사회·경제적으로 당하는 고통이 더 심하며 건강관리 서비스에 대한 접근이 제한되어, 결과적으로 좋지 않은 건강으로 고통을 받는 경향이 있다(Ahmad and Jones, 1998; Manderson, 1998; Estes and Linkins, 2000 등의 최근 비판을 참고할 것).

이러한 관점에서 의료는 노동자와 소비자들이 경제체제에 공헌할 수 있을 정도의 건강을 유지하기 위해 존재하는 것이지만, 반면 치료에 대응하지 않거나 노동시장에 복귀하지 못하는 사람에게는 자원을 배분하지 않으려고 한다. 따라서 의료는 사회적 불평등을 영속화하는 데 봉사하며, 특권을 가진 사람과 그렇지 못한 사람을 통합시키기보다는 분리시키는 데 기여한다.

정치경제학적 관점은 자본주의 아래서의 보건 관리가 대체로 비효율적이고 과도하게 비싸며 규제되지 않고 매우 불평등한 것으로 인식하는 '근대 의료의 문화적 위기'에 대해 언급한다. 프라이슨(Friedson, 1970)과 같은 학자는 의료전문직의 높은 지위와 의료인들이 기적을 행사할 수 있는 능력이 있다는 신념으로 인해 다른 종류의 사회문제가 부적절하게도 질병으로 정의되는 결과를 가져왔다고 본다. 그는 의료의 지배영역이 확대되고 더 나은 사회적 자원이 질병에 투자되면서, 20세기에는 의료전문직의 활동과 자원의 활용에는 문제제기를 크게 하지 않았고 그들의 권력과 영향력은 눈에 띄게 증가했다고 주장한다.

이러한 '의료화' 명제는, 의료가 예전에 '진실의 보고'라 여겨졌던 종교나 법의 영향을 넘어서서 주요한 사회 통제 기관이 되었다고 보는 졸라(Zola, 1981)를 포함하여 많은 정치경제학 학자에 의해 비판되었다. 일리히(Illich, 1976)는 근대 의료는 전문직의 의료에 대한 통제의 영향으로 신체적으로나 사회적으로 해로운 것이며, 따라서 건강 문제를 야기하는 정치적 조건을 왜곡시키고 사람들이 자신의 건강을 통제할 수 있는 자율성을 박탈함으로써 만병통치약으로서의 의료에 의존하게 만든다고 주장했다. "이러한 의료는 아프고 지친 사람들에게 질병이나 무능력, 그리고 치료가 필요한 것은 그들이라고 확신시키는 하나의 도구에 지나지 않는다"(1976: 9).

기능주의자들과 마찬가지로 정치경제학적 이론가들은 의료를 정상이 무엇인지를 정의하고 일탈자를 벌하며 사회 질서를 유지하는 데 사용되는 도덕적인 도구라고 본다. 이 두 접근이 차이를 보이는 지점은 후자가 이러한 권력을 호의를 베푸는 것이라기보다는 해로운 것이고 의료전문직에 의해서 남용되고 있다고 믿는다는 점이다. 정치경제학적 비판이론가들은 생의학의 가치에 의문을 제기하면서 건강·질병·치료에 대한 이슈를 형성하는 정치적·경제적·역사적 요인을 찾아내는 데 초점을 맞추고 있다. 이들은 자본주의 경제체제가 보건 관리를 이윤을 추구하는 것이 중요한 요소인 상품으로 간주하도록 함으로써 의사와 환자의 관계도 이들이 가지고 있는 서로 다른 이해관계와 우선성이 갈등하고 부딪치는 것이 특징이라고 보았다. 이들은 생의학이 질병의 원인을 하나의 신체적인 요인으로 좁혀 치료가 집중되도록 하고 있다고 주장한다. 따라서 의료 관리는 건강을 유지하거나 예방하기보다는 약과 의료기술을 활용해서 급성적인 증상을 치료하는 것에 치중하는 경향이 있다. 그러나 정치경제학자들은 질병의 원인은 보다 널리 퍼져 있고 자본주의적 생산양식의 결과 자체인 여러 가지 사회경제적 요인과 관련이 있다고 주장한다. 예를 들어 화학 원료로 지나치게 가공된 음식, 오염, 소외, 직업적 재해 등의 예를 들 수 있다(McKee, 1988: 776).

국가가 산업에서 나온 환경 유해물질이 질병의 원인이라는 점을 인정하는 데 실패했고, 더 건강한 환경을 만들도록 다국적 기업의 활동을 규제하기 못했으며, 알코올과 담배와 같은 유해한 상품의 생산·마케팅·광고 등을 통제하지 못했다는 것에 대해, 정치경제학적 관점을 가진 학자들은 광범위하게 언급해왔다(예를 들어 Epstein, 1978; 1990; Breslow, 1982; Syme and Alcalay, 1982; Doyal, 1983; Russell and Schofield, 1986: 2장). 따라서 그들은 자본주의와 보건의료 사이에 공생관계가 존재한다고 보았다. 자본주의는 질병의 진원지를 왜곡하여 치료 과정을 위한 상품을 소비하도록 하는 건강 수요를 창출했으며, 결과적으로 자본주의 생산 체제를 지지한다는 것이다(Navarro, 1976; Renaud, 1978). 이들이 제안한 대안은 국가가 무료로 모든 것을 제공하고 자연 치료와 같은 대안적 치료나 생의학이 아닌 보건전달체계의 방법들도 가치 있는 것으로 받아들여지는, 사회주의화된 보건의료체계이다.

따라서 정치경제학적 접근에는 두 가지의 주요한 입장이 있다. 첫째는, 대체로 생의학은 정치적으로 중립적인 '상품'이라는 점을 인정하되 사회적으로 소외된 사람들에게 더 나은 의료 서비스를 제공하려는 것이다. 반면 두 번째인 더 급진적인 비판은 생의학의 가치 자체에 의문을 제기하고 인종주의와 가부장제를 강화시키는 의료의 사회 통제 제도로서의 역할을 강조한다(Ehrenreich, 1978). 두 접근은 모두 의료의 '이용/남용' 모델에는 동의를 함으로써 의학적 지식의 중립성과 객관적 타당성은 인정을 하는 경향이 있지만, 흔히 의사와 자본주의 체제의 이해관계가 반영된 의료 지식의 사용에 대해서 의문을 제기하면서 '의사에 대한 비난'에 머물러 있다(Jordanova, 1983: 91). 정치경제학 이론가들은 전통적으로 의학적 지식에 대한 철학적인 분석에 참여하기보다는 겉으로 드러나는 정치적 중립성의 이면에 숨겨진 지배집단의 이해에 봉사하는 의학적 지식에 관심을 가져왔다(Jordanova, 1983: 86). 그들의 비판은 가끔 모순적이기도 하다. 예를 들어 의학은 전형적으로 지나치게 확대주의적이면서 동시에 (소외된 사람들에 대해서는) 배타적인 것으로 비판받으며, 질병은 박탈과 동시에 의료의 지배에 의해 야기된 것으로 간주된다(Gerhardt, 1989: 318~322).

정치경제학적 접근은 의사 - 환자 관계와 같은 미시적 사회관계를 간과한다는 비판을 받아왔다(Ehrenreich, 1978). 이들에게 의사 - 환자 관계는 전자가 후자를 착취하는 자본가 - 노동자 관계와 동등한 것으로 여겨진다. 이런 개념 아래서는 병을 앓는 개인은 '사회적 과정의 한 사례'로 환원되어 그가 겪는 고통이 의사가 도우려는 관심의 대상으로 여겨지지 않으며, 구조적인 사회의 변화를 강조함으로써 당장 관심이 필요한 현재의 고통을 가치없는 것으로 여기게 될 수도 있다(Gerhardt, 1989: 350~351). 더욱이 정치경제학적 관점에서는 의학 기술에 대한 의존에서 벗어나고 의료를 탈상품화하며 제약회사·보험회사·의료전문직 등의 이해관계에 도전하여 질병의 원인이 되는 사회적이고 환경적인 원인을 개선하는 쪽으로 바꾸는 대중 사회운동을 일으킬 것을 요구하고 있다(Ehrenreich, 1978: 25~26; Gerhardt, 1989: 323). 일부 사회학자들은 자본주의와 의료의 공생관계를 감안할 때 이러한 요구는 너무 이상적이고 비현실적이라고 생각한다(Renaud, 1978 참고).

또한 정치경제학적 관점은 무자비한 허무주의로 인해 비판을 받아왔다. 이들은 인류의 식생활 개선, 위생과 식수 개선, 주거상태 개선, 발전된 피임 기술 그리고 의학적 치료와 치료약의 발전 등과 더불어 지난 수세기에 걸쳐 이룩한 건강 증진과 평균수명의 증가가 본질적으로 자본주의 경제체제의 필요성·요구와 관련되어 있다는 점을 인정하지 않는 경향이 있다(Hart. 1982). 더 나아가 정치경제학자들이 자본주의 사회에서 건강 수준과 불평등에 대해서는 매우 비판적인 반면 사회주의 국가도 불평등을 감소시키는 데 그다지 성공적이지 않았다는 점과, 사실상 전반적인 건강 수준과 사회주의 사회에서 보건 관리에 대한 접근 가능성은 자본주의 사회에서보다 악화되었다는 사실을 인식하는 데 그들이 실패하고 있다는 비판을 받고 있다(Turner, 1995).

그런데도 이 접근은 건강의 정치적이고 경제적인 차원을 강조하는 데 초점을 맞춤으로써 건강과 질병에 대한 사회적 접근 중 매우 중요한 이론으로 남아 있다. 이러한 접근이 없었다면 인류가 경험하는 질병의 불균형에 대한 사회구조적인 원인이 밝혀지고 도전받지 않았을 것이다. 지속적인 보건 관리에 대한 접근성과 왜 일부 사회집단이 더 질병에 걸리는지를 둘러싼 보다 넓은 환경적·정치적인 이슈들은 여전히 정치경제학적 관점에서 중요한 논의 주제로 남아 있다.

사회구성주의

사회구성주의적 관점은 1980년대에 건강과 질병의 사회학과 의학의 역사에서 관심을 끌기 시작했고, 21세기 초반까지 지배적인 접근으로 남아 있다. 1980년대와 1990년대에 후기구조주의와 포스트모더니즘 접근은 구성주의적 접근을 채택한 이론에 기초한 매우 중요한 이론이다. 이 기간에 푸코의 연구는 가장 영향력이 있었으며 현재까지 많은 연구를 자극하는 계기가 되었다(Armstrong, 1983, 2002; Lupton, 1995; Turner, 1995; Peterson and Bunton, 1997 등 참조). 크리스티바(Kristeva), 데리다(Derrida), 들뢰즈(Deleuze), 가타리(Guattari) 등의 포스트모더니즘 학자들도 역시 이와 관련된 이슈들을 이론화했다(특히 Fox, 1993; 1997; 1998; 2002 참조).

사회구성주의는 본질적인 진실이 존재하는가의 물음을 제기하는 접근이다. '진실'이라고 주장되는 것은 항상 권력 관계의 산물로 고려되어야 하고, 따라서 이는 절대 중립적이지 않으며 항상 누군가의 이해관계 안에서 작동하는 것이다. 따라서 사회구성주의자들은 모든 지식은 필연적으로 사회관계의 산물이며 고정되어 있기보다는 변화하는 것이라고 주장한다. 지식은 보편적이거나 독립적으로 존재하지 않으며 진실의 구성 과정의 참여자로 간주된다. 인간은 복잡한 역사를 가진 사회적 담론과 실천의 맥락 안에서 구성되는 것으로 여겨진다. 따라서 한 사회나 문화를 구성하고 유지시키는 '상식적인 지식'이 생산되고 재생산되는 방식에 대한 탐구가 그들의 주요 관심이다.

물론 이러한 접근이 사회학 이론의 역사 속에서 새로운 것은 아니지만(Berger and Lukemann, 1967과 같은 지식사회학 이론가들을 참조할 것), 실재에 대한 개념과 인문학과 사회과학에서의 신체적 경험에 대한 후기구조주의와 포스트모더니즘의 분석이 증가함으로써 오랫동안 주변화되어 있던 건강과 질병의 사회학에 이러한 지적 관심을 적용하는 데 새로운 바람을 일으켰다. 또한 이러한 접근은 이전에 다소 간과되어왔던 거시적 수준의 권력 관계에 대한 문제에 관심을 불러일으킴으로써 정치경제학적 관점의 관심사도 일부 통합했다. 이 책에서 문화로서의 의료를 조명하기 위해 채택하고 있는 것은 주로 다소 수정된 사회구성주의적 관점이다.

사회구성주의의 주요 관심은 생의학의 사회적 측면, 의학 과학의 발전, 그리고 일반인들의 의학 지식과 실천을 탐구하는 것이다. 사회구성주의적 접근이 반드시 질병이나 질환 또는 신체적 경험의 실재의 문제에 의문을 제기하는 것만은 아니다. 단지 이러한 질병 상태나 경험이 사회적 행위를 통해 인지되고 해석되며 따라서 문화적이고 사회적으로 분석되어야 한다는 점을 강조하는 것뿐이다. 이 접근에 따르면 의학 지식은 점차 정제되고 보다 나은 지식을 향해 점진적으로 진보하는 것이 아니라 그러한 지식이 만들어지고 끊임없이 협상되는 사회 · 역사적 맥락에 의존하는 일련의 상대적인 구성물로 간주된다.

그렇게 하는 데서 사회구성주의는 생의학의 진실에 대한 주장에 대한 대안적인 사고방식을 제공하며, 일반인들의 의학 지식과 마찬가지로 생의학도 사회적 산물임을 보여준다. 이런 목적으로 생의학이 기반을 두고 그것이 유지되고 실행되는 문화적 가정에 관심을 가진 사회학자 · 인류학자 · 철학자 · 사회역사학자들은 함께 이러한 연구 프로젝트에 참여했다. 여성주의 운동은 의학과 과학적 지식이 특권을 가진 권력 집단이 다른 집단을 지배하기 위해 사용되는 방법에 관심을 기울였다. 이들은 여성들이 공적 영역에 참여하는 것을 부정하는 의학적 환경에서 종종 채택되는 '운명으로서의 생물학(biology as destiny)'이라는 이데올로기를 신랄하게 비판해왔다(의료에 대한 여성주의자들의 자세한 논의는 (6장 참조).

사회구성주의적 관점을 택하는 학자들이 취하는 정치적인 입장은 다양하게 분포되어 있다(Bury, 1986). 일부는 의학 지식을 중립적인 것으로 보는 반면, 일부는 사회적 담론의 통제 기능을 강조하면서 이러한 지식과 실천이 다른 집단을 배제하고 강력한 이해관계를 갖는 집단의 지위를 강화시킨다고 주장한다. 그러나 일반적으로 사회구성주의자들은 권력이 위로부터 행사되고 전적으로 자본주의의 힘에 의해 형성된다는 시각을 피하고, 대신에 이해관계와 권력의 다중성을 인식하고 있다. 의료가 사회 통제의 중요한 제도로서 기능한다는 인식은 여전히 남아 있으나, 의료의 권력이 억압적이고 매우 명시적이며 지배적인 기반을 가지고 있다기보다는 시간과 공간을 통해 변화하면서 지식을 생산하는 것이라는 개념으로 보려 한다. 사회구성주의를 채택한 학자들은 의료 권력은 일부 기관이나 엘리트들에게 있을 뿐만 아니라 일정한 가치와 행동 규범을 받아들이는 사회화의 방식을 통해 모든 개인에 의해 전개되고 있다고 주장한다.

사회구성주의적 관점이 영국이나 호주, 유럽 대륙에서 다소 유행을 타는 반면 마르크스주의/갈등주의 대 기능주의/동조주의 사이에서 보는 바와 같이 서로 혐오하는 경쟁적인 패러다임이 특징인 사회학 영역에서 보편적으로 받아들여지는 접근은 아니다. 구성주의자들의 분석은 거시적인 수준의 의료 담론에 집중하고, 광범위한 일반화를 시도하며, 담론 과정이 발생하는 (사람들의 일상생활의 경험과 같은) 미시적 맥락에 대한 자세한 탐구를 피한다는 비판을 받아왔다. 이들은 담론이 사회계급이나 성별 또는 인종과 무관하게 사회적 효과를 가지고 있고, 행위자로서 저항할 수 있는 인간을 인식하지 못하고 있다는 비판을 받는다(Outram, 1989; Shilling, 1991; Turner, 1996).

사회구성주의 접근을 비판하는 사람들은, 다른 후기구조주의 운동의 영향을 받은 접근들과 마찬가지로 이러한 접근의 논리적인 결론이 상대주의와 허무주의로 타락할 수 있다고 주장한다. 왜냐하면 모든 지식은 사회적 산물이며 따라서 사회구성주의자들의 분석적 통찰력 자체가 의문시되기 때문이다. 만일 사회구성주의자들 자신이 다른 이론들과 비교해 반드시 더 타당하지도 더 합리적이지도 않은 세상을 보는 시각을 제공하는 데 기여한다면, 사회구성주의자들의 분석이 어떻게 정당화될 수 있다고 주장하겠는가(Bury, 1986; Williams, 2001)? 이런 종류의 비난은 사회학에서 상대주의적인 구성주의적 시각이 등장하면서부터 끈질기게 있어왔다. 또한 사회구성주의자들은 질병과 질환, 그리고 다른 신체적인 문제들의 담론적인 구성에 초점을 맞춤으로써 몸의 물질적인 실재를 간과해왔다는 비판도 받는다(Williams, 2001).

그러나 이에 대해 사회구성주의자들의 이론적인 목적은 바로 이러한 어려움을 강조하는 것이고 따라서 그들 자신의 분석도 '진실'을 정의하려는 시도로 간주되어서는 안 되고 다른 접근과의 비교를 통해 대안적인 시각을 제공하는 것이며, 진실성 자체보다는 통찰력을 제공하는 데서의 유용성에 의해 평가되어야 한다고 주장한다(Nicolson and McLaughlin, 1987). 연구자들은 모두 자신의 분석이 기초하고 있는 가정에 주의할 필요가 있다. 지금과 같은 후기구조조의 시대에 이러한 성찰성은 거의 필수적이다. 니콜슨과 맥래글린(Nicholson and McLaughlin, 1987: 11)은 다음과 같이 주장한다. "상대주의가 피해야만 하는 '심연'이 전혀 아니며, 사회학자들의 올바른 기준은 지식사회학자들이 방법론적 상대주의자이어야 함을 암시하고 또한 요구하고 있다. 이보다 못한 것은 불필요하게 사회학적 탐구의 영역과 영향력을 손상시키는 것이다".

사회구성주의적 접근이 반드시 타협이 없는 상대주의로 여겨질 필요는 없다. 사실 이를 비판하는 사람들의 주장이 있는데도, 구성주의적 접근을 채택한 사람들은 신체적인 경험이 몸의 경험에 기초한 실재 없이 단지 '사회적 구성물'이라고 주장하지는 않는다. 대부분의 사회구성주의자들은 질병이나 질환 또는 고통과 같은 경험은 생물학적 실재로서 존재한다는 사실을 인정하지만, 동시에 이러한 경험들은 항상 필연적으로 의미가 주어지기 때문에 문화적·사회적 과정을 통해 이해되고 경험되어진다는 점을 강조하는 것이다. 더욱이 사회구성주의자들은 의료와 보건 관리, 그리고 질병의 사회적 기반을 밝혀내는 것이 이러한 현상을 변화시키고, 협상가능하게 하고, 또한 저항할 수 있도록 한다는 점을 인식한다면 사회구성주의는 허무주의적인 것은 아니라고 주장한다. 위에서 언급한 바와 같이 이들의 정치적인 입장에서 사회구성주의자들은 보건관리의 공급과 건강 수준의 불평등에 도전할 수 있다.

의료인류학

인문학과 사회과학의 다른 분야나 하위 분야들과 마찬가지로 의료인류학과 의료사회학, 그리고 건강과 질병의 사회학은 그 경계를 구분하기 어려울 정도로 유사하게 발전해왔다. 인류학자들의 연구는 서구 문화 속에 살고 있는 소수 인종의 일반인들의 건강에 대한 믿음을 포함하여, 이전의 전통적인 생의학 모델과는 다른 건강에 대한 지향을 비교문화적으로 이해하는 데 도움을 주며(Kleinman et al., 1978; Littlewood, 1991), 서양 의학체계를 비교 탐구할 수 있는 시각을 제공하고 있다. 소규모 사회에서 참여관찰을 통한 민속지학적 연구의 전통으로 인해 인류학은 의료 상황에서의 의사소통 과정의 의미를 기록하고 이해하는 데 필요한 발전된 분석적인 도구를 제공해왔다 (Lazarus, 1988; Leslie, 2001).

의료인류학은 전통적으로 질병에 대한 생생한 경험과 해석에 관심을 가져왔다. 이들은 '문화'라는 개념이 인류학자들에 의해 사용될 때에는 흔히 인종이나 민족을 지칭하는 것이기는 하지만 환자가 처한 문화가 질병 경험에 영향을 미친다는 사실을 인식하고 있다. 이들은 질병이나 질환이 "자연, 사회, 그리고 문화가 동시에 표현되는 의사소통의 한 형태 — 신체기관의 언어 — 라고 본다"(Scheper-Hughes and Lock, 1987: 31). 서구 인류학자들의 주요 관심이 대규모, 도시, 최근에 발달한 자본주의 문화보다는 소규모, 농촌, 미개발된 문화를 연구하는 것이지만 최근에 의료인류학자들은 서구사회의 건강 신념에 대해 탐구하기 시작했다. 디지아코모는 이런 과정을 '서구의 인류학'이라고 지칭했나(DiGiacomo, 1992: 132).

그러나 의료인류학 분야의 학자나 연구자들의 업적은 가끔 생의학과 밀접한 관계를 가지고 있다는 점과 제도적으로 '유용하게' 보여야 하는 분야의 특성으로 인해 문제가 된다. 보건 분야에 대한 접근을 못하게 될까 봐 사회비판주의적인 시각을 피함으로써 의료인류학자들은 흔히 의학의 가정을 지지하는 헤게모니 이데올로기를 지지하게 되고, 보다 거시적이고 사회경제적인 접근을 버리고 보다 정치적으로 중립적인 미시 수준의 분석에 머무르게 되는 것이다. 임상인류학자들은 생의학이 배태되어 있는 사회적·정치적 구조에 대한 분석과 비판보다는 오히려 보건 관리 현장에서 문화적인 통역자나 대외 관계에 종사하는 인력으로 행동할 것이 기대된다. 질병을 이해하는 생의학 모델을 넘어서서 증상이 신체적 문제의 객관적인 표현이라고 간주되는 경험적인 증거에만 의지하는 의학적 인식론에 의문을 제기하는 반면, 질병이 어떻게 문화적으로 구성되는가를 탐구하는 의료인류학적 연구 프로젝트는 흔히 의사들이 환자들의 병을 더 잘 진단하고 질병의 경험을 더 잘 이해하기 위해 의사들에게 필요한 도구로 여겨져 왔다. 비서구 문화의 의료에 대한 신념은 '미신'으로 간주되어왔으며 인류학자들은 이러한 문화들이 생의학에 순응하도록 격려해왔던 것이다(Gordon, 1988a; Leslie, 2001).

결과적으로 의료인류학 연구들은 가끔 환자를 '의미를 알지 못하는' 집단으로 표현하면서 각종 검사 대신 환자들의 설명을 잘 추론하여 이를 '해독'하는 것이 의사의 일이라고 주장한다. 생물학은 본질적으로 보편적이지만 문화는 질병이나 생물학에 외적인 것으로 간주된다(Gordon, 1988a: 28). 이러한 접근은 질병의 사회문화적 본성에 초점을 맞추는 반면, 이들은 동시에 '전통적인 질병(folk illness)'이 의학 교과서와 잡지에 실려 있고 의사들에 의해 진단, 치료되는 '진짜' 생의학적인 질병보다 열등하다는 것을 암시하는 경향이 있다. 예를 들어 스토클과 바스키(Stoeckle and Barsky, 1981: 233)는 "교육을 받지 못한 소수 민족들뿐만 아니라 현대 사회의 '매우 교육 수준이 높은' 환자들조차도 민속적이고 원시적인 신념을 오늘날까지 지속적으로 가지고 있다"고 말한다(저자 강조).

그러나 1960년대 이래 정치경제학적 접근과 사회구성주의자들은 영어권의 의료인류학자들과 연구자들에게 영향을 주기 시작했다. 이 두 접근에 기초하여 나온 '비판적' 또는 '해석학적' 의료인류학은 과거의 연구나 사고방식에 도전하기 시작했다(Baer et al., 1986; Leslie, 2001). 싱어(Singer, 1990)는 의료사회학자와 의료역사학자들에게도 관련이 되는 다음과 같은 몇 개의 비판적인 의료인류학적 연구 관심들을 찾아냈다. 의료 지식의 사회적 생산, 사회통제로서 의학과 공중보건의 기능, 건강 관련 행위와 신념에서 의식과 행위자의 중요성, 보건이나 의학 용어와 권력과의 관계, 질병의 정의와 명명, 생의학적 실재로서 의료와 질병의 논쟁적인 특성, 그리고 질병 경험의 의미 등이다.

이 주제들이 보여주는 바와 같이 최근의 비판주의적인 접근은 학제적인 성격을 가지고 있음으로써 정치경제학적 관심과 사회의 구조주의적 경제적 측면을 통합하여 이것이 건강에 어떠한 영향을 미치는가를 살펴보고, 사회구성주의자들의 인식론과 언어 사용에 대한 관심과 의료적 상호작용의 경험적인 측면에 대한 관심도 공유하고 있다. 이러한 관심으로부터 인간의 몸은 생물학적 산물인 동시에 사회적이고 문화적인 과정의 산물, 즉 동시에 전적으로 생물학적이며 문화적인 것으로 이해되고 있다(Guarnaccia, 2001). 이러한 관심은 사회구성주의 접근을 선택한 사회학이나 역사학적 접근과 동일하다.

역사적 차원

약 40여 년 전까지만 해도 의학과 공중보건이 서로 유사한 정당성을 가지고 있다고 생각한 의료역사학자들은 의료가 계몽적이며 지속적으로 발전하여 승리하는 이상적인 과학으로 간주해왔다(Wright and Treacher, 1982; Brandt, 1991). 그러나 의료사회학과 인류학에서와 같이 최근의 사회역사학에서도 사회가 질병에 어떻게 반응하는가에 대해 보다 비판적인 구성주의적 접근을 취하고 있다. 따라서 의료역사학자들이 의료사회학이나 인류학으로 방향을 바꾸고 있고, 반대의 경우도 마찬가지여서 가장 대표적으로 의료사회학과 인류학에서 사회구성주의의 중요한 특성을 반영한 것이 의학 지식의 역사적 특성을 인식한다는 점이다.

역사는 인류학이 비교문화적 관점을 제공하는 것과 마찬가지로 서양 생의학의 전통이 더 이상 다른 시대나 다른 문화의 의료체계보다 더욱 '과학적'이거나 '객관적'이지 않다는 것을 보여줄 수 있다. 역사학적 관점은 연대기적 저술을 통해 지속성과 변화를 보여줄 수 있고, 의료와 공중보건에 관련된 사건이나 문제들을 분석하는 데 다양한 차원의 해석 수준을 엮어낼 수 있다(Berridge and Strong, 1991). 이는 또한 역사성을 강조함으로써 사회적 문제들에 대한 통찰력을 제공하고 현재 당연하게 여겨지는 것들이 도전받아야 한다는 것을 보여준다. "우리는 과거의 의료역사학이 해왔던 것처럼 의학을 신성시하려는 것이 아니라 과거를 통해 오늘날의 '명백한' 의료의 모습에 대한 확신에 의문을 제기하는 것이다"(Wright and Treacher, 1982: 2).

역사학적 관점 없이는 건강 문제에 대응하는 사람들의 행동이나 신념을 설명하기 어렵고 비합리적이며 때로는 자기 파괴적인 것처럼 보이기도 한다. 이러한 설명은 현대 서구사회가 건강에 대한 위협이나 질병에 대해 어떻게 반응하는가에 대한 중요한 시각을 제공할 수 있는 가치 있는 것이다. 특히 왜 일정한 반응이 일어나는지에 대한 이유를 알아내는 데 유용하다. 예를 들어 왜 일부 질병은 오명이 씌워지고 광범위한 공포와 도덕적인 심판을 불러오는가, 왜 의학적인 문제를 다루는 대중매체들이 특정한 이미지와 표현 방식을 계속해서 사용하는가, 왜 현재 보건정책은 성공 또는 실패하는가와 같은 문제들이다. 브랜트는 의학의 역사를 돌이켜보면서 다음과 같이 결론 지었다.

> 역사는 인간의 동기, 조직, 관계 등의 중요한 측면을 더 잘 이해하기 위한 길을 열어준다. 질병의 와중에 이러한 관계는 적나라하고 극적인 해답을 제공하고 우리가 이를 더 잘 보고 이해할 수 있는 능력을 증가시킨다. 그렇다면 궁극적으로 의료의 역사를 공부하면서 우리는 시간과 문화를 초월하여 인간의 삶의 조건에 대한 한계와 전망을 알아낼 수 있다(Brandt, 1991: 211).

푸코의 역사적인 저작들은 의학의 역사를 재형성하는 데 결정적인 자극이 되었다. 『광기의 역사』(1967), 『임상의학의 탄생』(1975)과 같은 고전들은 역사적 해석의 '진실성'에 의문을 제기하고 어떻게 권력이 의학 지식과 의학 경험을 생산해냈는지를 보여준다. 예를 들어 『광기의 역사』에서 푸코는 17세기와 18세기에 의학 지식체계의 한 분야로 등장한 정신과학의 질병에 대한 정의와 진단의 과정은 일부 행동은 정상적인 것으로, 다른 행동들은 치료가 필요한 비정상적인 행동으로 명명함으로써 정신질환을 생산해냈다고 주장한다. 따라서 푸코에 의하면 정신질환은 사회적으로 구성된 것이며, 정신과학은 '미친' 것으로 규정된 사람들의 신체와 정신에 대해 권력을 행사하는 지식 체계임을 보여주었다. 당시에 이는 매우 급진적인 시각으로 간주되었지만, 1970년대에는 반(反)정신과학 운동가들이 정신질환을 다루는 현대적인 방법에 대한 비판으로 이를 활용했다(Armstrong, 1997).

위에서와 같이 푸코의 저작들은 매우 영향력이 있었고 역사학자들에게뿐 아니라 사회학과 인류학 학자들에게도 우상이 되었다. 푸코적인 접근은 의학의 역할을 급진적으로 다르게 보는 시각을 가져왔고, 특히 의료 경험의 일부로서 뗄 수 없는 인간의 신체와 권력에 대한 사고방식을 새롭게 구성하는 담론을 추구하도록 했다. 이것이 이 책의 중요한 관심이다.

문화연구

문화사회학과 문화연구 분야는 주로 인공물이나 문화의 실천을 통해 의미가 생산되고 순환되는 과정을 기록하고 설명하는 데 관심을 가진 분야이다. 이들은 문화가 겉으로 이해되는 '자연스러운' 방식을 해체하는 것을 강조한다. 음식을 준비하고 소비하는 것, 식탁 예절, 의복, 스타일과 취미, 상품 소비 등과 같은 현대의 서구적 행동양식을 지배하는 법칙에 관심을 가진 학자들은 가정 안의 영역과 매일매일의 일상적 관습의 재생산 밑에 깔려 있는 규칙, 규범, 상징적 의미들을 연구하기 위해 조직이나 경제 또는 공적 생활을 탐구하던 전통적인 사회학적 관심을 넘어서고 있다(Douglas, 1974; 1984; Murcott, 1983; 1993; Bourdiue, 1984; Mennell, 1985; Fischler, 1986; 1988 등의 연구 참조).

최근에 이제까지 간과되었던 인간의 신체는 브라이언 터너(Brian Turner)의 연구에 의해 새로운 사회학적 탐구의 중심에 놓이게 되었다(Turner, 1992; 1995; 1996)(의료와 관련한 논의는 2장에서 자세히 논의할 것임). 이러한 연구들은 개인의 신체적 외모, 스타일, 취미, 매너, 행동양식 등과 같은 개인적 특성으로 보이는 것들이 사실상 단지 개인의 특성이 아니라 사회계층, 성별, 인종과 연결된 사회문화적 규범에 의해 크게 영향을 받는다는 것을 보여주는 지식사회학과 문화사회학의 관심을 불러오게 되었다.

문화연구 분야에 의해 생산된 이론적 기반과 경험적 연구들은 의료의 사회문화적 측면에 중요한 통찰력을 제공한다. 문화연구는 원래 문화사회학으로부터 발전된 학제 간 영역인데(Williams, 1976), 문학 이론, 영화 연구, 마르크스주의, 언어학과 정신분석학 이론 등을 통합하여 오페라, 순수 예술, 영화와 문학 등과 같은 엘리트 문화의 산물뿐만 아니라 대량생산 상품과 대중문화매체의 생산품까지도 연구하고 있다(문화연구의 소개와 역사에 대해서는 Turner, 1990; Fiske, 1992 참조). 대중매체와 다른 사회제도들이 생산해내는 여러 가지 기호를 인식할 수 있도록 해주는 구조를 밝혀내는 과정은 문화연구 영역에서 활용되는 다양한 접근의 공통적인 관심사이다. 이 분야는 자본주의하에서 권력 집단의 이해와 사회집단의 위치를 지지해주는 데 이용되는 매스미디어와 다른 사회 제도들을 탐구하는 데 분명하게 비판적인 접근을 취하고 있다(Turner, 1990: 5).

대부분의 사회과학자가 의료를 문화의 산물이나 일부로 생각하기보다는 문화에 외재하는 객관적이고 과학적인 지식체계로 간주하기 때문에(여기서 '과학'이란 '문화'의 반대말로 여겨지는데), 최근까지 문화연구의 접근은 생의학 분석이나 공중보건제도와 실천을 분석하는 데 거의 사용되지 않았다(유럽이나 영어권에서는 과학을 문화로 분석하고 과학의 역사와 철학에 대한 좋은 프로그램들이 있기는 하다). 그러나 사람들은 의료와 질병에 대한 신념 등을 포함해서 자신이 살고 있는 세계를 이해하는 데 개인의 경험이나 다른 사람과의 논의뿐만 아니라 문화적 산물과의 상호작용을 통해 이해하게 된다. 드라마의 친절한 의사로부터 새로운 의학적 기사를 소개하는 뉴스에 이르기까지 의료, 보건 관리, 질병, 건강 위험요소 등을 알리는 데 매스미디어는 매우 중요하고, 특히 직접적인 경험이 적거나 없는 사람들이 이러한 현상을 이해하는 데 매우 중요한 공헌을 하고 있다.

의료, 보건 관리, 질병, 의사 - 환자 관계 등이 문화적 행동과 경험이라는 것은 분명한 사실이고, 따라서 문화사회학이나 문화연구 분야의 학자들이 이에 관심을 갖는 것은 당연하다. 더욱이 의료행위와 제도가 매스 미디어에서 나타나고 시청자들이 이러한 것을 받아들이는 방식에 대해 탐구하는 것은 의료와 보건 관련 지식과 실천의 사회문화적 차원을 이해하려는 해석학적 학자들에게는 없어서는 안 되는 것이다(Lupton, 1992, 1994a; Lupton and McLean, 19098; Gwyn, 2002).

담론과 '언어적 전환(linguistic turn)'

앞에서 지적했던 바와 같이 문화연구를 포함하여 모든 인문학과 사회과학 영역은 지난 20여 년간 언어와 담론에 관해 고조된 관심을 경험해왔고 사회 질서와 실재의 인식을 구성하고 유지하는 것과 언어의 역할을 인식하고 이해하는 것에 많은 관심을 기울여왔다(Atkinson, 1990; Jensen, 1991; Howarth, 2000; Lehtonen, 2000). 소쉬르의 언어학은 처음으로 기호학 또는 기호의 과학을 발전시켜 언어의 구조를 설명하는 데 이를 적용했다. 바테스(Barthes, 1973)가 1960년대 기호학 방법론을 대중문화에 적용시킨 것은 이제까지 간과되었던 문화적 텍스트에서 생산된 의미를 분석하는 중요한 첫걸음이었다. 뒤이어 대중문화와 엘리트 매체의 생산을 비판적으로 검토하는 접근들은 초기 기호학 이론이 제공한 언어와 문화에 대한 통찰력의 영향을 크게 받았거나 그로부터 출발한 것이다. 이론적 접근에서의 획기적인 발전은 기호학자들이 사람들을 "자신의 문화에 의해 말해지고 말하는 존재로 보았다는 사실이다. 즉 기호와 체계를 통해 표현되는 것이다"(Hall, 1980: 30).

담론에 대한 후기구조주의자들의 개념은 언어의 형태와 구조, 그리고 언어는 사회적 진공 상태에 존재하는 것이 아니라 사회적·정치적 상황에 배태되어 있어 이런 목적에 활용되고 있다는 사실을 이해함으로써 의미가 확립되는 방식에 대한 구조주의 기호학자들의 관심과 결합했다. 이러한 활용에서 담론은 단어의 유형, 연설의 특성, 개념, 가치, 상징 등으로 묘사될 수 있다. 담론이란 사회적이고 물리적인 세계를 묘사하고 범주화하는 일관된 방법이다. 담론은 물건, 사람, 사회집단, 관심을 끄는 사건 등의 주변에 주목하여 바로 그 물건, 사람, 등을 '이해하는' 수단을 제공한다(Parker, 1992; Parker and the Bolton Discourse Network, 1999). 모든 담론은 문장이거나 문자로 표현되어 있거나, 문장 간에 또는 다른 문장에서 유추되며 이러한 담론들은 역사적·정치적·문화적 배경 안에서 의미를 획득하고 문맥을 가지고 있으며 배태되어 있다. 담론 분석의 대부분의 공통점은 담론이 추상적인 원칙에 따라 조직화되는 방식에 관심을 가지고 있다는 점이다. 이는 곧 담론이 원하는 목적을 달성하기 위해 의도적이고 전략적으로 사용되는 의사소통의 적극적인 수단이며 실제적인 의사소통자의 관점에서 이해관계를 획득하기 위한 수단이라고 보는 것이다.

우리가 말하는 방식이나 현상을 시각적으로 표현하는 것으로서의 담론과 이러한 현상을 둘러싼 실제적인 행동과 행동 양식으로서의 실천 사이에 필연적으로 서로 얽혀 있는 관계가 존재한다는 사실을 인식해야 한다. 예를 들어 서구사회에서 산모의 신체와 태아가 묘사되고 시각적으로 표현되며 다루어지는 방식은, 다른 문화에서는 드러나지 않는 임산부와 태아 사이의 분리를 명백하게 보여주는 경향이 있다. 대중 사이에서 또는 법적인 상황에서 낙태에 대한 논쟁, 임신 중 흡연이나 음주를 하는 여성에 대한 비난, 산부인과를 공부하는 의대생들의 훈련, 임산부의 신체와 분리된 이미지로 태아를 보여주는 초음파의 사용, 공중에서 떠다니는 것과 같은 자궁 속의 태아를 보여주는 책과 대중 과학잡지의 사진들, 출생 이전에 잠정적인 성별과 이름을 가지고 있는 것으로 태아를 지칭하는 방식, 이 모든 것이 임산부와 태아의 분리를 강화시키는 데 기여한다. 실천이 존재하는 담론을 구성하고 강화시키며, 그 반대도 마찬가지이다.

텍스트를 탐구하는 것은 담론 분석과 다른 해석적 연구 형태에서 중심이 된다. 사실상 모든 사회 연구에서 텍스트는 사회적 과정과 변화의 바로미터로서 분석의 중요한 요소가 된다는 사실을 점차 인식하고 있다(Potter and Wetherell, 1987; Jensen, 1991; Fairclough, 1992; Lehtonen, 2000). 언어적인 어떤 종류의 의사소통도 담론을 밝히기 위해 연구의 가치가 있는 텍스트로 여겨진다. 의료 담론에 관심이 있는 학자에게 텍스트의 분석은 의학 교과서, 병원 기록, 입원 신청서, 대중적인 자기 치료 안내서, 소설, 건강 문제에 관한 텔레비전 프로그램, 의학과 공중보건 잡지와 대중 신문, 대중 잡지, 그리고 의사와 환자 간의 대화의 채록, 연구자와 연구대상자의 인터뷰 내용 등이 모두 대상이 된다. 담론 분석이 의료의 사회문화적 분석에 적용될 때 생물학과 문화가 질병의 사회적 구성 과정에서 서로 상호작용하는 과정을 보여줄 수 있으며 서구 문화가 사회적 범위를 규정하기 위해 질병을 사용하는 방식을 보여줄 수 있을 것이다(Brandt, 1988; Lupton, 1991, 1994a; Gwyn, 2002).

결론: 시각의 수렴

문화로서 의료를 분석하는 서로 다른 학문, 하위분야, 학제 간 영역 등의 분석 방식에 중요한 차이가 있는데도, 위에서 논의한 이러한 접근들이 가지는 공통점은 현대 서구사회에서 의료 제도가 사회 통제와 행동 규제에, 그리고 신체적인 행동 양식과 주관성을 구성하는 데 중요한 역할을 한다는 점을 인정한다는 것이다. 그렇게 함으로써 의료는 인문학과 해석적인 사회 과학에 종사하는 학자들의 입장에서 관심을 기울일 만한 훌륭한 주제이다. 같은 연구 문제를 서로 다른 이론적이고 방법론적인 각도에서 접근하면서도 동시에 학문의 전통과 서로 다른 접근방법의 논리를 인식하는 절충주의적 접근은 우리에게 많은 것을 제공할 수 있다. 다음 장들에서 보여주는 바와 같이 의료 현상을 분석하는 것은 이제 서로 다른 수준의 문제의식에서 여러 학문과 시각으로부터 연구될 수 있다. 서로 다른 이론적 접근과 연구 방법은 각각의 부족한 점을 다른 시각에서 보완하여, 아마도 그 과정에서 다소 인위적으로 이러한 시각들을 분리해왔던 경계를 약화시킬 수 있는 잠재력을 가질 것이다.

제2장
몸과 의료

　인간의 몸은 명시적이든 잠재적이든 궁극적으로 의료와 건강, 그리고 질병의 사회적 차원을 분석하려는 모든 사람의 연구 주제가 된다. 이 장에서는 인문학자나 사회과학자들이 논의하고 있는 몸에 대한 최근의 이론을 소개하려 한다. 여기서는 성별화된 몸(the gendered body), 섹슈얼한 몸(the sexual body), 깨끗한 몸(the clean body), 훈육된 몸(the disciplined body), 운동하는 몸(the sporting body), 상품화된 몸(the commodified body), 죽은 몸(the dead body) 등이 다루어질 것이다. 그 과정에서 세속적인 종교로서의 건강, 몸의 경계를 유지하기 위한 긴장, 공중보건 담론에서의 합리성 이데올로기와 몸에 대한 통제, 다이어트의 담론, 그리고 무엇보다도 이데올로기의 변화, 담론 과정, 그리고 권력 투쟁에 취약한 사회적 구성물로서의 몸의 개념에 대해 살펴볼 것이다. 이런 문제 제기의 중심은 "우리의 몸을 직접 경험하거나 간접적으로 이론화할 수 있는 우리의 역량은 어쩔 수 없이 의료화되어 있는" 현대 서구사회의 의료가 다루는 몸에 대한 분석이다(Frank, 1990: 136).

사회 이론과 몸

몸은 우리 자신의 일부로 당연하게 받아들여져 왔기 때문에 몸의 존재와 중요성을 간과하기 쉽다. "우리는 몸을 가지고 있다, 그러나 엄격한 의미에서 우리는 또한 몸 자체이다. 우리의 체화(embodiment)는 사회적 정체성의 필수적인 요소가 되기 때문에 '내가 도착했는데 내 몸을 가져왔다'고 말하는 것은 우스꽝스러운 일이다"(Turner, 1996: 42). 고통이나 아픔, 또는 불편함을 느끼지 않을 때 우리의 몸은 상대적으로 신경이 쓰이지 않는다. 몸이 의식되기 시작하는 것은 질병이나 고통을 경험하면서부터이다. 질병은 우리 몸이 자신과 분리되는 외적인 환경으로 간주됨으로써 개념화될 수 있다.

최근까지 인간의 몸을 간과하고 '살아 있는' 몸의 육체성을 어떻게 다루어야 할지 언급하지 않은 채 사회 구조와 개인의 주관성만을 강조해왔다(Berthelot, 1986; Turner, 1991a, 1996). 의료사회학과 역사학의 발전 과정에서 오랫동안 생물학적 인간의 몸에 대한 해부학적 개념은 도전을 받지 않았다. "사회학자들은 보건 전문가들이 몸에 대한 세련된 지식을 가진 전문가라는 주장을 지지, 비판, 담합 또는 공모하면서 그들의 몸에 대한 생물학적 비전을 의문시하거나 비판하지 않았다"(Armstrong, 1987a: 651). 마찬가지로 의료에 대한 사회역사학자들은 몸에 대해 관심을 기울이지 않았다(Gallagher and Laquere, 1987: vii).

몸에 대해 이론화하거나 역사적으로 관심을 갖는 것을 주저했던 이유 중 하나는 인문학과 사회과학에 종사하는 학자들이 '딱딱한' 인간 과학의 생물학적 결정론을 피하려 했기 때문이다. 결과적으로 수십 년간 거시사회학자들은 '사회 체계'와 구조적이고 정치적이며 경제적인 사회 통제의 차원에 초점을 맞춤으로써 그 이론적 공간에서 몸은 사라져버리게 된 반면, 미시사회학자들은 사회적으로 구성된 개인의 행위에 관심을 가졌으나 의사 결정의 구체적인 과정을 고려하는 데에는 무관심했다(Turner, 1996: 2장). 그러나 지난 20여 년간 후기자본주의 사회에서 몸은 사회적·문화적 이론의 관심을 끌기 시작했다. "이제 몸은 대중문화와 동시에 학문 세계에 들어왔다"(Frank, 1990: 131).

몸의 이론화로의 전환은 여성운동, 소비자 문화의 성장, 그리고 후기구조주의와 포스트모더니즘 이론의 영향과 같은 근대 사회운동과 관련하여 설명될 수 있다(Turner, 1991a: 18). 푸코의 저작이 번역됨과 동시에 이러한 운동들은 몸에 새로운 관심을 기울이기 시작하여 인간의 주관성에서 몸의 역할과 엘리트와 대중 담론에 의해 이것이 구성되는 방식에 관심을 갖게 되었다. 더 구체적으로 HIV/AIDS의 출현과 포르노그래피에 대한 대중적인 논쟁, 스포츠에서의 약물 사용, 의료 윤리 분야의 출현 등이 몸의 사회학에 학자들의 관심을 끄는 문제들을 제기했다(Morgan and Scott, 1993: 4~5). 마찬가지로 몸을 둘러싼 위험에 대한 담론이 증가하면서 다이어트와 건강, 건강과 질병의 유전적인 차원 등에 대한 최근의 연구들을 자극했다.

사회구성주의자 입장을 취한 후기구조조의와 포스트모더니즘의 등장으로 인해(1장) 인간의 몸은 더 이상 주어진 실재가 아닌 변화가 가능한 지식과 담론의 산물로 간주되었다. 해러웨이가 말한 바와 같이 "따라서 몸은 태어나는 것이 아니라 만들어지는 것이다"(Haraway, 1989: 10). 이러한 시각에서 볼 때 과학적 의학은 몸에 대한 담론과 지식의 중요한 근원 중 하나로서 대안의학이나 총체주의적 치료법과 같은 몸의 기능과 질병의 작동에 대한 대안적인 설명들을 배제하는 데 대체로 성공했다.

들뢰즈(G. Deleuze)와 가타리(F. Guattari)의 포스트모더니즘적 관점의 저작에 기초한 매우 상대주의적인 사회구성주의자의 입장에서 '장기가 없는 몸(body-without-organs)'에 대한 철학적 모델이 확립되었다. 기관이 없는 몸은 물질적인 또는 해부학적인 몸(이것은 장기를 가진 몸이라고 할 수 있다)과는 매우 다르다. 이것은 곧 몸 - 자아(body-self) 또는 '신체 안의 자아(self-inside-the-body)'로서 육체를 통해 경험될 뿐 아니라 인지적이고, 잠재의식적이며, 감정적인 현상이다. 이는 본질적으로 우리의 정체감과 연결되어 있다. 육체적이고 사회적인 힘이 상호작용하여 기관이 없는 몸을 생산해낸다. 기관을 가진 몸은 문화가 새겨지는 장소이다 — 또는 들뢰즈와 가타리의 말을 빌리면 '영토화(territorialization)'인데 이는 곧 담론과 실천을 통해 의미를 부여함으로써 끊임없이 구성되고 재구성된다. 예를 들어 생의학적 담론과 실천은 흔히 신체의 해부학적 측면에 집중하여 이를 영토화 함으로써 '장기를 가진 몸'으로 만든다. 그런가 하면 다른 담론과 실천이 지배적이 되면 몸은 다른 의미로 '재영토화'될 수도 있다. 따라서 몸은 항상 미완성의 프로젝트로 간주되며 몸 - 자아는 '건강'과 '질병' 사이를 중개하는 것으로 인식된다(Fox, 1993; 1998; 2002).

그러므로 현대 후기구조주의와 포스트모더니즘 이론에서 몸은 '복잡하지만 중요한 속성으로서 담론과 물질을 서로 분리할 수 없는 혼합물'로 간주된다(Rothfield, 1992: 102; Shilling, 1991: 664도 볼 것). 이는 여러 가지 실천 또는 '몸의 기술(body techniques)'들을 모아놓은 것으로 시간과 공간 속에서 몸을 나타내고 규제하는 것으로 인식된다(Frank, 1991: 48~49; Turner, 1992: 41). 몸은 단지 사회관계에 의해서 구성되는 것이 아니라 역사적 · 문화적 · 정치적 요인들에 의해 촉진되기도 하고 제한되기도 하면서 이러한 사회적 관계의 구성에 참여하게 되는 것이다. 국가가 몸에 대한 감시와 통제를 하는 방식과 이로 인해 어떻게 개인이 스스로의 몸을 규제하고 자신의 처신에 대해 훈련하는가는 의료사회학에서 후기구조주의자 프로젝트의 중심 과제였다. 터너(Turner, 1992: 12)는 신체중심적인 사회(somatic society)에 대한 개념을 개발했는데, 이런 사회에서 몸은 문화적이고 정치적인 행동의 일차적인 장으로서 사회 조직과 사회적 긴장을 표현하는 은유로 사용된다. 몸에 대한 그리고 몸들 사이의 공간에 대한 규제와 감시, 그리고 통제는 신체중심적인 사회의 핵심이 된다.

사회학과 역사학이 몸과 사회 질서 사이의 상징적인 상호관계를 간과해온 경향이 있는 반면, 인류학자들은 전통적으로 소규모 사회에서 지역사회를 통합하고 사회적 관계와 공간적 관계를 정의하기 위해 몸에 대한 상징이 사용되는 방식에 관심을 가져왔다. 메리 더글러스(Mary Douglas)는 몸에 관련된 의례들은 "사회적 관계의 형태를 만들어내고 이러한 관계에 가시적인 표현을 부여함으로써 사람들이 자신의 사회에 대해서 알도록 하는 것이다. 이러한 의례들은 육체적인 몸에 대한 상징적 매개물을 통해 몸의 정치로 작용했다"라고 주장했다(Douglas, 1980 / 1966: 128). 셰퍼 휴스와 로크(Scheper-Hughes and Lock, 1987: 8)와 같은 인류학자들은 개념적이고 분석적인 수준에서는 서로 중복이 되지만 분리할 수 있는 세 가지 몸이 있다고 본다. 첫째는 몸 - 자아의 생생한 경험으로 이해되는 개인의 몸이다. 즉, 각자가 다른 사람들의 몸과 우리의 몸이 다르다는 것을 보는 방식이다. 두 번째는 사회적 몸 또는 몸에 대한 상징적이고 표현적인 용법으로서 '병든 사회', '산자락(foot of mountain)', '국가의 머리'와 같이 자연·사회·문화 등을 개념화하는 데서 나타난다. 세 번째 수준은 몸의 생정치학(bio-politics)으로 사회의 안정성을 유지하기 위해 개인과 집단 수준에서 몸의 행동양식을 통제하고 규제하며 조사하는 경우이다.

이에 대해 프랭크(Frank, 1990: 134)는 몸에는 네 가지 개념이 있다고 제안했다. 즉 의료화된 몸, 섹슈얼한 몸, 훈육된 몸, 말하는 몸이다. 이러한 유형들 사이의 경계는 아무래도 유동적이다. 몸에 대한 첫 번째 유형인 의료화된 몸이 질병에 대한 의학적 관리라는 명칭과 가장 직접적인 관련이 있긴 하지만 다른 형태의 몸도 의료체계와 역시 연관되어 있는 것이 사실이다. 뒤에서 자세히 설명하겠지만 의료의 문화적 영향력은 섹슈얼한 몸이 의료 담론에 들어와 이러한 담론의 보호 아래 훈육이 되는 것과 같은 경우에 잘 나타난다. 훈육된 몸 역시 통제와 금욕주의와 건강을 다루는 의료와 공중보건 담론 안에서 분명하게 드러나며, 말하는 몸은 환자가 자신의 증상에 대해 '고백'하기 위해 언어화해야 하는 의료적 상호작용과 관련이 있다.

푸코, 몸, 그리고 병원(clinic)

앞서 지적한 바와 같이 푸코의 저작은 여성학자들의 비판과 마찬가지로 사회학·역사학·철학·인류학 연구에서 몸에 대한 최근의 관심을 불러일으키는 데 지대한 영향을 미쳤다. 푸코는 현대 의학을 둘러싸고 이를 구성해온 담론의 '계보'를 확립하는 데 관심을 가졌다. 푸코와 그 추종자들에게 몸은 정치적이고 이데올로기적인 통제, 감시와 규제의 궁극적인 대상이었다. 16세기 이래 몸은 규율 권력이 행사되는 중심이었다는 것이다. 몸과 행동을 통해 의료, 교육, 정신과학, 법 등의 국가기구가 행동의 한계를 정의하고 행위를 기록하며, 확립된 경계를 침범하는 몸을 벌함으로써, 몸이 생산적인 동시에 정치적으로나 경제적으로 유용하도록 만들었다.

프랑스의 의학 지식의 발전에 대한 푸코의 역사철학적인 설명에서 그는 18세기의 병원과 수련 병원이 몸을 개념화하는 방식에 대해 중추적인 역할을 했다고 주장한다. 그는 의학이 몸에 대해 일탈 또는 정상, 위생적 또는 비위생적, 통제된 것 또는 통제가 필요한 것 등과 같이 꼬리표를 다는 중요한 권력기관이었다고 본다(Foucault, 1979: 54). 『임상의학의 탄생』(1976)에서 푸코는 의료 과학의 시선으로 바라본 인간의 몸을 '해부학적 지도(anatomical atlas)'라고 불렀다. 그는 20세기 후반 몸과 질병을 인식할 수 있는 다른 방법을 잘 알지 못한 상태에서 몸에 대해 이런 인식이 받아들여졌다고 주장한다. 푸코는 18세기 후반에 의료 시술이 변화하면서 신체검사와 부검, 청진기, 현미경, 해부학 분야의 발전, 정신과학, 방사선과 수술, 병원의 제도화와 의사의 수술 등이 소개되고 일상적인 것이 되어가면서, 이 모든 것들이 몸에 대해 더 많은 권력을 행사하게 되었다고 본다. 동시에 몸은 증가하는 규제와 지속적인 감시, 그리고 감옥·학교·정신병원·군대나 공장과 같은 다른 영역에서 감시의 대상이 되었다. 의료와의 상호작용에서 환자들은 의사의 질문에 자신의 병력을 이야기하고 신체 검진을 허락함으로써 자신의 몸의 비밀을 드러내게 되었다. "환자는 이야기하고, 고백하고, 드러내야만 했다. 질병은 눈에 보이는 것으로부터 듣는 것으로 전환되었다"(Armstrong, 1983: 25).

푸코에게 의료와의 상호작용은 감시의 가장 대표적인 예가 되는데, 이를 통해 의사는 조사하고 질문하며 환자의 노출된 신체를 만지는 데 반해, 환자는 왜 그런 절차가 이루어지는지에 대한 지식도 없이 순종하고 고백해야 한다. 의사가 수술하는 과정에서 몸은 침해와 검사와 검진의 대상이 된다. 몸의 주인은 자신의 몸에 대한 권리를 포기하고 의사에게 권한을 양도하도록 기대된다. 아주 심각한 질병이나 신체장애의 경우 몸은 의료체계에 의해 소유되고, 반면 정신질환자의 몸은 자신의 의지와는 달리 두뇌가 억제되는 신체 기관이 되어버린다.

성별화된 몸(The Gendered Body)

몸이 의학에서 취급되는 방식과 건강과 질병 상태의 경험은 흔히 생물학적 성(sex) 또는 사회적 성(gender)을 통해서이다. 여성학자들은 특히 지난 30여 년에 걸쳐 성별화된 몸의 체화(embodiment)를 밝히는 데 특히 큰 역할을 해왔다. 제2차 여성주의 운동은 섹슈얼리티와 젠더의 사회적 구성을 둘러싼 다양한 관심을 유발시켜 현재 '몸'은 여성주의 논쟁의 중심에 있다(Caddick, 1986: 60). 1970년대 자유주의적 여성주의자들은 마르크스주의 이론에 기초하여 여성성과 남성성은 여성이나 남성의 몸의 형태학과는 무관한 사회적 역할이라는 사회적 성에 대한 개념을 강조하기 시작했다. 따라서 신체적 특성에 기초한 용어인 '생물학적 성'은 성별 역할의 문화적 정의인 '사회적 성'과는 구별되었다. 남성과 여성에게 공통적인 인간의 본성을 강조함으로써 '성별 간의 동일성'은 스스로에 대한 주관적 인식의 이상적인 전망으로서 많은 여성들을 여성적인 몸의 억압에서 해방시키게 되었다. 젠더 이론가들에게 정신은 다양한 사회적 '교훈'이 새겨지는 중립적이고 수동적인 빈 공간으로 여겨진 반면, 몸은 '이러한 비문의 수동적인 매개체'로 간주되었다 (Gatens, 1983: 144). 여성성과 여성의 몸, 그리고 남성성과 남성의 몸의 관계는 임의적인 것으로 여겨졌으며 따라서 여성에 대한 억압을 시정하기 위한 재사회화가 가능하다고 보았다.

최근 일부 여성주의자들은 주어진 사실로서의 생물학적 성과 문화적 인공물로서의 사회적 성이 서로 관련되어 있다는 인식을 거부하고, 개인의 합리적인 탈체화(disembodiment)의 필요성을 주장하고 있다. 이러한 시각은 몸을 이분법적으로 생물학적 성과 사회적 성으로 구성하는 문화적 실천과 담론의 영향을 강조함으로써 자연과 몸이 문화와는 무관한 것이라는 인식을 거부한다. "이러한 접근은 '몸이 문화적으로 어떻게 받아들여지는가?'라는 질문에서 '문화가 어떻게 몸을 구성하여 생물학적으로 주어진 것으로 이해되는가?'라는 좀 더 유익한 질문으로 개념의 변화를 가져오게 되었다"(Gartens, 1988: 62). 이러한 여성주의자들에게 남성과 여성의 양분법적인 분리는 다중적인 성으로 몸을 재편하기 위해 파괴되고, 양성적인 또는 탈성별화된 주체가 이상적인 것이 된다(Caddick, 1986: 68; Gatens, 1988: 67). 예를 들어 과학철학 분야에서 영향력 있는 여성주의 작가인 도나 해러웨이(Donna Haraway)는 '사이보그'의 개념이 이런 기능을 하면서 이상적인 '원인 이종(humanoid hybrid)'으로서 인간과 기계의 합작품을 표현하는데(Haraway, 1988), 여기서는 섹슈

얼리티·민족·성은 물론 인간과 기계의 구분조차도 불분명하고 유동적이
된다고 주장한다. 이것이 바로 몸은 전적으로 합리적이고 자율적인 통제에
종속되어 있는 구성되는 텍스트일 뿐이라는 극단적인 사회구성주의적 입장
이다.

　현대의 여성주의 학자들이 모두 이런 상대주의적인 입장을 취하는 것은
아니다. 최근 여성의 몸이 사회적으로 구성되는 것인지 아니면 생물학적 요
인의 산물이라고 보는지의 정도에 따라 수많은 논쟁이 있으며, 이러한 여성주
의는 생물학적 본질주의로부터 가장 상대주의적인 사회구성주의적인 시각,
그리고 다양한 이론적 입장의 조합 등의 넓은 스펙트럼상에 퍼져 있다
(Jacobus et al., 1990: 3). 일부 여성주의자들은 계속 성적인 차이의 생물학적
결정론을 어느 정도 부정하는 것은 여성이든 남성이든 자신이 가지고 태어
나 생생하게 경험하는 삶을 무시하는 것이라고 주장하고, 따라서 신체적 몸
과 사회적 몸은 분리될 수 없는 것이라고 주장한다(예를 들어 Caddick, 1986;
Lynch, 1987; Grosz, 1990; Rothfield, 1992 등을 볼 것).

　이러한 입장을 취하는 학자들은 실제로 경험하는 생물학적 몸의 특성을
부정하는 것은 자칫 자기 부정이 될 수 있다고 경고한다. 즉 임신·인공수정·
출산·수유·인공유산·피임·월경·폐경기 증상 등과 같은 경험, 그중에서도
특히 월경과 임신·출산과 같이 어느 문화에서나 보편적인 경험의 육체성과
이러한 여성만의 고유한 신체적 경험에서 야기되는 사회적 결과를 부정하는
것은 자기 부정적이라고 주장한다. 프링글이 지적한 바와 같이 "가장 경직
된 사회구성주의자들은 음핵절제술(여성의 포경술)의 실행에 의해 제기되는
불편한 문제에 직면했을 때 본질주의자로 후퇴할 가능성이 있다"(Pringle,
1992: 87). 따라서 일부 여성주의자들은 성적 쾌락, 출산, 영아에 대한 수유
등과 같은 신체적 과정과 사회적 관계도 가부장적 통제에 대한 투쟁과 저항
의 일부로 관심을 기울일 필요가 있다고 주장한다(Reiger, 1987). 왜냐하면

"여성주의자들의 목적을 위해 중요한 것은 문화적으로 변용되고 성적으로 중립적인 젠더의 억압이 아니라 **성별화된 몸의 사회적 비문**(*social inscription of sexed bodies*)이기 때문이다"(Grosz, 1990: 72~73, 강조는 원문대로)(6장 여성주의와 의료에 대한 보다 구체적인 논의에서 이 점을 자세히 논의할 것임).

여성의 몸이 비판사회이론의 문헌에서 많은 관심을 끌어온 반면 남성의 몸에 대한 연구는 최근까지 전혀 없었다. 1990년대에 와서야 이런 점이 제기되기 시작하여 남성의 몸에 관한 현상을 탐구하는 논문이나 저서가 증가하게 되었다. 이제까지 남성의 몸이 간과되어온 이유는, 여성의 몸이 비교되고 상대적으로 부족하다고 생각되는 기준으로서 남성의 몸은 이상적이고 '정상적'이라는 것이 '당연시'되었기 때문이다. 따라서 남성성에 대한 지배적인 가정은 남성을 여성에 비해 태생적으로 더 강하고 질병에 덜 취약하게 보는 경향이 있다. 헤게모니적인 남성성은 자신의 건강 상태나 외모에 관심을 기울이지 않고 몸의 연약함보다는 합리적인 사고의 힘을 자랑하는 남성의 중요성을 강조해왔다. 사실상 질병은 남성성보다는 여성성과 너무나 강력하게 연관되어왔기 때문에, 남성에 대해 자기 몸의 통제를 타인에게 양도하여 의사의 보호 아래 놓인 수동적이고 약한 환자로 인식하는 것은 이러한 남성성의 지배적인 규범에 도전하는 것이다(Davis, 2002; White, 2002).

남성의 몸에 대한 저서들이 출현하면서 주요 관심은 남성의 몸이 표현되고 의료에서 다루어지는 방식, 그리고 남성들 스스로가 어떻게 체화를 경험하는가이다. 미국 중산층 남성과 여성에 대한 연구(Saltonstall, 1993)는 몸을 개념화하는 데 성별 간에 중요한 차이가 있음을 밝혀냈다. 남성은 스스로가 몸에 대해 '권력을 가지고' 있고 자신의 몸을 '소유하고' 있다고 말하는 반면, 여성들은 말을 듣지 않는 몸(특히 다이어트와 관련되었을 때)을 통제한다고 표현했다. 또한 남성들은 행동을 할 수 있는 잠재력을 극대화시키기 위해 몸의 상태를 유지하는 것에 가치를 두는 반면, 여성들은 신체적 매력의 관점에서 인정될 만한 기준을 유지하기 위해 외모에 신경을 쓴다고 했다. 샐턴스톨은 자신의 연구를 통해 이미 존재하는 남성과 여성의 몸에 대한 건강의 육체적 상징의 차이와 더불어 '젠더가 자신과 다른 사람의 몸을 구체적으로, 그중에 서도 특히 건강하다'고 해석하고 정의하는 데 핵심적인 역할을 하고 있다고 결론지었다(Saltonstall, 1993: 12).

최근 몇 년간 의료와 공중보건 그리고 언론매체 등에서 남성의 건강 문제 에 기울이는 관심이 증가하고 있다. 남성의 건강과 건전한 삶에 대해서만 다 루는 잡지가 출간되고, 남성들만 겨냥한 공중보건 캠페인이 진행되며, 언론 매체에 남성의 건강 문제를 다루는 엄청난 새로운 소식들이 등장하고 있다. 남성의 몸에 대한 이러한 표현들은 몇 가지 지배적인 담론들을 이끌어냈다. 건강뿐만 아니라 남성미용, 근육 발달, 체중 조절, 성형수술, 성 기술 등에 대 한 기사와 광고들을 싣는《남성의 건강(Men's Health)》과 같은 잡지에서 건강 한 남성의 몸은 남성적이고 늘씬하고 매력적인 남성의 몸과 결합하고 있다. 언론매체에서도 남성은 여러 가지 방식으로 질병에 노출되어 있고 어린애처 럼 건강에 무관심하기 때문에 배우자의 보호와 관심이 요구되는 것으로 묘 사된다. 이런 방식으로 성별 전형화가 지속되어 남성은 자신의 일에 집중해 야 하는 점과 자신은 질병에 취약하지 않다는 생각 때문에 건강과 같은 몸에 대한 관심은 없는 반면, 여성들은 다른 사람을 보호하고 남자의 건강에 책임 을 지는 것으로 그려진다(Lyons and Willott, 1999).

남성들 자신은 건강에 대한 필요를 무시하는 것이 지배적인 남성성을 구 성하고 행사하는 수단이라고 여기는 경향이 있다. 아파서 다른 사람의 도움 과 보호가 필요한 것이 문화적으로 여성적인 특성으로 간주되고, 취약하고 연약하며 자신의 몸에 대한 통제의 상실로 간주되기 때문에, 질병이라는 오 명을 피하는 것이 많은 남성들에게는 여성과의 차이를 보여줌으로써 남성성 을 구축하는 방법이 되는 것이다. 일부 남성들은 질병의 증상을 무시하고 적절한 의료의 도움을 구하는 데 실패할 뿐만 아니라 과음, 과속, 싸움, 무모한 도전, 자신의 건강과 몸에 대한 통제에 대한 무관심 등을 보여줌으로써 남성성을 나타내려고 한다(Courtenay, 2000; Watson, 2000). 이러한 헤게모니적 남성성의 측면들은 간과하기 쉬운 자신의 건강을 보호하고 보건의료 제공자와의 상호작용에서 남성들이 어떤 태도를 취해야 하는가에 대해 여러 가지 방법을 시사하고 있다.

섹슈얼한 몸(The sexual body)

성별화된 몸과 마찬가지로 특히 의료와 공중보건 분야에서 현재 그 의미를 놓고 경쟁적인 담론들이 벌어지는 영역이 성적으로 활동적인 몸에 관한 것이다. 섹슈얼리티와 젠더에 대한 논쟁들은 섹슈얼리티가 민감한 주제가 되는 더 넓은 사회·문화적 맥락 안에서 이루어져 왔다. 이렇게 섹슈얼리티에 대해 민감한 이유 중 하나는 섹슈얼한 몸이 인간이 체화되어 있다는 것을 끊임없이 상기시키면서 합리성과 이성이 가끔 호르몬에 의한 '동물적인' 불가피성에 의해 지배되며, '자연적'인 것이 '문명화'된 것을 능가할 수도 있다는 사실을 알려주기 때문이다.

성적인 몸은 최근 수년 동안 성적인 선호가 개발되는 방식과 성적인 호감이 일정한 방식으로 표현되는 것이 적절한지에 대한 이슈를 놓고 논쟁을 해왔다. 이러한 논쟁은 2차 여성주의 운동과 1970년대의 동성애자 운동의 출현으로 이성애만이 유전적으로 정해진 것이라고 인정하는 생의학의 정통성에 의문을 제기하면서 가열되어왔다. 20세기 후반에 섹슈얼리티의 정의와 전개 과정은 포르노그래피, 아동과 성인과 여성의 성, 인공유산, 이혼, 여성의 권리, 동성애, 성교육 등의 이슈들을 놓고 수많은 정치적인 투쟁과 갈등의 중심이 되었다. 산업화의 전개 과정에서 등장한 새로운 영역의 지식은 20

세기에 비약적으로 발전하여 몸에 대한 통제, 상업 문화, 자아 표현과 자아 도취 등에 대한 담론을 불러일으켰다. 성과학(sexology), 즉 '성에 대한 과학'의 발전은 몸에 대한 성적인 통치에 관한 여러 조언들을 기록하고 처방하며 제공했다.

'성'이라는 용어와 마찬가지로 '섹슈얼리티' 자체는 다의어로서 누가 이를 사용하느냐에 따라 다양한 의미를 가지고 있다(Allen, 1992: 9). 성과학자, 범죄학자, 정신과학자, 동성애 운동가, 여성운동가, 철학자 등이 모두 이 용어에 대해 나름대로의 이해를 가지고 있다. 자연주의와 상대주의자들 사이에서 벌어진 가장 열띤 논쟁도 섹슈얼리티를 중심으로 이루어진 것이었다. 문화 이론가들은 보통 성적으로 활동적인 몸은 생물학보다는 사회/문화의 산물이라고 보는 사회구성주의적인 입장을 취한다. 따라서 섹슈얼리티는 유전자에 의해 각인되어 미리 운명이 정해진 것이라기보다는 문화적 규범과 역사적 경향에 따라 가변적인 것이 된다. 가장 극단적인 경우에 자유주의적 상대주의자들은 "서구 문화의 지배적인 성규범을 대표하는 것은 단지 불쾌하고 잘못된 근대주의자와 인본주의자들의 허구 이상은 아니다"라고 주장한다(Allen, 1992: 124). 다른 후기구조주의 프로젝트에서와 마찬가지로 언어와 시각적인 표현의 중요성은 성적인 몸이 존재하는 데 중요한 역할을 해왔다. "욕망은 의미나 표현과 뗄 수 없는 관계에 있다……. 성적 관계는 주어진 다른 성과의 관계가 아니라 언어를 통해 만들어진다. 몸은 직접적이고 즉각적인 것이 아니라 복합적이고, 구획이 그어지며, 본질적으로 의미와 연관되어 있다"(Heath, 1982: 154).

푸코와 그 추종자들에게 섹슈얼리티를 둘러싼 최근의 담론은 인류에게 가능한 다양한 성적인 표현 방식을 범주화하고 기록하며 설명하는 것인데, 그렇게 함으로써 감시와 훈육 권력을 보다 수월하게 하는 것이다. 푸코는 섹슈얼리티의 다원성을 제한하기보다는 현대적인 담론들이 이를 공론의 장으로

끌어들임으로서 다양하게 '왜곡된' 실천들을 구성하게 된다고 설명한다. "몸과 행동 양식, 섹스, 쾌락 등에 대한 권력의 확장은 억압이 아니라 비정통적인 관능성을 자극하거나 확산시키는 것이다"(Smart, 1985: 97). 푸코는 섹슈얼리티를 의료화되고 감시되고 기록되며 범주화되는 것으로 변화시킨 결과 섹슈얼리티를 둘러싼 억압을 감소시키게 되었다기보다는 대신 섹스가 "대단한 의문의 대상…… 즉, 우리 안에 각자가 가지고 있는 어두움의 파편들이 되어버렸다"고 주장한다(Foucault, 1979: 6).

몸을 구성하는 권력과 지식에 대한 이러한 개념화의 맥락에서 푸코는 개인들이 스스로를 성적인 몸으로 구성하는 '자아의 기술(techniques of the self)'을 밝히기 위해, 성과 섹슈얼리티를 권력과 지식의 변화하는 관계 속에 위치시킨다. 푸코는 현대 서구사회에서 개인의 섹슈얼리티는 자신의 주관성을 구성하는 중요한 요소가 되었다고 주장한다(Foucault, 1979: 155~156). 이러한 고백은 서구사회가 '진실'의 생산을 중심으로 하는 종교 의례의 형태로 '성에 대해 이야기하는' 통합적인 기제가 되었다는 것이다. 그에 따르면, 성에 대한 고백은 지난 150여 년 동안 도덕적 관점이 아니라 과학적 관점에서 구성되어왔다. 의료 상황에서 섹슈얼리티에 대해 이야기하도록 유인하는 것은 신체적인 검사와 함께 이루어졌다. 성에 대한 고백의 행동은 세속적인 고백의 경우와 마찬가지로 참회라기보다는 치료적인 행동으로 재구성되었다. 고백의 진실은 정상적이거나 병리적인 것으로 범주화되었다. 섹슈얼리티는 삶의 모든 영역을 침범하는 행동의 모든 측면에 영향을 주는 것처럼 보인다. 섹스는 말하기 어려운 것으로 의사나 치료자의 입장에서 환자에게서 끌어내야 하는 것이 되었다. 진실은 노련한 질문이 이를 밝혀줄 때까지 고백하는 사람은 알지 못한다. 전문가는 고백의 의미를 해독함으로써 '진실의 지배자'가 되었다(Foucault, 1979: 65~67). 따라서 성적인 몸은 사람들의 삶의 모든 측면에 영향을 미치는 전체적인 몸의 상징으로 간주되었다.

푸코의 시각에서 지난 세기에 걸쳐 성적인 몸에 대해 기록하는 작업에 집착해 있던 과학·의료·사회과학의 연구들(예를 들어 Krafft-Ebing, Freud, Havelock Ellis, Kinsey, Masters and Johnson과 'AIDS 산업' 연구 등)은 시민들에게 유례없이 광범위한 훈육적인 통제의 그물을 씌우는 데 도움이 되었다. 성과학은 일정한 형태의 성적인 표현을 통제하고 제한하기 위해 과학이라는 미명 아래서 정당화된 여러 담론들의 이데올로기로 간주된다(Weeks, 1987; Seidman, 1991; Clark, 1993).

생물학적 운명과 문화화(enculturation)의 상대적인 중요성에 대한 논쟁이 관심을 끌어왔던 또 다른 학문적인 이슈는 성적인 선호의 결정성에 대한 것이다. 생물학자와 심리학자들이 두뇌 구조나 호르몬 또는 유전적인 요인에서 성적인 선호를 가져오는 생리학적인 근거를 찾으려 노력하고 있지만, 문화 이론가들은 이성애나 동성애는 사회적으로 구성되는 것이며 따라서 임의적이고 우연적인 범주라고 인식한다. 이들은 동성애는 역사적이고 문화적인 다양한 상황에서 서로 다르게 정의되어왔다는 사실을 관찰하면서, 서구사회에서 '동성애 정체성'의 범주가 등장한 것은 19세기 후반에 와서라는 점을 지적한다. 이 시기 전에는 동성애적인 **행동**에 참여할 수는 있었지만 스스로를 동성애자라고 보지는 않았다는 것이다(이러한 입장에 대한 설명은 Foucault, 1979; Plummer, 1981; Weeks, 1991를 볼 것). '동성애'라는 단어 자체는 1860년까지 없었으며, 영어 언어권에서 이 단어가 사용된 것은 1880년이나 1890년이 되어서였다(Weeks, 1991: 6).

지난 150여 년 동안 동성애적인 몸은 집중적인 의료의 감시를 받아왔다. 인간의 몸의 기능과 행동을 범주화하고 명명하며 정의하려는 욕망의 일부로, 의과학적 담론들은 '동성애자'를 별도의 인간 유형으로 구성해왔다. 동성애적인 몸은 과학자들과 성과학자들이 신체적인 유형을 범주화함으로써 섹슈얼리티의 '정상'을 확립하려는 노력의 일환으로 사진을 통해 기록되었다. 동성애는 개인들의 몸 형태와 얼굴의 특성에 표현되는 것으로 믿어져 왔다(Marshall, 1990). 심리학 연구자들은 동성애적인 '조건'의 원인을 열심히 설명하려 했다(Weeks, 1991: 17).

이러한 동성애적 몸의 생산은 이를 억압하는 데에서 암시되어왔다. 즉 동성애자로 밝혀진 개인은 통제가 된다. 1970년대 이래 성적인 선호는 개인의 정체성과 밀접한 관련을 가지면서 정치적 범주로 구성되어왔다. 사람들은 자신을 '동성애자' 또는 '레즈비언' 또는 '게이'라고 규정하지만 (당연한 것으로 받아들여지기 때문에) 자신을 '이성애자'라고 말하지는 않는다. 윅스는 그렇게 함으로써 성적인 정체성이 계급, 인종이나 민족적 특성과 같은 다른 정체성보다 특권적인 위치를 갖게 된다고 주장한다(Weeks, 1987: 31). 그러나 그가 지적하는 바와 같이, 불확실하고 가변적인 특성과 성 정체성이 문화적으로 구성된다는 인식을 받아들이고 있는 현대적인 관점에서 정체성에 이렇게 초점을 맞추는 것은 모순이 있다.

게이 남성들이 다양한 범주의 동성 간 성적 실천에 자유롭게 참여하는 것과 함께 그들이 자신의 성 정체성을 공개적으로 밝히는 것이란 하나의 정치적인 행위로, 대체로 동성애에 반감을 가지고 있는 사회에서 성적 선호를 억압하는 데 대한 저항의 표시였다. 그러나 1980년대 초반에 HIV/AIDS가 등장함으로써 연구자들이 게이의 몸에 생기는 이 새로운 질병의 원인을 찾기 위해 다시 남성 게이들의 실천에 주목하기 시작했다(Watney, 1981; Marshall, 1990). 성적인 표현에 대해 자유주의적인 입장을 환영하던 담론들은 HIV/AIDS의 출현으로 다시 문제가 되었다. 섹슈얼리티와 그 위험성은 어떤 성적인 선호를 가지고 있는가에 관계없이 성적으로 활발한 모든 개인에게 심각한 대중적인 감시와 사적인 불안의 대상이 되었다. 성적 자유에 대항적인 담론이 등장하여 성적인 '난잡함'이 치명적인 질병으로 인해 벌을 받게 되었고, 과거의 일부일처제와 부부간 정절의 가치로 돌아가야 한다는 주장이 지지를 받게 되었다(Lupton, 1993a).

지난 십여 년간 성적인 몸의 다양성과 분절화에 대한 포스트모더니즘의 찬양은 이것이 체화와 권력 관계를 무시하고 '여성' 파트너(여성의 역할을 취하는 게이 남성이든, 진짜 여성이든 간에)에 대한 성적인 폭력을 정당화한다는 근거에서 비판을 받아왔다. 근친상간이나 피학대 - 가학 성애와 같은 육체적 행동에 대한 금지에서 자유롭게 한다면 누가 이득을 보느냐에 대한 질문들이 제기되었다(Lonsdale, 1992). 전통적으로는 여성주의 운동이 성적인 선택을 제공하는 것은 지지되어왔지만, 1980년대에는 많은 여성주의자들이, 남성의 권력과 성적인 관심을 지지하지만 성적 관계에서 지속적으로 억압되는 여성을 간과한다는 점에서 자유주의적 이데올로기를 비판하기 시작했다.

1980년대 후반부터 1990년대 초반에 동성애, 난혼, 포르노그래피 등을 둘러싼 도덕적인 공황은 섹슈얼리티를 파괴적이고 일탈적이며 폭력적인 것으로서 친밀한 관계에서 발생한 것이라고 보면서 성적 표현에 규제를 요구하는 관점을 중심으로 논의가 되었다(Weeks, 1986; Watney, 1987; Showalter, 1990; Seidman, 1992). 이러한 투쟁의 결과는 성적인 몸의 적절한 행태를 둘러싼 다양한 담론을 만들어냈다. 성적인 매력과 사랑은 하나라고 주장하는 담론과 성적인 성취감은 개인의 행복에 본질적인 것이라는 담론은 계속 대중매체의 관심을 받았다. 예를 들어 《코즈모폴리턴》과 같은 여성 잡지가 제공하는 성에 대한 조언들은 '섹스를 통해 자신을 찾고' 파트너에게 자신이 무엇을 원하는지를 말함으로써 의사소통을 통해 만족을 얻으라고 강조한다(Winship, 1987; McMahon, 1990). 끈끈하고 우발적인 성적 관계가 황금시간대 텔레비전이나 영화에 낯간지러운 장면들을 제공한다. 예를 들어 마돈나가 자신의 몸을 주제로 한 반포르노적인 화보는 1992년의 베스트셀러였다. 그러나 같은 대중매체들이 늘 섹슈얼리티의 위험을 보고하면서 최근의 HIV/AIDS에 대한 통계를 제공하고 일부일처제의 '새로운' 즐거움을 특집으로 출판하고, 한 사람의 생의 남은 기간 동안 같은 상대와 사랑을 나누는 기술을 전하며, (예를 들어 〈원초적 본능〉이나 〈은밀한 유혹〉과 같은 고수익 영화에서처럼) 우발적인 섹스에 관여했던 사람들이 불행으로 벌을 받거나 심지어는 자신의 행동 때문에 죽음을 맞는 장면이 그려지기도 한다. 따라서 21세기 초반에는, 성적인 몸은 성적인 만남을 통해 자기표현과 만족의 특권을 강조하는 담론들과 성적인 포기 상태에서 몸들이 섞여서 발생하는 끔찍하고 잠재적으로 치명적인 결과를 강조하는 담론들의 긴장 사이에서 투쟁해야만 한다.

공중보건과 훈육된 몸(the disciplined body)

공중보건 담론에서의 몸은 통제를 벗어나 질병을 일으키고 사회의 다른 사람들에게 직접적인 위험을 가져올 가능성이 있는 위험한 문제로 여겨진다(Lupton, 1995; Petersen and Lupton, 1997). 오늘날까지 수백 년 동안, 콜레라·천연두·황열병·역병과 같은 전염병의 확산에 대한 관심은 국가가 몸을 감금하고 그 이동을 통제하는 수단을 갖게 해주었다. 공중보건의 이름으로 행해진 이와 같은 몸에 대한 통제는 흔히 강제적이고 차별적이었다. 예를 들어 16세기에서 20세기 초반까지 공중보건 담당자에 의해 가족의 한 구성원이 전염병을 앓고 있는 것으로 지목되면 전체 가구 구성원이 감금되었고, 경찰에 의해서 수용소나 나병원으로 옮겨지기도 했다(Tesh, 1988: 12).

외국 국적자·빈곤층·노동자계층은 역사적으로 공중보건 당국에 의해 질병을 옮기는 매개자로 특별한 관심을 끌게 되어, 그들이 사는 집을 파괴한다든가 사회로부터 격리시키는 등의 강제적인 '위생' 프로그램의 대상이 되었다(Lupton, 1995). 예를 들어 20세기 초반에 캐나다로 이민 온 사람들은 방역 규제의 대상이 되었고, 도착과 동시에 건강 검진을 받아 잠재적으로 다른 사람들을 전염시킬 수 있는 위험한 사람으로 표시되기도 했다(Sears, 1992: 70).

심지어 현대의 서구사회에서조차도 수십 년 전 개발된 공중보건지침이 건강이라는 미명하에 사람들의 이동을 제한하는 데 사용되어왔다. 호주에서 1989년에 일어난 한 예를 살펴보면, HIV 양성반응을 인정한 매춘부가 고객들이 콘돔을 사용도록 하는 1902년에 제정된 뉴사우스웨일스 공중보건법의 조항에 따를 것을 거부하여 한동안 감금이 된 일이 있었다.

푸코는 현대 국가가 몸을 한꺼번에 지배하는 것에 집착하는 것은 18세기 유럽에서 일어난 개인병원의 출현, 개인들의 의료 관리에 대한 수요 증가, 노동력을 보호하고 유지하려는 관심 등과 함께 발전하게 된 것으로 본다. 푸코는 당시에 질병을 단순한 개인의 관심이 아니라 사회 전체를 위한 경제적이고 정치적인 문제로서 일정 정도의 집합적인 통제 수단이 요구되는 사회 문제로 간주하는 새로운 담론이 등장했다고 주장한다. 18세기 말에 병자들 뿐 아니라 노년층·실업자·극빈층 등을 포함하여 빈곤층들의 다양한 신체적 문제를 다루기 위해 세워진 자선단체나 종교기관이 국가기구에 의해 대체되면서 질병을 확산시키는 것으로 여겨지는 행동들을 통제하기 시작했다. 특히 가족 단위에 대한 아동 보육, 운동, 음식 준비, 종두 및 예방 접종, 위생 상태 등의 감시가 이루어졌다(Foucault, 1984a).

19세기 후반에 일어난 공중보건 운동은 인구의 더 나은 건강을 목표로 한 정보 수집을 통해 몸에 대한 감시의 새로운 논리를 개발했다. 여러 집단의 질병 유형을 기록하는 데 초점을 맞추는 역학(epidemiology)의 출현은 이러한 활동을 강화하여 끊임없이 기록을 추적하고 측정하여 정부기관에 보고를 했다. 의료사회적 조사는 인구집단을 훈육하는 중요한 수단이 되어 "질서와 통제의 수단이며 동시에 인구의 분포를 관리하고 잠재적으로 위험한 접촉이 없도록 예방하는 기술"이 되었다(Armstrong, 1983: 51). 질병은 개인의 몸에서 보다는 사회적 몸 안에서 구성되었고 일탈적인 유형들은 전체 인구의 건강을 위해 통제가 필요한 것으로 규정되었다. 결과적으로 20세기 초반까지 모든 사람들이 주의 깊은 감시가 필요한 잠재적인 희생자가 되었다. "20세기의 새로운 사회적 질병, 즉 결핵, 성병과 아동기의 문제 등은 '정상적'이지만 '위험에 처해 있는' 사람들에게 의료적 관심을 기울이도록 재해석되었다"(Armstrong, 1983: 37).

20세기 초반 영국에서 아기가 있는 엄마들에게 우유를 제공하기 위해 곳곳에 설립된 우유 보급소는 사람들을 개별적으로 기록하고 조사할 수 있는 기회를 제공했다. 아기에 대해 각각 파일을 만들어 엄마들이 카드에 매주 몸무게와 신장을 기록하도록 했고, 보건소 직원이 정기적으로 방문하여 이들의 성장과정을 보건의료부에 보고했다(Armstrong, 1983: 14~15). 이러한 관행은 오늘날에도 계속되고 있다. 예를 들어 스코틀랜드의 보건소 직원들은 청결 정도를 검사하기 위해 사회빈곤층 가구를 정기적으로 방문하여 아이들의 신체를 감시하고 엄마들에게 식생활 상태에 대한 정보를 제출하도록 하고 있다(Bloor and McIntosh, 1990).

21세기에 들어서면서, 공중보건은 여전히 몸을 통제하는 것에 관심을 가지고 있지만, 전염성 질환을 억제하는 것에서 개인적으로 몸의 건강 유지에 책임을 지도록 권고하는 것으로 그 관심이 바뀌었다. '건강 증진'이라는 목표를 지향하는 현대의 공중보건은 소위 개인의 행동유형과 생활양식으로 인한 질병의 관련성을 들어 관심의 초점을 좁혀 개인에게 맞추고 있다. 건강증진 개념은 대중들이 자신의 행동을 통제함으로써 질병을 감소시킬 수 있다고 주장한다. 보건 교육은 다른 형태의 교육과 마찬가지로 이데올로기와 사회적 관행을 정당화하는 데 사용되어, 개인들에게 어떤 음식을 먹을 것인지, 얼마나 자주 어떤 운동을 해야 할 것인지, 어떻게 성생활을 해야 할 것인지와 같이 자신의 몸을 통제하는 것에 대해 말하고 있다(Lupton, 1995; Petersen and Lupton, 1997).

일터 안팎에서도 몸에 대한 자기 통제와 자기 훈련은 새로운 업무 윤리가 되었다. 대중매체를 통해 국가가 지원하는 건강 교육 캠페인은 일부 행동의 위험에 대한 지식과 주의가 이런 행동을 피할 수 있을 것이라는 가정에 기초하여 대중들에게 건강의 위험 요소에 대해 경고하고 있다. 이러한 캠페인은 영국과 호주에서 1980년대 중반까지 지속되었는데 주로 HIV 감염으로 야기된 위험에 대해 경고하는 것이었다. 영국인들은 '무지로 인해 사망하지 말자'라는 경고를 받았고 '에이즈: 얼마나 심각해져야 주의하겠는가'라는 질문이 텔레비전을 통해 광고되었으며, 관·무덤·빙하·화산 등과 같이 대규모 재앙을 표현하는 종말론적이고 끔찍한 이미지들이 인쇄된 광고물을 통해 경고되었다(Rhodes and Shaughnessy, 1990: 56). 호주에서는 '평범한' 호주인들을 대상으로 하여, 죽은 채로 버려지는 이미지들을 사용하는 공포영화 장르를 통해 대중매체에서 악명 높은 '죽음의 사신'에 대한 캠페인이 벌어졌다. 이러한 캠페인들은 쇼크 요법과 공포를 통해 성적인 것과 죄의식과 죽음을 연결시켜 HIV와 AIDS의 위험을 경고함으로써, 대중들은 무지하고 무관심한 반면 국가는 공중보건의 명목 아래 도덕적인 보호자라는 인식을 심어주었다(Lupton, 1994a: 6장).

공중보건의 문제는 건강을 위해서라는 명분 아래 사회가 개인의 몸을 통제할 권리를 가지고 있다는 것에 대항하면서 자신이 원하는 대로 행동하려는 개인의 자유와 갈등하게 된다. 공중보건에서는 공리주의적 필연성이 지배한다. 대중에 대한 사전검사 과정, 건강 위험 행동에 대한 평가, 체력 테스트, 장려된 행동이 취해지지 않으면 죄의식과 불안을 일으키는 건강 교육 캠페인 등을 통해 훈육적인 권력이 유지되고 있다. 공중보건의 담론은 개인들이 이러한 담론이 훈육적이라는 것을 인식하지 못하도록 하고 있다. 건강은 보편적인 권리, 기본적인 재화이며, 따라서 자신의 건강을 보호하기 위해서 반드시 어떤 수단이라도 취하는 것은 개인의 목표라고 여겨진다(Lupton, 1995; Petersen and Lupton, 1997). 그러므로 자신의 행동을 변화시키고 위험

요소를 알도록 주도하는 것은 바람직한 행동이 된다. 따라서 공중의 시선을 의식하면서 개인들은 무의식중에 다른 사람이나 자신 스스로에게 자기 규제를 통해 훈육적인 권력을 행사하고 있는 것이다. 이런 과정에서 권력 관계는 비가시적이 되고 분산되며 다른 사람들뿐 아니라 자기 스스로를 통해 자발적으로 지속된다. "따라서 주체의 생산은 단지 외부의, 강제적인 힘에 의해 부과된 결과가 아니다. 몸은 주체와 사회적 공동체에 의해 내적으로 삶을 영위하고 경험하고 행동하는 것이다"(Grosz, 1990: 65).

청결, 오물, 그리고 몸의 경계

몸의 이미지에 대한 개념은 개인이 자신의 몸에 대한 경험과 환경과의 관계를 이해하는 데 매우 중요하다. 몸 안으로 무엇이 들어오고 무엇이 나가는가를 엄격하게 통제함으로써 몸의 경계를 관리하는 것은 매우 중요한 생정치학(bio-politics)이다. 흔히 이러한 행위는 위생, 청결, 오염과 같은 상징적인 개념을 중심으로 형성되며 사회적 질서와 통제에 대한 관심과 필연적으로 연관된다. 더글러스가 지적한 바와 같이 무엇이 '오물'이고 이에 대해 몸은 어떤 관계가 있는지에 대한 개인의 생각은 몸의 정치학의 통제를 유지하기 위해 필요한 상징들이다.

오물은 본질적으로 무질서이다. 절대적인 오물이라는 것은 없다. 이는 보는 사람의 눈에 달려 있다. 우리가 오물을 멀리하는 것은 비겁한 두려움이나 공포 때문은 아니다. 또한 질병에 대한 우리의 생각이 오물을 피하고 청결을 유지하려는 우리들의 행동을 설명해주는 것도 아니다. 오물은 질서에 대한 공격이다. 이를 제거하는 것은 부정적인 운동이 아니고 환경을 조직화하려는 긍정적인 노력이다(Douglas, 1980/1966: 2).

몸의 청결은 몸의 경계를 유지하는 데 초점을 맞추는 질병과 위생에 대한 현대적인 개념의 중심 담론이다. 비가렐로(Vigarello, 1988)는 중세로부터 프랑스의 청결에 대한 개념이 어떻게 변해왔는가를 매우 잘 설명하면서 위생, 오물, 프라이버시와 몸의 인식에 대해 논의하고 있다. 중세 유럽에서 몸을 깨끗이 하기 위해 물을 사용하는 것은 드문 일이었다. 청결하다는 것은 정해진 피부 부위에 눈에 띄는 더러운 것이 없다는 것을 의미한다. 따라서 청결에 대한 코드는 다른 사람들의 눈에 보이는 몸의 일부 피부에 국한되는 일종의 사회적 에티켓에 의해 지배되었다. 청결의 개념은 단지 외적인 표피에만 적용되었다. 자신의 몸에 대해 스스로 어떻게 느끼는가는 중요하지 않았다. '마른 채로 닦는 것' 또는 천으로 얼굴과 손을 비비는 것은 중세로부터 17세기까지 청결을 유지하는 적절한 방법으로 간주되었다. 물로 씻거나 목욕을 하는 것은 일반적인 것이 아니었다. 물(특히 뜨거운 물)은 몸을 질병에 취약하고 침해당하도록 하는 위험한 것으로 간주되었다. 따라서 몸을 건강하게 하는 것은 (갓 태어난 아기에게 하는 것과 마찬가지로) 피부에 막을 입힘으로써 피부 구멍을 막거나 꽉 조이는 옷을 입어 몸의 피부에 해로운 공기가 들어가는 것을 막는 것이었다. 중세에서부터 과학적인 의료가 등장할 때까지 전염병과 플라그, 질병의 독성 이론 등이 질병의 침해에 몸이 매우 취약하다는 인식을 계속 심어주었다. 이러한 인식과 현대 서구사회에서 감기나 인플루엔자와 같은 감염의 취약성에 대한 일반인들의 믿음은 연관이 있다. 예를 들어 영어권 사회에서 이루어진 한 연구에 의하면 응답자들의 대부분이 젖은 머리나 목욕 후 밖에 나가는 행동, 젖은 발, 뜨거운 목욕 후에 추운 방으로 가는 것, 비에 젖는 것 등의 행동이 질병이 몸에 침투하는 것을 허용함으로써 감기에 대한 위험성을 높이는 행위라는 것에 동의했다(Helman, 1978).

비가렐로에 의하면 청결에 대한 인식은 18세기부터 변화하기 시작했다(Vigarello, 1988). 18세기 후반에 목욕과 몸의 위생의 관계에 대한 최초의 생각이 등장했다. 몸을 기계로 생각하는 인식은 찬물이 몸을 강하게 하여 순환을 촉진하고 견고하게 해준다는 생각을 갖게 했다. 건강에 대한 책들은 정기적인 냉욕이 힘을 주고 도덕적이고 신체적인 금욕으로써 몸을 강하게 하고 '부드러움'과 연약함을 제거해준다고 생각했다. 청결은 외모라는 가치로부터 건강, 힘, 강함, 금욕, 도덕과 같은 인식으로 바뀌게 되었다. 중세와 같이 몸이 외부의 힘에 수동적이고 취약한 것으로 인식되기보다는 냉욕과 같은 활동으로 얻을 수 있는 내생적인 힘과 생동성을 가지고 있는 것으로 인식되었다. 냉욕으로 얻어진 청결은 몸의 자연적인 상태로 간주되었다. 파우더, 향수, 유향 등의 사용은 어리석고 인공적인 것으로 비난받았다. 이제 모공들을 덮는 것보다는 열어줌으로써 피부를 막고 있는 오물, 땀, 또는 유지 등을 제거해주고 '피부를 자유롭게' 해주는 것을 강조하게 되었다.

18세기 후반에 병원균이 발견되어, 겉이 청결하게 보이는 것으로는 더 이상 충분하지 않게 되었다(Vigarello, 1988). 이러한 병원균 이론들은 과학에 의해 정당화되었다. 씻는 것은 몸의 병원균을 제거하고 부패한 물질의 위험으로부터 몸을 구하는 것으로 여겨졌다. 병원균들은 '몸의 방어막을 무너뜨릴 수 있는 보이지 않는 괴물'로 간주되었고(Vigarello, 1988: 204), 워낙 작기 때문에 더 위험한 것이었다. 이제 청결한 것과 오염된 것은 육안으로는 보이지 않고 현미경으로나 볼 수 있는 상태가 되었기 때문에 겉모습은 기만적인 것으로 간주되었다. "가장 맑은 물도 셀 수 없이 많은 박테리아를 가지고 있을 수 있고, 가장 맑은 피부도 각종 박테리아를 내포하고 있을 수 있다"(Vigarello, 1988: 203). 결과적으로 몸의 일부분을 만지는 것이 금지되었으며 자주 씻는 것이 세균 침투를 방어하는 것으로 장려되었다. 몸의 새로운 영역들이 명명되었고 청결에 대한 담론들이 등장했다. 이제 청결하다는 것은 박테리아나 기생충 또는 바이러스가 없는 것을 의미하게 되었다.

20세기에 의학과 과학이 점점 존경을 받게 됨에 따라 청결에 대해 이러한 인식이 지배적이 되었다. 하나의 예가 1930년대의 캐나다 여성 잡지에서 집안 청소 도구를 팔기 위한 광고에서 현미경과 현미경으로 본 상징들을 사용하는 것이었다. 광고의 제목에 "과학이 왜 올드 더치 클린저(Old Dutch Cleanser)가 비용이 적게 드는 것인지를 보여준다……. 왜냐하면 긁힘 없이 더 깊이, 더 빨리, 더 많은 것을 청소해주기 때문에 건강한 청결함을 보장한다"라고 주장하고 있다. 뒤에는 "가족의 건강을 지키는 것이 당신이 할 수 있는 최선의 역할이다"라는 주장까지 쓰여 있다. 1933년 미국의 《매콜 (McCalls)》이라는 여성 잡지에는 라이솔 살균제에 대한 광고가 실렸는데 "가족의 건강이 가족의 자산이다. 라이솔로 이를 지켜라"라는 제목이 실렸고, 계속해서 "라이솔은 가정의 모든 구성원의 건강을 지켜주고 모르는 사이 퍼져 있는 병균의 감염을 줄여주는 믿을 만한 일반 살균제"라고 쓰여 있었다 (Leiss et al., 1986: 186).

현재 영어권 국가들에서 방송되는 가정용 세제와 살균제에 대한 텔레비전 광고는 가족의 건강, 특히 나쁜 '먼지'와 '병균'의 공격에 특히 취약한 어린이들을 '보호'한다는 이러한 주장을 계속하고 있다. 특히 화장실 변기 살균만을 목적으로 한다면서 매번 물을 내릴 때마다 나오는 밝은 청색으로 표시되는 청결함을 보여주는 여러 종류의 세제에서 드러나듯이 화장실의 청결에 집착하고 있다. 이러한 먼지나 병균에 대한 두려움과 불안은 아이러니한데, 왜냐하면 현대 서구사회의 일반 구성원들은 이전 세대에 비해 치명적인 박테리아나 바이러스에 노출될 가능성이 훨씬 적기 때문이다. "그러나 세균에 대한 공포는 ― 1950년대 라이솔과 플라스틱 포장으로 표현되는 것처럼 ― 대중적인 정신질환에 가까울 정도로 확대되었다. 병균은 나쁜 존재로 이물질이고 타협이 불가능하며 위험한 것이었다"(Patton, 1986: 51).

요즘의 청결한 체액에 대한 집착은 '몸의 매카시즘'이라고까지 불리는데 이는 몸에 대한 신경질적인 금욕주의라고 비판을 받으며, 바이러스가 몸에 침입하는 것에 대한 불안감을 표현하는 것이다. '병균'과 '먼지'를 제거하는 것에 집중되어 있는 이러한 불안감은, 잠재적인 오염이 눈에 잘 보이지 않으며 HIV/AID와 같이 몸의 경계를 유지하는 것에 대한 두려움을 고조시킨 이 시대에 몸의 통합성에 대한 더욱 깊은 관심을 보여주는 것이라고 논해왔다 (Kroker and Krocker, 1988: 10ff). 크로커와 동료들에게 공포스럽다(panic)는 것은 공포스러운 성관계, 공포스러운 패션, 공포스러운 몸 등과 같이 가장 흔히 사용되는 형용사이며, 이는 20세기 후반의 중심 주체였다. 그들은 탈진, 배설, 분비와 같은 것들이 포스트모던 상황의 특성이라고 보고(Kroker and Krocker, 1988: ii) 대중문화에서 그려진 몸을 고문실인 동시에 쾌락의 성이라고 보기도 했다(1988: 9~10). 20세기 후반에 관심을 끈 ─ 섭식장애, HIV/AIDS, 헤르페스(herpes: 疱疹) 같은 ─ 질병들을 '육체의 새겨진 권력의 비문을 추적하고 몸의 표면을 파멸시키는 후기구조주의적 질병들'이라고 묘사한다 (1988: 13).

'몸의 매카시즘'의 시대에 사람들이 어떤 방식으로 몸의 경계에 대한 생각을 발전시키는가에 대해 경험적인 연구는 거의 시도되지 않았다. 그러나 현대 프랑스 사람들의 HIV 감염의 위험에 대한 태도와 관련해서 몸의 경계와 침투에 대한 인식의 범위를 찾아볼 수 있다(Douglas and Calvez, 1990). 첫째는, 몸은 "흡수성이 있어 박테리아나 바이러스 등의 모든 위험한 침입에 노출되어 있어"(1990: 454), HIV 침입에 기본적으로 무방비상태인 것으로 이해하는 것이다. 둘째로 위험에 대한 인식은, 몸은 매우 강해서 감염에 대한 강력한 면역이 있고, 따라서 HIV 감염의 위협에 특별한 별도 방안이 필요 없는 것으로 여기는 것이다. 몸에 대한 셋째 태도로, 몸은 두 개의 방어 층을 가지고 있어, 신체의 피부에서는 들어오고 나가는 지점이 있고, 지역사회에서는 사회적 경계를 통제하지만 잘못된 행동으로 인해 파괴될 수 있는 것으로 받아들이는 것이다. 끝으로 몸을 스스로 방어막을 가진 기계로 보는 견해로,

침투가 되면 몸의 기능을 방해하는 감염의 힘을 인정하고 따라서 HIV에 대해 끊임없는 경계를 요구하는 것이다.

이러한 추상적인 몸에 대한 개념과 HIV 감염에 대한 방어는 단순히 바이러스 개체와 질병에 대한 무지, 비합리성 또는 교육 부족의 문제로 환원시킬 수 없다. 오히려 인간세계의 우주적인 차원의 통합에 관한 것이며 사람들의 몸을 자연과 사회 세계의 일부에 위치시키는 방식이다(Douglas and Calvez, 1990: 455~456). 3장에서 보여준 바와 같이 시구 사회에서는 건강과 질병과 관련하여 몸은 개념화하는 몇 가지 은유적이고 담론적인 방식이 있으며 이들 대부분은 몸/자아와 이러한 몸/자아의 경계가 방어되어야 하는 다른 것(other)에 대한 인식에 기초하고 있다.

상품화된 몸

최근의 몸에 대한 이론들은 현대 사회에서 몸이 시장 가치를 극대화하기 위해서 치장되어야만 하는 소비 상품으로 간주되는 현상에 대해 논의하고 있다. 일부 학자들은 서구사회에서 신체적 외모와 상품의 구매와 소비, 그리고 자아정체감을 구성하는 데 대한 서구사회의 집착에서 강한 자기도취의 경향이 있다는 점을 지적했다. 예를 들어 라시(C. Lasch)는 후기 산업사회에서 세속화 현상이 증가하면서 사람들이 자신의 구원과 의미를 소비에서 찾고 주장한다. "현대의 분위기는 종교적이 아니라 치료적이다. 오늘날 사람들은 예전의 황금기의 부활이나 개인의 구원에 대해 목마른 것이 아니라 개인의 안녕, 건강, 정신적 안전 등에 대한 감정과 순간적인 환상에 배고파하고 있다"(Lasch, 1980: 7).

상품을 소비하는 것은 사람들이 "소비를 하는 것이 문화적인 의미의 핵심'으로서 어떻게 자신을 정의하는가에 중심이 되고 있다(MaCracken, 1988: 93).

상품의 구매와 소비를 통해 사람들은 자아와 세계에 대한 경험과 개념을 반영하는 '재화의 세계'를 구축한다"(86). 소비문화 속에서 몸 자체가 교환을 위해 '잘 포장되어' 제공되는, 맹목적으로 숭배되는 상품이 되어버린다. 상품화 담론이 성과학 이데올로기의 주요 원인이 되었다. 사실상 성과학의 발전은 생산 지향적인 사회에서 서비스 지향적인 문화로 바뀐 서구사회의 변화와 관련되어 있다(Birken, 1988). 제1차 세계대전 이후 상품 소비에 대한 쾌락주의적이고 표현적인 가치에 영합한 상품 문화의 발전은 결핍, 욕망, 쾌락이 성적인 것이 되어가는 주요 자극제가 되었다(Seidman, 1991: 67). '공적 영역의 성화' 또는 성적 표상과 담론의 공적 영역으로의 침투'의 일부로서(123), 성과학의 이데올로기에 편승한 돈이 잘 벌리는 성관련 산업이 등장하고 공공영역에서 발전했다. 성 관련 서비스, 성 보조품, 포르노그래피 등은 이제 거의 화장품이나 의복, 운동기계와 마찬가지로 성적인 매력을 증진시키기 위해 고안된 상품으로 일반 시장에 공개되고 있다. 이로 인해 (일반적으로 여성의) 성적인 몸은 성적인 유혹과 상품을 연계시키려는 시도와 함께 자동차, 술, 스포츠용품, 산업 기계 등과 같은 다양한 상품을 팔기 위한 광고에까지 이용되고 있다.

그러나 앞에서 논의한 바와 같이 공중보건과 의료 담론에서 몸은 여성이든 남성이든 신체적으로 훈육과 통제가 행사되는 대상이다. 몸을 건강하게 '유지하는' 것은 중요한 신조가 되었다. 몸을 유지하는 것에 대한 담론은 자동차 유지와 마찬가지로 효율성의 극대화를 위해 정기적인 서비스와 관리를 강조했다(Featherstone, 1991: 182). 상품 문화에서 몸의 건강을 유지하는 것은 특히 여성들의 경우 자신의 몸을 성공적으로 상품화함으로써 성적으로 매력적으로 보이려는 욕망과 결합한다. 바람직한 몸의 특성으로 강조되는 젊음과 아름다움은 몸을 유지하는 데 종사하는 엄청난 산업을 창출해냈다. 화장품, 패션, 운동, 스포츠, 여가, 몸의 청결과 다이어트 등을 둘러싼 산업들은 젊음과 아름다움이 정상적인 것이며 사회적으로 용납되는 것이라는 담론에 의존하고 있다. 이러한 산업들에 의해 전달되는 가장 중요한 메시지는 올바른 상품이 구매되고 사용되는 한 몸 자체는 성적 매력이라는 시장에서 매우 유혹적인 상품이 될 것이라는 것이다. 지속적으로 몸을 유지하기 위한 엄격한 다이어트와 운동 등과 같은 금욕적인 라이프스타일은 이전에 그랬던 것처럼 영혼의 구원이나 건강의 개선 등에 의해 보상받는 것이 아니라 사람들이 육체의 쾌락을 즐길 수 있도록 해주는 개선된 외모와 보다 시장성이 높은 몸에 의해 보상을 받게 된다(Featherstone, 1991).

외모는 자아정체감의 인식에서 핵심이 되었다. "오늘날 '자신을 찾는 것'은 일반적인 문화욕구이며 스스로의 몸은 이러한 자기 이해의 '수수께끼'를 푸는 열쇠이다. '내면의' 세계는 '외적인' 육체로 변형되었다"(Lynch, 1987: 129). 육체적인 몸이 자신을 나타내는 것이라면 외모가 가능한 한 매력적이고 용납될 수 있는 규범에 맞아야 한다는 것은 필수적인 것이다. 마치 몸에 글을 새기는 '원시적인' 의례가 구원의 수단이고 문신이 사회문화적이며 성적인 몸을 규정하는 것이라면, 이러한 의례와 헤어스타일, 화장품, 보디빌딩과 같은 상품들은 '문명화된' 몸을 구성하는 방식이다. 그로즈와 다른 후기구조조의 이론가들은 몸을 '메시지가 새겨지는'(Grosz, 1990: 62) 하나의 텍스트로 개념화한다. 페더스톤은 "소비문화에서의 경향은 후천적으로 얻어진 몸의 자질은, 사람들이 자신이 원하는 외모를 갖추기 위한 노력과 '바디 워크'를 통해 변화 가능한 것으로 여겨진다"(Featherstone, 1991: 178)고 지적한다. 날씬하고 단단한 몸은 도덕적 통제, 자기 훈련, '자신에 대한 관심' 등과 밀접하게 관련을 갖게 되었다. 결과적으로 남자든 여자든 중산층의 사람들이 통제하지 않고, 운동하지 않아서 얻게 되는 과체중의 몸은 기이한 것이 되어 다른 사람들의 조롱과 개인적인 수치의 대상이 되어버린다(Bordo, 1990; Morgan, 1993). "여기서 이상적인 몸이라는 것은 절대적으로 날씬하고,

절제되고, '꽉 조여진' 단단한 것(다시 말하면 내적인 과정이 철저하게 통제되어 내부로부터의 폭발에서 보호된 몸)이다"(Bordo, 1990: 90).

이러한 관점은 피트니스를 극대화하고 비만을 피하는 것이 반드시 신체적인 건강에 대한 욕구와 관련이 있는 것이 아니라 표면상의 매력에 대한 욕구와 더 큰 관련이 있다는 점을 보여준다. 따라서 에어로빅과 같이 피트니스 활동이나 건강을 유지하도록 하는 산업들은 바람직한 몸의 형태와 이미지에 순응하려는 사람들의 욕망으로 인해 성장하고 있다. 일부 남성과 여성들에게 보디빌딩은 부단한 노력과 훈련을 통해 자신의 주어진 몸을 극적으로 바꿀 수 있는 기회를 의미한다(Mansfield and McGinn, 1993).

몸을 위해 노력하는 것의 극단적인 경우는 인정받을 수 있는 아름다움에 순응하기 위해 몸의 일부를 자르고 재건하고 꿰매는 미용 성형수술까지 받아들인다. 여성들에게 역할 모델을 제공하기 위한 상품소비 문화의 한 장르로서 여성 잡지들은 성형수술을 개인의 외모를 개선하고 시대적인 피해에서 벗어날 수 있는 수단이라고 찬양한다. 위에서 지적한 바와 같이 남성의 건강 잡지도 최근에는 보톡스 주사, 성기, 이두박근, 장딴지 확대술 등과 같은 새로운 성형수술 방법을 통해 몸을 개선하는 것을 추켜세우고 있다. 여성들이 위험하고 고통스러운 성형수술을 감수하는 이유에 대해 연구한 조사는 자신의 몸이 '옳다고 느끼고', '정상적'이라고 느끼기 위해 그렇게 한다는 것을 발견했다. 이러한 여성들이 반드시 신체적으로 완벽한 이상을 획득하려고 하는 것은 아닐 것이다. 오히려 이들은 자신의 정체감을 위해 성형수술을 택함으로써 자신이 스스로를 어떻게 인식하는가와 다른 사람이 어떻게 자신을 인식하는가 사이의 거리를 좁히고 싶어서일 것이다(Davis, 1997).

서구사회에서 눈에 띄게 드러난 소비문화의 성장은 나이 든 몸이나 장애를 가진 신체를 매우 불안하게 만드는 결과를 가져왔다. 휠체어나 침대에 의존하는 것과 같이 '정상적으로' 기능하지 않거나 '정상적'으로 보이지 않는 몸은, 장애인이나 노인에게 필요한 공공시설이 부족한 것으로 확인되는 바와 같이 가시적으로나 개념적으로나 마땅한 공간이 없다(Seymour, 1998). 유전자 검사나 유전자 치료법의 담론에서 나타나는 바처럼 태아나 신생아의 장애는 전형적으로 비극으로 여겨지며 모든 방법을 동원해 피하려고 한다(Shakespeare, 1999). 양수 검사나 초음파(제6장 참조)와 같은 유전자검사 기법은 태아의 장애 여부를 출생 전에 판정함으로써 이를 '해결하려는'(흔히 임신중절로) 시도를 하게 된다. 선천성 구개파열과 같은 상대적으로 사소한 문제가 발견되더라도 '완벽한 아기'를 원하는 욕구로 인해 사람들은 낙태를 하곤했다(Robotham, 2002a).

그뿐 아니라 노화가 부정적인 문화적 가치가 되면서, 우아하게 늙어간다는 것은 더 이상 받아들여지지 않는다. 대중문화에서 몸을 유지하는 것은 나이를 먹어가는 사람들에게도 매우 필요한 것으로 간주된다. 심장의 건강을 위해서가 아니라 '노화의 얼굴', 즉 늘어지는 피부, 주름, 근육 감소, 비만 등과 같은 노화의 외적인 표시들이 문화적으로 부정적인 오명을 갖고 있기 때문이다(Bordo, 1990; Featherstone, 1991; Featherstone and Hepworth, 1991; Bytheway and Johnson, 1998). 노화의 표시들은 '진실한' 젊은 자아의 '마스크' 뒤에 숨어 있는 왜곡된 것으로서 혐오스럽고 병리적인 것으로 간주되고 치료가 필요한 질병으로 간주된다(Featherstone and Hepworth, 1991: 379). 페더스톤에 의하면 이러한 믿음은 노동계층보다 중산층에서 더 강하다(Featherstone, 1987: 128). 노동자계층은 악화되는 몸을 노화의 피할 수 없는 결과로 받아들이는 경향이 있는데 이는 왜 중산층이 운동과 체중 감소에 더 적극적으로 참여하는지를 부분적으로 설명해준다.

노화와 전쟁을 벌이면서 몸을 유지하려는 일부 중산층의 집착은 몸의 기능과 육체의 연약함에 대한 혐오감과 몸이 상품이라는 이데올로기와 밀접한 관련이 있다. 마찬가지로 스포츠 활동에 참여하는 것도 건강에 대한 욕망이 유일한 것이라는 문화적 의미의 총합이다. 스포츠는 육체적인 피트니스, 건장함, 젊음, 속도와 같은 신체적 특성에 뚜렷한 가치가 부여되는 것이다(Hargreaves, 1986). 스포츠는 "어린이 같은 원기 왕성함과 의도적으로 고안된 복잡한 것을 동시에 제공함으로써" 매일매일의 일상으로부터 탈출하도록 해준다(Lasch, 1980: 100).

여성들에게 스포츠나 운동은 노화의 침투를 막거나 수명을 연장하려는 관심보다는 여성의 몸의 독립성과 강인함에 대한 여성주의적 이상에 대한 욕망을 표현하는 것이다. 여성들의 신체적인 운동이 사회적으로 받아들여질 만한 노력으로 여겨지는 것은 "남성과 동등해지려는 여성의 투쟁의 승리"를 나타낸다(Willis, 1991: 65). 여성의 몸이 신체적으로 능동적이고 강해지는 것을 허용함으로써 운동의 가치에 대한 담론은 여성의 몸을 약하고 의존적이며 연약하고 허약한 것으로 보는 인식을 피하게 된다. 이러한 담론은 특히 전통적으로 남성들의 활동이었던 보디빌딩이나 권투와 같은 활동을 하려는 여성들에게서 더 잘 드러난다(Mansfield and McGinn, 1993). 그러나 운동은 실제로 단지 백인·중산층·전문직 여성들에게만 해당된다. 윌리스에 의하면 노동계층의 여성들은 "하루 종일 일하는 것만으로도 죽겠는데 왜 또 운동을 하나요?"라는 반응을 보였다고 한다(Willis, 1991: 65). 운동에 대한 담론은 여성들에게 몸을 조절하고 강화시킴으로서 지배로부터 자아의식·권력·자유를 얻을 수 있는 것으로 강요된다. 그러나 가부장제에 도전하는 정치적인 행위로서 운동의 잠재력은 피트니스를 둘러싼 또 다른 의미들에 의해 방해된다. 예를 들어 백인 여성 보디빌더들은 자신의 몸에 근육이 많아지는 것을 즐기지만 운동을 많이 해서 너무 '남성적'으로 보이게 되면 모욕을 당한다(Mansfield and McGinn, 1993). 집합적 행동보다 개인적인 것, 건강보다 아름다움을 강조하는 것은 운동을 단순히 우리가 하는 것이 아니라 사고 입어야 하는 것처럼 상품화시키고(Willis, 1991: 72), 따라서 여성의 이상적인 몸의 특징인 젊음과 신체적인 아름다움에 대한 소비문화의 집착을 약화시키기보다는 부추기게 된다.

이러한 담론은 사람들이 건강한 몸을 개념화하는 방식에 대한 연구에서도 드러난다. 크로포드가 연구한 시카고 지역에 사는 60여 명에 대한 조사에서 건강은 자기 통제, 넓은 의미의 자기 훈련, 자기 부정, 의지와 같은 인식을 둘러싸고 형성된 개념으로 나타났다(Crawford, 1984). 따라서 극기·인내심·시간과 에너지의 투사 등 의도적인 행동에 의해 성취될 수 있는 목표가 되었다. 크로포드의 연구에서 타인에 대한 판단이나 자기 비난 등이 남성이나 여성 응답자들의 인터뷰 과정에서 반복적으로 나타나는 주제였는데, 이는 업무 윤리와 유사하게 건강을 성취해야 한다는 일반적인 도덕개념을 반영하는 것이다. 특히 체중은 자기 억제의 상징으로써 날씬한 몸은 자신을 통제할 수 있다는 증거이며 비만은 의지가 약하고 방종을 나타내는 것으로 여겨진다. 그는 이러한 설명을 건강 증진의 수사를 지배하는 자기 통제와 개인의 책임이라는 담론으로 설명하고 있다. 그는 '건강'이란 현대 미국 문화를 지배하는 개인주의, 열심히 일하는 것, 물질적인 보상 등을 통합하는 도덕적 담론으로 보았다.

건강에 대해 말하는 것은 우리가 세속적인 의례에 참여하는 수단이 되었다. 우리는 이러한 안녕에 대해 공유하는 이미지를 통해 실패나 불행에 대해 스스로나 서로에게 책임을 부과한다. 신체적인 몸과 — 동시에 사회적인 몸이 — '건강'하다는 것은 예전부터 알고 있던 사실을 분명하게 해준다(Crawford, 1984: 78).

크로포드는 사람들이 건강을 설명하는 데 다른 사회적 경향과 함께 자제를 강조하는 것은 1970년대와 1980년대의 경제적인 불황과 관련이 있다고 본다. 당시의 문화적 맥락은 자기 부정이 강조되고 몸에 대해서도 이것이 반영되던 시기였다. 그러나 그가 지적한 바와 같이 미국 문화에는 동시에 특권과 쾌락, 그리고 소비를 건강 유지의 수단으로 간주하는 경쟁적인 담론이 있었다. 따라서 사람들의 건강에 대한 생각은 자기 통제가 필요함과 동시에 '내버려 두고' 안식을 취할 수 있는 것을 희망하는 것과 통합되어, 일상생활 영위를 위해 선택한 방식을 합리화할 수 있도록 했다 .

크로포드의 연구가 나온 지 거의 10년 뒤에 샐턴스톤은 미국의 백인, 중산층 남성과 여성을 대상으로 한 건강 인식 면접조사를 통해 응답자들에게 '건강'을 얻기 위해서는 몸 관리를 할 필요가 있다는 몸에 대한 개념을 도출해냈다(Saltonstall, 1993). 샐턴스톤은 남성과 여성 모두에게 건강은 이상적으로 '잘 유지되고 있는' 신체적인 기준과 밀접히 관련되어 있다는 사실을 발견했다. 또한 건강은 다이어트, 충분한 수면과 운동 등과 같은 신중하고 의도적인 행동에 의해 성취되는 것으로 나타났다. 응답자들은 자신이 몸을 가지고 있는 존재라는 것과 자신 자체가 몸이라는 존재라는 것 사이에서 왔다갔다하면서 건강을 유지하는 것은 개인적인 성취의 문제라고 보았다.

21세기 초반에 상품화된 몸과 건강은 그 어느 때보다 서로 관계가 깊다. 날씬한 것은 여성들의 이상이며 반드시 추구하려는 것이다. 게리 핼리웰(Geri Halliwell)과 같은 여성 유명인들이 체중감소를 통해 극적으로 몸을 다시 만든 것은 자기 통제의 성공으로 간주되는 반면, 스스로 체중을 늘린 사람들은 대중매체에서 웃음거리가 되었다. 케이트 모스(Kate Moss)나 캘리스타 플록하트(Calista Flockhart)와 같이 '너무 마른' 유명인들이 젊은 사람들에게 건강하지 못한 역할 모델을 제공하고 있다고 자주 비난받는 반면, '스스로를 내버려둠'으로써 겉보기에도 몸을 유지하는 데 필요한 강한 의지를 보여주지 못하는 사람들에게는 더 큰 불명예와 모욕이 주어진다.

음식과 몸

어떤 음식을 섭취하는가에 대한 소비자의 선택이 자신의 몸에 내적으로나 외적으로 가장 오랫동안 각인되는 것이라는 믿음은 신조처럼 받아들여지고 있다. 일반적으로 피부색, 체중, 골밀도, 머리카락과 손톱의 상태, 소화 등은 모두 다이어트에 의해 직접적으로 영향을 받는 것으로 알고 있다. 그러나 이러한 선택이 반드시 '자유로운' 것은 아니다. 이는 선택할 수 있는 경계를 지어주는 물질적 부의 측면에서 개인의 사회계층과 서로 다른 계층에 따른 문화적 기대, 그리고 생애 과정의 단계 등에 의해 제한이 된다(Featherstone, 1987). 즉, 부르디외가 지적한 대로 '몸은 계급 취향이 이론의 여지 없이 가장 분명하게 드러나는 것이다'(Bourdieu, 1984: 190).

집단과 계급마다 무의식적인 선호의 유형과 분류의 틀이나 당연시하는 선택 등이 다르고 이로 인해 서로를 구별하게 해준다는 아비투스(habitus)에 대한 부르디외의 인식(Bourdieu, 1984)은 하위문화가 먹는 것에 대한 관습과 신념에 대해 어떤 것을 물려주느냐를 이해하는 데 도움이 된다. 이같이 일상생활의 관심과 몸의 행태, 몸의 처신 등에서 나타나는 계급 간의 차이는 푸코나 그의 추종자들에게는 간과되었던 것이다. 부르디외는 한 개인이 특정 집단에 속해서 자신을 동일시하게 되면 그는 이 집단의 일상생활에서 아비투스를 반영하는 소비 행태를 선택할 것이라고 주장한다. 예를 들어 노동자계급의 아비투스는 '잘 먹고 자유롭게 살라'는 철학이 자연스럽게 받아들여진 값싸고 속이 가득한 기름진 음식, 자유로운 주류와 담배 소비와 같은 취향을 생산하는 반면, 중산계층의 아비투스는 음식을 삼가고 운동과 체중 조절을 중요시하는 것을 가치 있게 생각한다. 이러한 취향은 몸의 형태로 나타나게 된다. 부르디외는 노동계급에게 몸은 충분히 즐길 만한 시간적 여유가 없기 때문에 목적보다는 수단으로 여겨지고 따라서 수단적인 지향을 갖게 되는 반면, 지배계층에게 몸은 목적 그 자체로 노동을 위해서보다는 아름답게 보이기 위해서 조심스럽게 유지된 결과라고 지적한다(Shilling, 1991: 655).

먹는 것을 통제하는 것은 몸을 관리하는 중요한 측면으로서 전통적으로 종교적인 금욕주의나 의학적 원칙의 담론에서 특징적으로 나타났던 것이지만(Turner, 1991b: 159), 현대 서구사회에서는 성적인 매력이나 몸매에 대한 세속적인 담론에서 드러나고 있다. "오늘날 다이어트와 몸을 관리하는 것은 점점 육신의 유혹을 충족시키는 수단으로 여겨지고 있다"(Featherstone, 1991: 171). 코워드(R. Coward)는 총체주의적인 뉴에이지 건강 운동에 대한 연구에서 섹슈얼리티가 권력을 행사하기 위한 새로운 도덕적인 범주로 대체되고 있음을 발견했다. 특히 이러한 경향은 음식과 관련해서 뚜렷하며 코워드는 성의 중요성이 몸에 대한 긴장의 주요 원인으로 자리 잡게 되었다고 주장한다(Coward, 1989: 126).

몸에 대한 집착은 현재 몸에 어떤 음식이 들어가는가를 중심으로 드러나고 있다. '광우병'과 유전자 조작 음식, 서구 국가의 주민들 사이의 비만증 '유행병' 등과 같은 현상에 대한 논쟁과 혼란이 있는 시대에 다이어트는 무엇이 몸의 경계를 침해해도 괜찮은가에 대한 주요 고민의 대상이 되었다. 예전의 '좋은' 음식과 '나쁜' 음식에 대한 확실성은 도전을 받고, 다이어트 전문가들이 일반사람들에게 '좋은' 기름과 '나쁜' 기름, '좋은' 탄수화물과 '나쁜' 탄수화물의 차이점에 대해 충고함에 따라 훨씬 더 복잡해지고 있다. 다이어트를 통해 건강을 얻는다는 것은 음식의 미세한 성분에 대한 전문가가 되는 것과 마찬가지가 되었다.

건강, 피트니스, 바람직한 몸, 젊음에 대한 유혹은 식품 광고에 함께 나타난다. 서구 국가에서 건강과 피트니스에 대한 담론은 상업적인 관행으로도 나타나, 저지방 우유, 저콜레스테롤 마가린, 저지방 고기, 오메가 3가 들어간 식품과 음식은 완벽한 신체와 젊은 외모를 유지하는 데 도움이 되는 '건강한'

것으로 제시된다. 의학 전문학술지나 잡지에도 정기적으로 의사들이 환자들에게 '처방한' 상품이라며 광고를 하는 식품과 음료들을 생산하는 기업과 회사들이 돈을 대는 광고들이 눈에 띈다. 이러한 광고에 나타나는 약으로서의 식품과 식품으로서의 약 사이의 차이는 매우 크다. 이런 식품이 반드시 건강을 보장하는 것은 아니지만 '저지방', '저콜레스테롤', 또는 '고섬유질'이라는 명칭의 사용은 소비자들에게는 좋은 상품이라는(흔히 오해일 수도 있는) 특성을 확인시켜주는 역할을 한다.

여성학 연구들은 풍족한 서구 문화에서 살고 있는 여성들과, 식품의 의미와 역할이 무엇인지에 대해 광범위한 논쟁을 했다. 위에서 언급했던 바와 같이 이런 문화에서는 날씬한 몸이 바람직한 것이며, 따라서 많은 여성들이 칼로리가 높다고 생각되는 음식 섭취를 극도로 자제해야 한다. 찰스와 커(Charles and Kerr, 1986)는 면접을 한 많은 영국 여성들이 자신은 먹지 않으면서 가족들은 먹여야 하는 끊임없는 갈등을 경험한다는 사실을 발견했다. 반면 자신의 몸에 대해 긍정적인 이미지를 가진 여성은 많지 않았다. 사실상 대부분의 여성이 체중을 줄여야 한다고 생각하고 있었다. 체중 감량 또는 증가는 여성들의 자아존중감과 분명히 연관되어 있었다. 그러나 남편을 위해 성적으로 매력적인 모습을 유지해야 하는 압력은 어머니로서의 역할, 즉 가족들을 건강하게 먹이고 사회적으로 만족스러운 식사를 제공해야 한다는 것과 갈등을 일으켰다. 그들은 많은 여성에게 자기를 부정해야 하는 대상으로 음식이 매우 유혹적인 적이라는 점을 주장했다. 외부적인 제한 때문에 여성들의 생활양식은 다이어트를 스스로 통제하기 어렵게 한다. 많은 여성들에게 음식은 우울증이나 무료함 또는 스트레스를 느낄 때 위안을 주는 역할을 하지만 동시에 불안과 불행의 원인이기도 한 모호한 의미를 가지고 있다.

일부 여성주의자들은 여성들과 음식과의 관계에 대한 분석에서 더 나아가, 여성들의 음식 섭취를 사회적인 권력이 부족한 것과 연관시켜 설명한다.

이들은 몸에 대한 이미지가 반드시 섭식장애로 고통받는 여성들의 우선적인 동기는 아니라고 주장한다(Chernin, 1985; Caskey, 1986; Brumberg, 1988; Obarch, 1988; Banks, 1992). 그 대신 이들은 여성의 몸은 자신이 통제를 효과적으로 행사할 수 있는 유일한 영역이라고 주장한다. 가끔 체중 감량에 대한 욕구는 집착이 되고 일부 여성들은 거식증이나 폭식증과 같은 섭식장애가 생기게 된다. 의도적으로 굶는 거식증은 통제의 한 형태이고 자유에 대한 요구이다. 신경성 무식욕증 환자들에게 배고픔을 통제할 수 있는 능력은 자신의 몸과 삶을 통제할 수 있음을 의미한다. "먹는 것을 거부하는 것은 극단적으로 반항적이며 동시에 극단적으로 순응적이다"(Caskey, 1986: 181). 거식증의 경우 음식 섭취를 제한하는 것은 매일매일의 삶과 사고를 능가하는 집착이다. 많은 거식증 환자들이 영양에 대해 매우 높은 수준의 지식을 가지고 있으며, 이들은 음식을 매우 추상적이고 상징적인 개념으로 인식한다. 일단 섭취가 되면 음식의 의미는 변화한다.

이제 더 이상 숫자나 화학적 성분의 문제가 아니다. 갑자기 음식은 식욕부진을 능가하도록 위협하는 어두운 힘으로 변형되어 그녀가 원하지 않는 육체의 파도 밑에 눌려 숨이 막히게 된다. 거식증 환자에게 음식은 몸 안에 끔찍하게 남아 돌아다니는 것처럼 느껴진다. 그들의 몸 안에서 자신을 압도하게 되고 여기에 반감을 갖게 된다. 여기서 설사제를 자주 사용하게 되고 병적인 운동 습관이 생기는 것이다(183).

음식에 대한 통제는 육체적인 몸의 욕구를 단념하려는 데서 일종의 정신적인 차원을 갖게 된다. 일부 여성(과 남성)은 몸의 순수성과 식욕과 배고픔을 통제하는 것에 대해 종교적인 또는 유사종교적인 신념을 가지고 있다(Brumberg, 1988; Bordo, 1990; Banks, 1992; Turner, 1996; Garrett, 1998). 음식을 단념하는 것은 금욕, '가벼움', 성스러운 것의 상징이 되며 완벽한 몸매를 위한 것은 아니다. 그러나 통제, 훈련, 미덕과 강인함 등의 차원은 종교적인 순수성을 상징하는 것으로서의 음식 거부와 아름다움을 상징하는 것으로서 음식을 거부하는 것과 양립할 수 있다. 이전 세기에 종교의 이름으로 여성들이 단식을 하는 것과 같이 오늘날 단식은 육체와 그 욕망을 극복하는 세속적인 경건함, 도덕적 순수함, 형이상학적 훈육을 상징하는 것이다.

죽은 몸(the dead body)

지난 수세기 동안 죽음의 의미가 변화해온 것은 신체적인 사건이 문화적 관습을 통해 구성되는 방식을 잘 보여주는 예라고 할 수 있다. 죽음은 궁극적인 생물학적 본질주의같이 보이지만 죽음이 문화적·역사적·정치적으로 협상되는 광범위한 경계가 있다. "죽음은 인간의 의식과 독립적으로 존재하는 것이나 사건이 아니다. 이는 단지 어떤 고비, 접점, 공간 또는 분리점에 주어진 단어일 뿐이다"(Armstrong, 1987a: 655). 죽은 몸은 죽음이 무엇이고 어떻게 얻어진다는 것에 대한 인식과 함께 지난 몇 세기에 걸쳐 서구사회에서 그 형태와 본질이 변화해왔다. 의학이 발전하기 이전에 죽음에 대한 상징은 대부분 긴 낫을 들고 검은 망토를 걸친 해골 모양을 한 사신이었다. 20세기 후반에 죽음은 생물학적 병리이며 테스트 결과이다. 예를 들어 자궁암 검사나 암 조직검사에서 나타난 암세포의 존재에 대한 양성 반응이다.

몸에 대한 역사적인 저작들은 서구사회의 유체(corporeality)에 대한 인식이 수백 년간 어떻게 변화해왔는지를 보여주고 있다. 16세기와 17세기 전반의 유럽에서 죽음은 대체로 의료와는 관련이 없는 사건이었다. 신교나 구교 모두 더 이상 아무것도 할 수 없는 시점에 떠나버리는 의사보다는 성직자가 임종의 책임자라고 주장했다. 친구나 가족이 죽어가는 사람에게 악마의 유혹에 저항할 수 있는 용기를 주었다. 죽어가는 사람은 차분함, 침착함과 진정성, 강인함, 신념을 보여주면서 죽음을 천국으로 들어가는 것이라고 기쁘게 맞고 있다는 표시를 다른 사람들에게 보여주는 것이 중요했다(Wear, 1992: 124~125). 내세보다는 현재를 강조하는 합리성에 대한 계몽주의적 이상은 적어도 엘리트 계급 안에서는 17세기 후반까지 죽음의 종교적 의미를 감소시켰고, 18세기 말에 사회가 세속화되어가고 있음을 반영하는 의료화된 죽음이 등장하기 시작했다(125).

아이리스는 죽음에 대한 사회적 의례의 역사를 추적하여 19세기 중반에 죽음이 의사의 통제 아래 놓이면서 집에서 병원으로 옮겨지는 중요한 변화가 있었다는 사실을 발견했다(Aries, 1981). 그는 이 시기에 죽음은 감추어지고, 신비화되고, '비밀스러운 것으로 내몰렸다'고 주장한다(Aries, 1981: 562). 그러나 암스트롱은 아이리스의 결론을 반박하면서 19세기 중반부터 죽음이나 임종에 대한 침묵보다는 죽음을 사적인 것에서 공적인 영역으로 옮기면서 이를 둘러싼 담론이 폭발적으로 증가했다고 주장한다(Armstrong, 1987a). 그는 특히 사망확인서가 죽음과 그 원인에 대한 자료에 관심이 증가했다는 것을 상징한다고 지적한다. 19세기 중반 이전에도 죽음을 애도하고 철야를 하는 것과 같이 죽음은 공적인 사건이었지만, 이는 죽어가는 사람이 살았던 지역사회나 가까운 가족들에게만 해당되는 것이었다. 암스트롱은 사망신고서의 등장과 죽어가는 사람을 병원으로 옮기는 것이 일반화되면서 죽음은 보다 공적으로 통제되는 사건이 되었다고 주장한다. "예전에는 죽음에 대한 지식이 교회 종소리가 들리는 범위 안에 제한되었고 그 밖으로는 잘 알려지지 않았다. 그러나 새로운 상황에서 밖으로 알려지지 않는 죽음은 없게 되었다"(Armstrong, 1987a: 652). 죽음과 마찬가지로 시신도 사망 원인을 기록하고 확인하기 위한 분석의 대상이 되어, 병리학자나 장의사들이 '죽음의 진실'을 발견하기 위해 해부를 하여 몸을 들여다보게까지 되었다. 죽은 시신을 처리하는 방법은 매우 중요한 이슈가 되어 이를 둘러싼 엄청난 규칙들이 개발되었다(Armstrong, 1987a).

과학적인 의학과 역학이 등장하기 이전에 죽음은 언제라도 누구에게라도 생길 수 있는 예측 불가능하고 자연적인 사건으로, 일종의 운명이나 우연으로 여겨졌다. 18세기 후반에 새로운 죽음에 대한 이미지가 통용이 되면서 죽음은 개인이 아니라 전체 인구의 문제가 되었다(Prior and Bloor, 1993; Prior, 2000). 수학적 공식을 사용해서 성과 연령에 따라 기대 수명을 계산하는 생명표의 발달은 이러한 변화를 상징하는데, 이는 죽음을 합리화하고 통계적 방법으로 예측이 가능한 공식적인 유형이 있다고 생각하기 때문이다. "그럼으로써 생명표는 우리 문화가 생산해낸 삶과 죽음의 가장 대표적인 상징이 된다. 이는 삶에 대한 전망을 합리적으로 계산 가능한 대상으로 볼 뿐만 아니라, 정상적이고 자연스러운 수명을 기대할 수 있는 일련의 배경을 제공하게 된다"(Prior and Bloor, 1993: 356). 이러한 문화적인 가공물로 인해 현재에는 무엇이 정상적이고 자연스러운 죽음인가에 대해 의사들의 판단에 의존하고 있으며, 이는 사망신고서에 보고된 죽음의 이유를 구성하는 데 중심이 된다.

시신을 의학 훈련과 연구를 위해 사용하는 것은 죽음의 개념에 대한 중요한 관심이 되어왔다. 오늘날 의학에서는 시신이 교육적 도구로 반드시 필요하다고 여겨지지만, 19세기 이전까지 해부는 도덕적으로 금지되어왔다. 시신을 해부하는 것은 죽음과 시신의 성스러움과 신비로움에 대한 여러 가지 신념을 깨뜨리는 것이었다. 16세기까지 해부는 법적으로 처벌을 받아왔으며 의학 지식을 위해 사용되는데도 죽음보다 더 나쁜 것으로 여겨졌다(Richardson, 1988: 32~34). 중세 프랑스에서는 14세기 이후부터 계속 교육과 연구를 목적으로 하는 해부가 이루어졌지만 일반적인 사회는 이러한 목적으로 몸의 신비를 공개하는 것을 허용하지 않았다. 해부는 범죄 행위에 대한 벌로서 범죄를 행한 사람이 야기한 고통을 연장시키는 것이라 보았고, 몸의 장기들을 무질서하게 만드는 것은 사회적 혼란의 상징이라 여겨졌다(Pouchelle, 1990). 의학 지식을 탐구하기 위한 것일지라도 몸을 절개하는 것은 당시로서는 매우 금기시하는 것이었다. 신체의 내부를 노출시키는 것은 사람의 내밀한 부분을 벌거벗기고 영혼이 들어 있는 인체를 침범하는 용납할 수 없는 일로 보았다. "인체는 '작은 세계(microcosm)'일 뿐만 아니라 인간 사회를 반영하는 모델이다……. 작은 세계의 구성원과 조직이 분산되어 세계의 질서를 방해한다면 '몸의 정치' 역시 어지러워지지 않겠는가?"(Pouchelle, 1990: 83).

특히 혈액은 신성하면서도 독이 든 것으로 여겨져, 되도록 의사들이 피하는 것이었다. 외과 의사들은 수술 전에 자신을 정화하고 몸의 청렴함을 유지하며 강인함과 힘을 갖기 위해 고안된 의례를 수행했다. 예를 들어 당시의 기록에 의하면 두개골 파열을 치료할 때에 의사는 반드시 그 전날 여성과의 접촉을 피하고 월경 중인 여성과 대화를 해서는 안 되며, 당일에는 마늘, 양파, 매운 양념 등을 먹지 않아야 하고, 수술 전 양손을 깨끗하게 씻어야 했다(87). 15세기 후반에 가서야 파리의 의과대학에서 공식적인 해부가 진행되었으며, 이러한 사건이 자연스럽지 못하고 위험하다는 상징을 강조하기 위해 연회를 베푸는 등의 형식과 의례가 동반되었다(84).

시신을 해부하는 것을 둘러싼 도덕적 금기가 강력한데도, 18세기에 이르러서는 이전에는 감추어졌던 세계에까지 의학의 시선이 확장되었다. 그러나 해부에 대한 금기 때문에 의사나 해부학자들이 시신을 구하는 것이 어려웠고, 17세기에 시신은 하나의 상품이 되었다(Richardson, 1988). 선고를 받은 죄수에게 돈과 자신의 몸을 바꾸도록 권했고, 도굴이 만연하기도 했다. "1800년까지 의료계 안에서 시장 용어들이 아무런 수치심 없이 인간의 시신에 적용되었고"(Richardson, 1988: 55), 시신은 "조각으로 팔리거나 작은 단위로 측정되고 팔려나갔"으나(72) 일반적인 의견은 이를 허용하지 않았다. 1932년에 해부를 위해 가난한 사람들의 시신을 수용할 수 있도록 하는 영국의 해부법이 선포되자 시신의 영혼의 상태와 죽음이 무엇인가에 대한 혼란과 걱정과 공포로 시신을 바라보게 되었고, 시신은 이교도와 기독교적 믿음의 혼란을 표출하게 되었다(Richardson, 1988).

17세기와 18세기 초기까지의 장례 절차는 시신을 전면에 배치하여 죽음과 매장 사이에 '죽은 것도 산 것도 아닌' 기간이 있다고 생각하는 것이었는데, 이때 깨어날 경우를 대비해 시신 옆에 음식과 와인을 놓고 지켜보아야 한다고 믿기도 했다(Richardson, 1988: 15). 사체가 싸늘해지고 부패가 시작되기 전까지 죽음은 단지 심장 소리가 들리는지, 거울이나 유리에 숨을 쉬는지 검사하는 것 등으로 불확실하게 정의되었고, 따라서 확신을 가지고 선고될 수 없었다. 또한 몸에서 영혼이 분리되는 시점에 대해 임종 당시인지 아니면 몸이 무덤에 완전히 잠든 뒤인지 확실하지 않았다(15~16). 18세기에 의학적 담론에서는 죽음이 절대적인 사실로서 생명과 질병의 끝으로 여겨졌지만, 여전히 이는 상대적인 것이었다. 왜냐하면 특히 시신이 부패하기 시작하면 시신에 대한 검사가 죽음의 인과관계를 확실히 구별해줄 수 없었기 때문이었다(Foucault, 1975: 140~141). 시신의 해부가 확산되면서 죽음은 시간적 의미에서 한 순간에 일어나는 것이 아니라 서로 다른 시간에 몸의 부분들이 조금씩 변화하는 일련의 '부분적인 죽음들'이 되었다(142).

위와 같은 논의는 죽음에 대해 의료계와 일반인들 사이에 개념이 서로 차이가 있다는 역사적인 증거를 보여주는 것이다. 의료계에서는 몸을 상품과 교육의 도구로 보는 반면, 후자는 시신에 대해 여전히 존경과 공포를 가지고 본다. 따라서 해부는 "그렇지 않았으면 매우 조심스럽게 존중되었을 몸의 통합성과 정체성 그리고 영혼의 안식에 엄청난 충격을 가하는 것"이었다(Richardson, 1988: 76). 영국에서 시신을 공동묘지에서 훔치는 일이 확산되자 무덤을 보호하는 것이 관습이 되었고 대중들의 비난이 빗발쳤다. 결과적으로 영국 의과대학들은 시신을 충분히 구할 수 없게 되었고, 해부법이 상정,

통과되면서 해부학자들이 수용소나 병원 또는 감옥이나 다른 자선기관에서 사망한 '주인이 없는' 시신을 얻을 수 있었다. 이 법의 논리는 대중들의 세금으로 살았던 사람은 해부에 대해 반대할 만한 친인척이 없기 때문이라는 것이었다. 따라서 이 법은 가난한 사람의 몸은 해부에 적절하고 부자의 몸은 도굴범의 약탈로부터 보호되는 차별적인 것이었다(Richardson, 1988).

현대 서구사회에서 일반적으로 개인이 자신의 시신을 이식을 목적으로 기증하는 것은 매우 적절한 것이라고 여겨진다는 사실을 지적할 필요가 있다. 일부 서구 국가에서 이러한 선택이 운전면허증에 새겨지는 반면 일부 국가에서는 개인이나 친척들이 반대하는 경우가 아니라면 임종 당시 자동으로 장기가 기증되기도 한다. 다른 사람을 위해 의학적으로 해부가 되는 것은 일반적으로 도덕적인 금기 사항으로 난처한 일이라고로 여겨지기보다는 대중매체로부터 가치 있는 일로 여겨진다. 이는 장기 기증을 다른 사람의 생명을 구하는 것으로 칭송하며 "장기 수혜자들은 다른 사람을 위한 생명의 선물을 간청하고 있다"는 호주의 1993년 1월자 전국신문 제목에서 나타나듯이 '궁극적인 희생'으로 간주된다. 장기 이식수술에서 사용되는 신체의 일부에 대한 상업화는 이타주의적 담론으로 강조되거나, 죽음 뒤에도 다른 사람의 몸에서 삶으로서 물질적인 존재를 연장하는 이상을 갖게 하기도 한다. 장기 이식을 위해 개인의 장기를 기증하는 이상적인 이타심을 찬양하는 서구 대중매체와 동시에, 인도나 필리핀과 같은 개발도상국의 가난한 사람들은 아직 살아 있는데도 신장·안구·피부 등 장기를 제거하여 서구 국가에 파는 국제장기무역이 존재하는 것은 모순적이기도 하다. 마치 일부 의료 부문에서는 예전 19세기에 사람의 육체를 부분적으로 나누어 팔았던 도굴범들과 마찬가지로 살아 있는 사람으로부터 장기를 제거하고 이를 상품으로 다루는 것에 대해 조금의 양심의 가책도 없는 것처럼 보인다.

예전 같으면 죽음을 선고받았을 사람들의 생명도 연장시키는 의학 기술의 등장 이후에 죽음을 정의하는 문제는 더욱 복잡한 문제가 되었다. 몸은 생명 연장 기계에 의존하고 있으면서 뇌기능은 없고 호흡은 기계를 끄면 더 이상 진행되지 않는 경우 언제 죽음이라고 선언할 수 있는가? 뮐러와 쾨니히 (Müller and König, 1988)은 의사가 환자가 '임종하고' 있는지 아니면 '아직 살 수 있는 기회가 있는지'(따라서 죽음을 지연시키기 위해 개발된 의학적 개입의 가치가 있는지)에 대한 판단에 이르는 데 환자에 대한 선별적인 정보를 해석하여 죽음을 선고하는 일련의 과정의 사회적 특성을 강조하고 있다. 사망 선고를 받은 사람에게서 제거되어 산 사람에게 이식된 장기의 상태는 무엇인가? 이 장기들은 '죽은 것'인가? 이러한 상황에서 죽음을 정의하는 어려움은 현재 인간의 장기와 조직의 이식이나 다른 의학적 활용을 위한 생존 가능성과 관련된 의학적 담론에서 존재하는 세 가지의 죽음에 대한 카테고리에서 잘 나타난다. 조직은 '사망', '이중 사망', 또는 '삼중 사망'으로 묘사된다(Clarke, 1993). 이러한 수수께끼 때문에 죽음은 지금 임상의사의 영역으로부터 의료윤리학자의 영역으로 옮겨가고 있다(Armstrong, 1987a: 656).

여기에서 다시 진보에 대한 의학적 이상과 일반인들의 신념 사이의 괴리가 나타난다. 한 연구가 영국에 사는 중산층과 노동자계층에 속한 사람 20명에게 의료와 약, 수술, 재생산 기술, 생명연장 기술 등 여러 가지 의학 기술에 대한 생각을 물었다(Calana and Williams, 1992). 결과는 인공수정(IVF)나 이식 수술과 같은 서구 의학의 일부는 일반사람들의 눈에 '자연적' - '비자연적' 경계를 넘어선 것으로 쉽게 받아들여지지 않는 것으로 드러났다. 예를 들어 한 여성은 "글쎄요, 저는 누구도 다른 사람에게 이식을 하게 해서는 안 된다고 생각해요. 왜냐하면 자신의 심장과 다른 사람의 것은 다른 것 아닌가요? 이건 자연스럽지 않아요"(Calana and Williams, 1992: 245)라고 말했다. 이러한 의견은 생명을 연장하기 위해 다른 사람의 몸의 부분을 활용하는 것이 바람직한 것인가에 대해 의문이 남아 있음을 증명한다. 그러나 이 연구에서는 이식이 응답자 자신이나 가족 또는 일반인에게 적용될 때 응답자들의 견해가 경우마다 다르게 나타나는 것이 발견되었다. 이는 개인적 수준에서 질병과 죽음의 공포에 대한 생각과 옳고 그름에 대한 일반화된 생각 사이에 긴장이 있음을 보여주는 것이다.

전에는 죽음이 운명의 전조 또는 신의 뜻으로 여겨졌으나 이제는 일찍 죽음을 맞이하는 것을 막을 수 있고 따라서 여러 경우에 개인이 통제할 수 있는 것이라고 생각하는 경향이 나타나고 있다. 공중보건의 담론은 갑작스런 죽음에서 보호할 수 있는 적절한 방법을 선택할 수 있다고 주장한다. 예컨대 운전을 조심하고, 잘 먹고(암 예방 다이어트와 같이), 술 소비를 줄이고, 규칙적인 운동을 하고, 금연하며, 안전한 성생활을 하는 것 등이다(Lupton, 1995; Prioir, 2000). 그 어느 때보다도 생의학적 발전이 죽음을 극복하고 삶을 연장시킬 수 있으리라는 희망이 커지고 있다. 죽음을 통제하려는 데 온 힘을 기울이는 시대에 나이가 들기 전에 치명적인 질병이나 사고에 굴복하는 것은 자신의 몸에 대한 통제력을 상실했기 때문으로 여겨진다. 이러한 죽음은 더 이상 단순한 불행이라기보다는 누군가 책임을 져야 하는 것으로 간주된다.

이러한 죽음에 대한 통제의 필요성은 병원이나 요양소, 공동묘지와 같은 장소에서 일어나는 죽어가는 것, 죽음, 시신들을 매일매일의 삶에서 격리시킨다(Prioir, 2000). 대중매체에서 죽은 몸에 대한 이미지는 일상적으로 그려지지만(폭력 영화나 드라마의 예에서 보듯이), 실제적인 시신은 시야에서 감추어짐으로써 사람들은 죽은 몸을 실제로 보지 않고 자신의 삶을 살아가고 있다. 심지어는 뉴스 매체에서도 일반 대중의 민감성을 존중해 시신 장면은 매우 엄격하게 규제하고 있다. 예를 들어 미국에서 2000년에 일어난 9·11 테러 사건에 대해 매우 오랜 기간 동안 대중매체들이 이 사건을 다루면서도 공격으로 인해 죽은 시신과 신체의 일부의 이미지가 직접 드러나지 않도록 편집하는 데 대단한 노력을 기울였다.

결론

　지난 20여 년간 인문학자와 사회과학자들이 기울인 몸에 대한 지대한 관심은 인간의 몸을 의학적 담론과 실천으로 정의함으로써 이를 이해하는 데 풍부한 이론적 통찰력을 제공했다. 특히 사회구성주의적 관점을 취하는 학자들은 질병과 의료 관리의 맥락에서 몸의 경험과 개념과 지식의 역동성과 가변성에 대해 살 보여주었고, 의료와 공중보건 아래서 몸의 규제와 처신에 드러나는 권력 관계와 기술을 강조했다. 이제까지 가장 중요한 통찰력은 몸과 질병이 보편적인 생물학적 실재가 아니라 담론 과정과 실천과 물질적인 것의 조합으로서 사회적 규제를 관리하는 담론과 이데올로기와 공생하고 있으며 상징적인 관계를 가지고 있다는 점이다. 몸에 대한 이러한 개념은 사회학자·인류학자·역사학자들이 문화로서의 의료를 연구해왔던 방식에 도전하고 있다.

제3장

엘리트 문화와 대중문화에 나타난 의료, 질병, 이환

인문학과 사회과학 분야에서 언어와 담론에 대한 집중적인 관심이 증가하는 것과 함께 질병과 이환에 대한 해설적인 설명에도 관심이 증가하고 있는데(Frankenberg, 1990: 351), 이는 대중문화나 엘리트 문화의 작품에서도 잘 드러난다. 심각한 질병으로 고생했던 작가들은 자신이 경험한 질병의 의미를 전달하기 위해 극적인 상징을 이용하여 그 경험들을 작품에서 그리고 있다. 질병과 이환이 몸에 끼친 영향에 대한 이러한 설명은 실화이면서 자서전적이기 때문에, 질병의 경험에 대해 지루한 글에서는 얻을 수 없는 통찰력을 제공한다. 실제로 의과대학생들과 의사들이 문학에서 설명하는 질병, 고통, 죽음 등을 읽음으로써 환자를 다룰 때 이해와 열정을 가지고 치료를 하며 질병의 경험과 의료행위의 복잡한 도덕적 의미에 보다 민감할 수 있도록 장려하자는 제안도 있다(Pellegrino, 1980).

문화이론가들은 질병 경험을 그리는 데에서 반복적으로 등장하는 진술 구조와 수사를 발견하기 위해 이러한 담론에 관심을 기울이기 시작했다. 이환과 질병을 개념화하는 데 중요하고 일반적인 방법 두 가지는 비유와 시각적

이미지를 사용하는 것이다. 엘리트 문화와 대중문화에 묘사된 질병과 죽음에 대한 일반적인 논의를 살펴본 뒤 이 장에서는 서구사회에서 의료, 질병, 그리고 이환이 어떻게 표현되어왔는지 그 특징을 살펴볼 것이다. 의료와 질병에 대한 언어적이고 도해적인 표현들이 세계를 이해하고 사회 질서를 유지하는 데 있었던 사회문화적이고 정치적인 변화들과 함께 어떻게 변화해왔는지에 대한 역사적인 차원을 살펴볼 것이다.

엘리트 문화에서의 질병과 죽음

신체의 부패·고통·통증·죽음 등에 대한 공포는 그 자체로 매우 흥미로운 드라마 주제이다. 따라서 수백 년간 노화·이환·질병, 특히 나병·역병·결핵·암·성병·정신질환 등은 서구사회의 소설, 시, 희곡의 관심을 끌어왔다(Horst and Daemmrich, 1987: 90). 실제로 유명한 작가 자신이 의사인 경우도 있고(예를 들어 Rabelais, Chekhov, Maugham, Keats, William Carlos Williams), 의사의 아들인 경우도 있다(Proust, Flaubert and Hemingway) (Peschel, 1980). 모순되게도 전염병이 급격히 감소했던 19세기 유럽에서 문학작품에 환자의 몸은 더 자주 등장했다(Herzlich and Pierret, 1987: 78). 반복적으로 문학작품의 동기나 주제로 사용되었던 질병은 "인간의 통제나 이해를 넘어서는 찾아내기 어렵고 변덕스러우며 신비한 힘에 관심을 기울이게 했다"(Horst and Daemmrich, 1987: 90).

질병과 죽음은 전통적으로 소설 속의 주인공의 정신적인 전개 과정이나 사건의 구조를 밝히기 위한 도구로 사용되어왔다(Meyers, 1985: 12). 문학 속의 질병은 여러 가지 기능을 했다. 질병은 (흔히 성경이나 일리아드에 공통적으로 나타나는 것처럼) 성스러운 권력이나 신의 상징이었다. 질병이나 역병은 개인과 사회가 도덕적으로 타락했다는 것을 증명하면서 그 본성을 보여주는 것이기도 했고(예를 들어 Camus의 *The Plague*, 1947), 질병을 도덕적·사회적 부패로 비유하는 경우도 많았다(Ibsen의 *Ghosts*, 1881). 그 밖에 집합적인 사회적 재앙, 개인의 운명으로부터 도피할 수 없는 숙명, 예술이나 지적인 천재를 위한 촉매, 감정적인, 지적인 또는 도덕적인 호기심이나 수월성의 상징 (Beecher Stowe의 *Uncle Tom's Cabin*, 1852와 O'Neil의 *Long Day's Journey into Night,* 1956)이기도 했다. 실패한 사람이나 버림받은 사람들의 구속의 수단 (Dumas의 *Lady of the Camellias*, 1848) 또는 죽음의 운명과 복잡한 생에 대한 의문을 통해 죽음에 대한 인식의 고양(Joyce의 *The Dead*, 1914), 인간의 삶에 침투하여 이를 파괴하는 외부의 이해할 수 없는 힘(Solzhenitsyn의 *Cancer Ward*, 1968) 등도 있다(Horst and Daemmrich, 1987: 90~91).

소설에서는 "[질]병은 항상 재앙, 저주, 심판과 같은 대단히 신비한 사건이었다"(Meyers, 1985: 2). 예를 들어 오스카 와일드의 단편 「도리안 그레이의 초상화(The Picture of Dorian Gray)」가 1891년에 처음 출간되었는데, 주인공 자신은 여전히 젊고 잘생긴 외모나 주인공의 타락은 해가 지남에 따라 나이 들고 부패하고 타락한 외양이 점점 소름끼치게 된 초상화에 그대로 드러난다. 17세기 말에서 1830년대까지 확장된 낭만주의 시대에 등장한 괴기소설은 질병이나 병으로 인한 신체의 증상 또는 신체적인 부패 등을 공포심을 일으키고 내적인 고통을 상징하는 악마로 표현하면서 인류가 가진 자연에 대한 두려움을 그리고 있다. 뒤이은 빅토리아 시대의 문학은 죽음과 미신에 집착한다. 한 예로 에드거 앨런 포는 등장인물을 중심으로 고문의 공포와 육체적인 죄에 대해 썼는데, 그의 단편 「죽음의 붉은 마스크(Masque of the Red Death)」(1840)에서는 주인공들이 죽음을 가볍게 여기며 조롱한 직후 전염병과 같은 질병의 희생양이 되는 것을 그리고 있다. 메리 셸리(Mary Shelley)의 『프랑켄슈타인』(1818)도 인간의 몸의 창조자로서 신의 영역을 침범하는 인간의 도덕적 문제를 다루는 반면, 브램 스토커(Bram Stoker)의 『드라큘라』

(1897)는 성적인 몸, 젠더, 죽음, 불멸 등의 주제에 초점을 맞추어 피의 상징적인 본성을 강조한다. 이 두 문학 작품 모두가 현대 대중문화에서 공포 이야기로 남아 있다는 점은 오늘날의 독자들에게도 이러한 주제가 여운을 남긴다는 사실을 말해주는 것이다.

　문학 작품에서 질병과 이환이 드러나는 형태는 몸에 대한 의학적 담론에도 직접적인 변화를 가져왔다. 낭만주의 시기의 작가나 예술가들의 창의성은 심각한 질병과 같은 고통으로 겪은 어려움에서 발생하는 것으로 여겨졌다. 모든 질병 중에서도 19세기에 가장 흔한 사망 원인이었던 결핵은 창조적인 충동을 자극한다고 믿어졌고, 이는 채터턴(Chatterton), 키츠(Keats), 퍼시 셸리(Percy Shelley), 바이런(Byron) 등의 유명한 문학가들의 죽음과 〈라 트라비아타〉나 〈라보엠〉과 같은 낭만적이지만 비극적인 오페라의 성공으로 더욱 강조되었다(Meyers, 1985: 4). 과학적 의학의 발전과 함께 유럽의 자연주의 작가들은 질병에 대한 임상적인 묘사와 신경증 등을 자신의 소설에 반영하기 시작했다(Herzlich and Pierret, 1987: 29). 20세기에 이르러 소설가들은 부패나 신체적인 파괴 등을 표현하기 위해서뿐만 아니라 형이상학적인 실망, 외로움, 소외, 자아 의심 등을 표현하기 위해서 이환과 질병에 대한 임상적인 논의들을 작품에 포함하기 시작했다(Meyers, 1985: 13). 이러한 작품에서 환자들에게 가짜로 처치된 의학적 치료는 강한 의지로 이겨내야 하는 고문이 되었고, 반면 질병의 존재는 등장인물들이 자신의 죽음이나 공허함의 위협 등에 대처하도록 강요했다(13~14). 만(Mann)의 『The Magic Mountain』(결핵), 『The Black Swan』(자궁암), 『Death in Venice』(콜레라 전염병), 솔제니친의 『Cancer Ward』 등이 이러한 작품의 예이다.

대중문화에 나타난 의료, 질병, 그리고 죽음

의료, 질병, 죽음 등은 문학 작품이나 오페라와 같이 엘리트 문화 텍스트
에만 제한되지 않고 대중매체에서도 쉽게 찾아볼 수 있다. 1950년대부터 의
사나 다른 보건 관련 전문직, 환자 등에 대한 가상작인 표현들은 대중소설과
영화, 특히 텔레비전 드라마와 연속 멜로드라마 등에서 흔히 나타나고 있다.
이후에 미국의 〈의사 마커스 웰비(Marcus Welby MD)〉, 〈닥터 킬데어(Dr
Kildare)〉, 〈세인트 엘스웨어(St Elsewhere)〉, 〈의사 두기 하우저(Doogi Houser
MD)〉, 〈시카고 호프(Chicago Hope)〉, 〈응급실(ER)〉과 영국의 〈닥터 핀레이의
케이스북(Dr Finlay's Casebook)〉, 〈희생자(Casualty)〉, 〈심장마비(Cardiac Arrest)〉,
〈피크 프랙티스(Peak Practice)〉 등 성공적이고 수명이 긴 텔레비전 드라마가
방송되었다. 연속 멜로드라마에서는 질병, 부상, 죽음이 작품을 구성하는 핵
심적인 주제를 제공하며 특히 사고와 폭력적 사건, 자살, 살인, 정신질환, 임
신 관련 질병, 심장질환, 감염 질환 등이 그려진다(Cassata et al., 1979). 획기
적인 의학적 발견과 질병으로 고생하는 사람의 개인적인 이야기들은 규칙적
으로 신문 지상의 주요기사가 되고 텔레비전과 라디오 뉴스나 다큐멘터리에
자료를 제공한다.

대부분의 가상적인 텔레비전 프로그램에서 질병은 의사에 의해 최근의 기
술과 효과가 빠른 약물을 사용하여 병원에서 성공적으로 치료된다(Turow
and Coe, 1985). 의사의 지위는 대개 하얀 가운으로 표현되는데 이는 권위와
객관성, 실험 과학의 힘, 위생적인 청결함을 나타내고, 청진기는 궁극적인
의료기술을 상징하며 환자와 의사 사이의 일정한 고리를 유지하면서도 환자
스스로도 알지 못하는 신체적인 기능을 듣고 볼 수 있는 환자에 대한 접근
가능성의 능력을 상징하기도 한다(Krantzler, 1986: 936~937). 최근까지 오랫동
안 의료전문직은 모든 불가능에 대항하여 생명을 구할 수 있는 힘을 가진 전

능한 존재로 흔히 표현되는 반면, 간호사는 여성적이고 남을 돌보는 인물로 묘사되어 친절한 관심을 베풀고 의사의 우월성을 입증해주는 보조적인 역할을 하거나 또는 난잡한 성의 대상으로 묘사되었다(Karpf, 1988; Turow, 1989; Lupton and Chapman, 1991). 예를 들어 미국 텔레비전 드라마에 나오는 의사에 대한 분석은 이들이 일반적으로 성공적이고 자비로우며 지적이고 권위적으로서 다른 사람의 생명을 지배하고 통제할 수 있는 거의 신비한 힘을 가진 것으로 묘사된다는 것이 밝혀졌다(McLaughlin, 1975; Turow, 1989).

텔레비전 드라마의 인물로 등장하는 의사들은 대개 다른 전문직을 지배하고 다른 인물보다 성공적이고 온화하며 공정한 것으로 그려진다(Gerbner et al., 1981: 902). 의사들은 보통 환자들이 진실을 직면하도록 해주고, 고통이나 죽음 앞에서 용기를 가질 수 있도록 해줌으로써 "환자들이 스스로를 구하도록 해주는" 것으로 묘사된다(Turow, 1989: 146). 또한 뉴스 매체에서도 의사들은 대개 초인적인 존재로 묘사되어 성직자와 비슷하게 취급되며, 의료는 기적이 발생하는 수단으로 묘사된다(Lupton and Chapman, 1991; Lupton and McLean, 1998).

마찬가지로 다큐멘터리도 일반적으로 의료전문직과 의학을 긍정적으로 묘사한다. 〈RPA〉라는 프로그램은 호주에서 만들어진 '리얼리티' 다큐드라마인데, 시드니에 있는 로열 프린스 앨프리드(Royal Prince Alfred) 병원의 실제 환자와 직원들의 경험에 초점을 맞추어 특히 그 병원에서 일하는 의료인들의 힘과 선행을 강조한다. 매회 병을 치료받은 환자들이 수동적인 자세로 병원을 떠나기 전 의료진에게 말할 수 없는 감사를 표하는 것이 등장한다. 의료진은 실제로 환자들과 대면하는 상황에서 매우 어색한 모습을 보이는 경우가 많으면서도 인기 있는 이 시리즈에서는 의료진이 실수를 하거나 치료과정에서 잘못을 하는 경우는 거의 볼 수 없다. 이 드라마를 통해 의사는 항상 옳은 일만 하고 어떤 병이라도 고칠 수 있다는 환상을 지속시키고 있다.

대중매체에서 특히 의료기술은 의료 마술과 같은 능력의 극치로 주목을 받고 있다. 의료기술을 나타내는 여러 부속물, 즉 복잡한 기계, 번쩍거리는 불빛, 모니터 소리, 왜소한 환자의 맥박의 강도와 규칙성을 재는 그래프 등이 드라마나 뉴스, 다큐멘터리 등에 등장하고, 온갖 기계와 줄과 튜브 등에 연결되어 힘없이 침대에 누워 있는 환자의 모습은 반은 인간, 반은 기계의 모습으로 비추어진다.

대중문화에서 의료진과 의학에 대한 긍정적인 묘사가 오랫동안 지배적이었는데도 20세기 후반부터 21세기에 이르러 의사와 의학의 오류 가능성을 묘사하는 경우도 증가하고 있다. 의사에 대한 뉴스는 전문직의 무관심, 성희롱, 환자에 대한 모욕, 사기 행위, 다른 스캔들과 같은 사례를 보고하고 있다 (Bradbury et al., 1995; Lupton and McLean, 1998). 〈피해자〉나 〈응급실〉과 같은 텔레비전 드라마는 오류가 많고 너무 인간적이어서 실수도 할 수 있고, 압력을 받게 되면 판단 착오도 하며, 가끔 자신의 일에 영향을 미치는 복잡한 사생활에도 대처해야 하는 의사들의 모습들을 보여준다. 예를 들어 〈응급실〉의 닥터 로버트 로마노(Dr. Robert Romano)와 같이 일부 의사들은 기술적으로는 매우 능력이 있지만 전혀 유쾌하지 않고 좋아할 수 없는 사람으로 나오기도 한다. 〈시카고 호프〉는 종종 대형 병원에서 진료를 둘러싼 윤리적이고 법적인 이슈들을 극화시켰고, 호주의 새 의료 - 법 드라마 〈MDA〉는 전적으로 환자들이 의사에 대항하는 이야기에 초점을 맞추고 있다.

그런데도 의사나 의학에 대한 뉴스나 가상적인 묘사는 부정적인 것보다는 긍정적인 측면이 여전히 더 많다. 의사는 여전히 뉴스 매체에서 논쟁을 주도하는 특권을 가지고 의학적인 이슈와 관련된 새로운 이야기에 대해 권위적인 목소리를 내고 있다. 의학적 태만, 의료사고 또는 의사의 잘못 등은 뉴스의 가치가 있다는 것이 증명되었지만 의료전문직의 기술, 전문성과 헌신, 의학의 진보도 역시 마찬가지이다(Lupton and McLean, 1998; Hodgetts and

Chamberlain, 1999). 〈응급실〉이나 다른 의료 드라마에 등장하는 의사는 인간적인 실패에 괴로움을 겪기도 하지만, 대부분의 경우 여전히 능력이 있고 무엇보다도 자신의 직업에 매우 헌신적이며 환자의 건강과 행복에 관심을 가지고 있는 것으로 표현된다.

질병과 은유

문학과 대중문화에서 질병의 경험을 다루는 것은 은유에 관심이 있는 수사학자들에게는 매우 풍부한 자원을 제공해왔다. 질병을 경험했던 사람들은 흔히 자신의 경험을 스스로에게나 다른 사람에게 설명하고 개념화하기 위해 은유적인 담론으로 변환시킨다. 질병의 맥락에서 은유는 사람들이 통증과 같이 구체적이지 않은 신체적인 감각을 더 구체적으로 표현하는 것을 가능하게 한다(ven der Geest and Whyte, 1989: 354). 이는 일부 신체적인 감각을 효과적인 언어로 표현하는 것이 부족하기 때문이다. 버지니아 울프는 에세이『On Being Ill』(1930년 초판)에서 다음과 같이 묘사했다.

햄릿의 생각과 리어 왕의 비극을 표현할 수 있는 영어지만 후들후들 떨림이나 두통을 표현할 수 있는 단어는 없다. 사랑에 빠진 여학생은 자신의 심정을 말하기 위해 셰익스피어나 키츠를 활용할 수 있지만, 의사에게 머릿속의 통증을 표현하려는 고통받는 사람에게는 더 이상의 언어가 없다. 그를 위해 준비된 단어는 아무것도 없다. 그는 스스로 맞는 단어를 찾아내야만 한다. 한편으로는 두통을 참으면서 (어쩌면 바벨 사람들이 처음에 그랬던 것처럼) 그저 둔탁한 소리를 내면서 언젠가는 새로운 단어가 생기나 이를 없애버리기만을 기다릴 수밖에 없다(Enright, 1989: 19에서 재인용).

의학적 맥락에서 은유를 자주 사용하는 것은 놀랄 만한 일은 아니다. 은유는 모든 언어적인 의사소통 영역에서 인식론적 도구로 사용되고 세계를 개념화하고 현실 인식을 정의하고 주관성을 구성하는 도구이기 때문이다(Lakoff and Johnson, 1981; Clatts and Mutchler, 1989). 은유는 서로 관련이 없는 두 현상을 서로 유사한 특성을 중심으로 연관시키는 작업이다. 이렇게 함으로써 은유는 다양한 의미를 만들어내어 원래의 연관성 이상으로 인식과 정의와 경험을 형성하게 된다(1989: 106~107). 기어츠가 주장한 바와 같이 "은유에서 우리는 의미의 계층구조를 발견할 수 있는데 그 안에서 어떤 수준에서는 불일치하는 것이 다른 수준에서는 매우 유의미한 것들을 생산할 수 있다"(Geertz, 1973: 210). 은유적 연상을 확립하는 것은 이미 확립된 지식과 의미를 구성하는 신념체계에 의존하고 있고 나아가 이러한 의미체계를 다른 방향으로 확장시킨다.

질병과 이환에 적용되는 은유적 담론 사이에는 서로 반사적인 관계가 있다. 즉 다른 개념이나 사물이 질병을 묘사하기 위해 사용되는가 하면 질병이 은유적으로 사용되기도 한다. 그러나 은유적 표현은 정치적으로 중립적이지 않다. 사실상 은유는 흔히 경쟁적인 의미를 둘러싼 이데올로기적인 투쟁에서 사용되어 어떤 의미를 다른 것보다 더 인정하도록 설득하는 언어적인 전략이다(Kress, 1985: 71). 은유는 사회적인 것을 '중립화'시키도록 작동함으로써 문제가 있는 것을 분명한 것으로 변화시킨다(72~73). 예를 들어 질병 은유는 공산주의를 '사회의 암적 존재'라고 묘사하거나 정신병적 살인자를 '아프다'고 표현하는 것과 같이 무질서, 혼란 또는 부패 등을 묘사하는 데 가장 흔히 사용된다. 또한 '병약하다'는 단어도 완전성의 부족을 의미한다.

영어에서는 기한이 만기된 여권, 방어하기 어려운 논쟁, 비합법적인 서류, 질병으로 장애를 입은 사람 등을 똑같은 단어로 표현한다. 이들은 모두 **'불완전**

(invalid)'하다. 불완전한 사람이라는 것은 보이지 않으나 완강한 대중들의 견해에 따라 불완전한 것으로 낙인이 찍히는 것이다[Szasz(Enright, 1989: 1454에서 재인용), 강조는 원문대로].

몸이나 이환, 질병을 묘사하는 은유들은 일상생활의 평범한 것들과 강하게 연관되어 있다. 푸셸은 1306에서 1320년 사이에 프랑스의 필립 왕의 외과 의사였던 '인정받지 못한 프랑스 외과의 아버지' 앙리 드 몬데빌(Henri de Mondeville)에 의해 작성된 수술에 대한 논문을 검토했다(Pouchelle, 1990: 2). 그녀는 몬데빌의 의학 저서에 분명히 드러나는 지배적인 은유 체계를 발견했다. 건축에 대한 은유가 몸을 묘사하는 데 흔히 사용되었다. 몸은 집, 성, 건물, 방, 우리, 상자, 궤짝 등으로, 자궁은 '태아의 안식처로 만들어진 궁극적인 거주 장소' 등으로 묘사된다(134). 눈은 파수병으로, 십이지장은 담즙으로 인해 야기되는 바늘과 같은 고통, 헛배 부름의 화살 등으로부터 위의 아래쪽 문을 방어하는 것으로 묘사되는가 하면, 위장 자체는 집의 부엌으로 묘사된다(108~109). 몸의 열린 곳이나 구멍이 있는 곳은 문, 통로, 다리 등으로 다양하게 묘사되고, 몸이라는 성에 생긴 갈라진 틈과 구멍은 그 안에 살고 있는 거주자를 바깥 세상에 노출시키는 것으로 사용된다. 몸의 분비물이 나오는 것은 정상적이고 필요한 것으로 간주되는 반면, 사고나 수술로 인한 상처는 생명의 온기와 영혼에 위험한 출구로서 외부의 해로운 공기와 접촉을 허용하는 것이다. 몸은 외부로부터 끊임없는 위협에 직면한 존재로 간주된다.

몬데빌의 논문에서 몸에 대한 또 다른 개념은 질병을 무기질, 식물성, 동물성 등의 형태로 침투하는 '자연'으로 묘사하거나, 몸을 도구 또는 도구들로 가득 찬 작업장으로 표현하는 것이다(106). 이러한 중세 의학 텍스트에 은유 체계를 선택한 것은 당시의 육체의 '동물성'에 대한 공포를 의미하는 것이다.

모든 착한 기독교인들이 몸을 '황무지'가 될 수 있기 때문에 방어해야 하는 대상으로 본다는 사실은 질병의 은유를 자연의 침해로 묘사하고 몸을 쉽게 침해당할 수 있는 구멍으로 둘러싸인 피부에 의해 불완전하게 보호되는 연약한 것으로 묘사한다는 사실로 확인할 수 있다. 이는 또한 자연이 아닌 질서 있고 이성적이며 '문명화된' 체계로 몸을 공식화해야 할 필요성을 암시하는 것이다. 푸셸이 주장한 바와 같이 "몸은 건축의 은유를 통해 사람이 지시하고 통제하는 건물이 되어버린다. 입을 문으로 보는 것은 몸의 방어체계에서 입구가 통제아래 있다고 확신하고 싶은 것이다"(147). 따라서 중세 외과 의사들은 몸의 내부와 외부의 교통을 통제하는 책임을 지고 있었고 길들여지지 않은 자연의 침해에 대항하여 안락한 거주지나 성으로 표현되는 몸을 통제함으로써 문화를 보호하는 역할을 담당했다.

17세기 영국에서는 종교와 건강과 질병이 서로 밀접하게 엮여 있어 흔히 종교적 은유가 몸을 표현하는 데 사용되었다. 작가들은 몸을 신의 기량, 순수하고 청결하며 항상 질서정연하게 지켜져야 할 전당으로 표현했다. 당시의 논평자는 다음과 같이 말했다.

> 우리 몸은 신의 작품이지만 우리는 우리 몸을 통해 그를 찬양해야 한다. 우리의 모든 몸의 행동과 우리가 먹고 마시는 것, 우리의 삶과 죽음은 그의 영광이 되어야 한다. 그러므로 우리는 자신의 몸을 상하게 하거나 남용해서는 안 되며 신을 향한 성스럽고 살아 있는 희생으로 바쳐야 한다(William Perkins, *A Golden Chaine*, 1612년 출간, Wear, 1985: 63 인용).

의학적 은유가 동시에 종교적 경험을 묘사하기 위해 사용되기도 했다. 죄인은 아픈 사람으로, 죄는 영혼의 '치유자'인 예수님에 의해 '치료되거나' '치유되는' 것으로 묘사된다. '건강'과 '구원'이라는 단어는 상호 교환적이었다

(Wear, 1985: 67~68). 질병은 청교도들에 의해 하나님의 교정수단이나 벌로서 정화되었고, 신적인 개념으로서 죄나 죄의식이 드러났다. "건강, 편안한 수면 또는 질병으로부터의 회복은 신의 자비의 상징으로 여겨졌던 반면, 질병의 시작은 불안과 자기 의심과 죄의식을 불러일으켰다"(71). 그러나 독실한 청교도들조차도 질병에 대한 의학적인 또는 신체에 기초한 설명과 종교적 신념에 기초한 설명을 사용했다. 그러나 의학적 치료는 흔히 '신의 선물'로 포장되었다(78~79).

질병이나 이에 노출될 위험이 있는 사람들을 언급할 때 사용하는 언어는 자신이나 다른 사람의 상태를 다루는 방식에 직접적인 영향을 미친다. HIV/AIDS와 관련해서 아래와 같은 예를 볼 수 있다.

> ……어떤 사람이 에이즈에 걸렸다고 말하는 것은 단지 그 사람이 흔한 감염의 공격에 힘없는 주요한 기관들이 점차 노출되는 것을 경험하고 있다는 것 이상이다. 이는 그가 사회적으로 도덕적으로 정의된 어떤 유형의 사람이라는 것을 말하는 것이다. ……에이즈에 대한 은유적인 단정은 세속적인 사람, 부정한 사람, 거부된 사람, 보이지 않는 사람, 금지된 사람, 공포에 질린 사람 등의 어둡고 침침한 지하의 문화적인 연상에 문을 열어주는 것이다(Clastts and Mutcher, 1989: 108).

수전 손태그(Susan Sontag)는 현재 질병과 이환의 은유와 환자에 대한 도덕적 판단을 위해 은유를 사용하는 것에 대해 영향력 있는 에세이 두 권을 출판했다. 1978년에 초간된 첫 번째 에세이 『질병의 은유(Illness as Metaphor)』 서론에서 그녀는 "질병의 왕국에서 이를 조성한 끔찍한 은유의 편견 없이 편안히 보금자리를 마련한다는 것은 불가능하다"라고 이야기한다(Sontag, 1989: 3~4). 질병으로부터 은유적인 연상을 떼어낼 수 있고 또 떼어내야 한다는 그녀의 신념에 대해 그녀의 연구들이 비판받아왔지만(그러나 위에서 인용한 그녀의 표현에서 스스로도 은유를 사용하고 있다는 사실을 주목하라), 그녀는 질병이 은유의 사용을 통해 의미를 부여받는다는 것을 대담하게 주장한 최초의 비판가 중 한 명이었다.『질병의 은유』에서 손태그는 암과 결핵이라는 두 가지 질병에 초점을 맞추었다. 그녀는 이러한 질병과 나중에 HIV/AIDS 감염이 지난 20여 년간 서구사회에서 특별한 문화적인 반향을 일으키는 방식에 대해 탐구했다. 손태그는 서로의 관련성을 강조하기 위해 서로 다른 사물과 개념을 비교하는 수사적인 은유를 이해한다는 점뿐만 아니라 은유가 세상을 이해하는 핵심적인 인식론적 도구임을 밝혀냈다.

암 진단을 받고 치료를 받아왔던 사람의 시각에서 글을 쓰면서 손태그는 은유적 담론의 낙인과 차별적인 효과에 대해 언급했다. "특정 질병이 단순한 질병이 아니라 악마, 물리칠 수 없는 약탈자로 취급되는 한 암 환자들은 사실상 그들이 앓고 있는 질병이 어떤 것인지를 알게 됨으로써 대부분 의욕을 상실하게 될 것이다"(7). 결핵과 암을 비교하면서 손태그는 전자는 낭만과 열정의 질병으로 신비화되어 '내적인 분노' 또는 열정의 상징으로서 분열과 투명성, 과잉 행동 등과 우아하고 나른한 상태를 오가며 흔히 고상하고 서정적인 죽음으로 끝나게 되는 것으로 묘사된다고 지적했다. 반면 암은 몸을 침투한 통제 불가능하고 비정상적인 것이 자라는 질병으로서 '악마적인 임신'(14)으로 산업사회의 질병이며 또한 감정의 억압상태라고 보았다. 따라서 암은 수치스러운 질병으로 악마를 의미한다. 손태그는 암과 같은 질병을 둘러싼 은유가 낙인을 찍는 것은 직접적인 효과가 있어 사람들이 진단을 받고 초기 치료를 받는 것을 방해하고 두려움을 갖게 한다고 주장했다.

손태그는 HIV/AIDS의 은유에 대한 글에서 HIV/AIDS는 침투와 같은 은유가 잘 어울리지만 내부적으로보다는 외부에서 침투했다는 것을 암시하는 오염과 같은 은유가 사용됨을 인식했다. HIV/AIDS의 특성인 면역결핍을 야기하는 바이러스는 몸의 침입자로서 방어체계를 파괴하고 HIV/AIDS의 발병으로 몸을 지배하는 기회주의적 감염을 허용하게 되는 것이다. "암은 세포를 증식시키고 에이즈는 세포를 죽인다"(Sontag, 1989: 107). 그러므로 암과 HIV/AIDS는 모두 건강의 위험을 무릅쓰고, 과다한 다이어트와 생활양식, 연약한 의지, 자기도취와 중독 등 건강하지 못한 삶은 사는 사람들에 대한 벌을 의미하는 것이다(1989: 113).

HIV/AIDS를 전염병과 비교하는 것은 비밀스럽게 퍼져서 거의 경고도 없이 수많은 사람들을 쓰러트렸던 전염병에 대한 수백 년 전의 공포를 불러일으킨다. 손태그가 지적한 바와 같이(1989: 142) 전염병은 '늘 사회에 대한 심판'으로 여겨졌으며, 다른 질병을 묘사하는 데 전염병의 은유를 사용하는 것은 이러한 도덕성 문제를 제기한다. HIV/AIDS를 묘사하는 또 다른 은유는 탐정 이야기, 신의 분노, 종말론적 비전, 중세의 공포, 침묵의 암살, 묘비와 죽음의 사자 등을 이용해 새로운 질병과 사회에 대한 그 영향을 '이해하도록' 한다(Watney, 1987; Clatts and Mutchler, 1989; Sontag, 1989; Williamson, 1989; Rhodes and Shaughnessy, 1990; Lupton, 1993a). HIV/AIDS에 대해 이러한 은유를 선택하는 것은 보균자들을 향한 차별적인 태도와 감염의 위험이 높은 것으로 알려진 사람들에 대한 차별적인 오명의 특성을 잘 보여주는 것이다.

기계와 같은 몸

산업혁명 이래 기계적인 은유는 몸에 대한 담론에서 빈번하게 사용되어왔다. 위에서 묘사한 것과 같이 산업혁명 이전에도 허파를 대장장이의 풀무로 비유하는 것과 같이 몸을 도구와 연장이 가득한 작업장으로 상징하는 은유를 사용했다. 이러한 개념화는 의학에서나 일반인들에게 몸을 표현하는 방법으로 오랫동안 지속되어왔음을 입증하는 것이다. 인간의 몸에 대한 신비가 결국 의학의 해부로 인해 밝혀졌을 때에도 오랫동안 내려온 몸의 내부에 대한 은유적인 이해는 크게 방해받지 않았다. 이전에 확립된 신념이 새로 노출된 내부에 대한 인식을 구성하는 데 사용되었기 때문이다. "따라서 해부는 은유의 수명을 끝내기보다는 오히려 이를 도약의 시점으로 삼았다. 왜냐하면 해부학적 지식은 언어에 뿌리 깊이 자리를 잡고 있는 복잡하고 거의 이해가 불가능한 시각적인 인지와 정신적인 이미지들의 변증법을 통해 발전해왔기 때문이다"(Pouchelle, 1990: 196).

프랑스 철학자 루소(Rousseau)는 자신의 몸에 대해 다음과 같이 썼다. "생리학에 대해 조금 읽고 나서 나는 해부학을 공부하기 시작했고, 나의 몸이라는 기계를 구성하는 개별적인 부분들의 숫자와 작업을 조사하기 시작했다. 나는 하루에도 스무 번씩 고장이 났다고 느낄 준비가 되어 있다"(Herzlich and Pierret, 1987: 91에서 인용). 오늘날 우리는 '건전지를 충전한다', '퓨즈가 나간다', 우리의 감정이 '가라앉는다'라고 말한다. 시계에 대한 은유 — '나는 완전히 태엽 감겼어', '뭐가 그 사람을 째깍거리게(움직이게) 해?' — 과 수력에 대한 은유 — '폭발하는 감정', '감정의 범람' — 등은 모두 신체의 과정이나 인간의 행동에 대해 이야기할 때 흔히 사용된다(Seddon, 1993: 183). 이러한 표현들은 몸의 내부적인 기능을 인식하는 데 연소 엔진, 배터리로 가는 기계, 배관 체계 등과 같은 기계의 언어를 사용하고 있다. 사실 심장을 '터질' 수 있고 낮거나 높은 혈액의 '압력'에 영향을 미치는 '펌프'로 인식하는 것도 우리가 더 이상 은유로 인식하지 않을 정도의 표현일 만큼 자연스러운 것이 되었다(183). 그러나 심장 자체는 강력한 감정의 은유로서 특히 낭만적인 사랑이며 심장에 문제가 생기는 것은 흔히 예전의 심장의 기능에 대한 개념을 사용하여 신체적인 원인보다는 정서적인 것과 연관이 있다고 말한다. 우리는 누군가가 '가슴이 아프다', '가슴이 아린다', '가슴이 미어진다' 또는 마음이 '가볍다'라고 말하고, 정서적인 스트레스로 인해 '상처 난 가슴' 때문에 사망할 수도 있다고 말한다(Helman, 1985: 321; Seddon, 1993: 184).

기계적 은유는 사람의 몸의 부분들도 자동차나 배관 체계의 부속처럼 '고장이 나거나' 작동을 멈추거나 교체될 수도 있다는 생각을 가지고 있다. 이러한 은유는 마음과 몸을 분리시키고 몸의 일부에서 특정한 문제를 찾아 그곳에만 초점을 맞추어 치료를 함으로써 영적인 것, 개인적인 접촉, 친밀성, 신뢰와 같은 것에 기초한 관계를 가치가 없는 것으로 만들어버리는 효과를 가져온다(Helman, 1985: Martin, 1987; Scheper-Hughes and Lock, 1987; Stein, 1990: Turner, 1996). 생의학에서 기술적인 불가피성은 기계를 고치기 위해 기계사용에 의존하는 것이다. 따라서 고도로 발전한 의료기술에서 사용되는 장기 이식과 인공 장기 또는 심장박동 조절 장치, 인공 관절, 보청기와 같은 부속들은 이러한 이미지를 지지하기도 하고 이로 인해 강화되기도 한다(Stein, 1990: 81).

군대 은유

암이나 전염성 질환 그리고 HIV/AIDS와 같은 질병들을 다루는 현대 의학과 공중보건 담론에서 군대의 언어를 쓰는 것은 매우 흔히 볼 수 있는 일이다. 예를 들어 면역 체계는 흔히 '외부' 개체의 '침입'에 대항하여 '방어' 또는 '포위'를 하며, 종양은 백혈구나 약, 또는 수술을 통해 '싸우고' '공격하고' '죽이는' 것으로 묘사된다. 이러한 은유는 의학이나 개인의 치료를 다루는 문학에서 많이 나타날 뿐만 아니라 대다수의 인구를 대상으로 하는 공중보건 캠페인에서도 나타난다.

손태그는 세계 제1차대전 당시에 매독에 대해 교육하기 위해 시행된 공중보건 교육과 전쟁 뒤에 결핵에 대한 교육 프로그램에서 군대 은유를 사용하는 것을 추적해보았다. 그녀는 1920년에 이탈리아에서 실시된 캠페인의 예를 들어 '파리에 대한 전쟁(Geurra alle Mosche)'의 포스터를 보여준다. 포스터에서는 파리를 '무고한 사람들에게 죽음의 폭탄을 떨어뜨리는 적'으로 그리고 있다(Sontag, 1989: 98). 폭탄에는 '미생물(microbi)', '결핵균(germi della tisi)', '질병(malattia)'이라고 새겨져 있다(Sontag, 1989: 99). 질병과 이환에 대한 서구사회의 담론에 군대 은유가 지속적으로 남아 있는 것은 위급 상황을 알리고, 희생을 요구하며, 생명에 대한 위협에 맞서 할 수 있는 모든 것을 해야 하는 필요성에 적합하기 때문이라고 손태그는 주장한다. 몽고메리(Montgomery, 1991: 343)는 더 나아가 군대 은유의 기원의 역사를 살펴보고 창과 활로 무장한 '공격자'의 형태로 질병을 그리는 이미지는 중세 시대로 거슬러 올라간다고 지적한다. 그는 폭력과 전쟁의 현대적인 이미지는 질병을 파시즘, 스탈린주의, 심지어는 홀로코스트와 같은 20세기의 가장 잔혹하고 극악한 사건들과 관련시키는 의미를 내포한다고 주장한다'(349).

현대에 와서 몸의 내부가 어떻게 조직화되는지에 대한 인식을 둘러싼 지배적인 이미지는 병원균 이론이다. 질병은 더 이상 신의 분노에 의해 야기된 것으로 인식되지 않고 몸에 침입해 문제를 일으키려 하는 미생물 침범자로 인식된다. '병원균'은 보통 동기와 사악한 의도를 가지고 있다. "'좋은 균'이나 '정상적'인 균은 없다. 모든 균은 나쁜 것이다"(Helman, 1978: 119). 일반 사람들에게 박테리아와 바이러스는 다음과 같이 인식된다.

······살아 있는, 보이지 않는, 사악한 개체로 자연에 존재할 수 없으며 사람들 사이에만 존재할 수 있다. 균은 아주 작은 분자들의 구름 덩어리로 발생하거나 아주 작고 보이지 않는 하나의 '해충'이다. 이들은 공기나 호흡을 통해 사람들 사이를 오가며 공간을 넘나든다. 위장장애를 일으키는 균은 좀 더 '해가 되고' 다른 증상을 일으키는 균보다 크기가 크다. 균은 성질을 가지고 있다. 이는 균이 야기하는 다양한 증상에 의해 표현되고 인식될 수 있다(Helman, 1978: 118).

에드워드 시대까지 병원균 이론은 질병에 대한 의학과 일반 사람들의 담론에서 중심을 차지하게 되었으며 이는 공해와 청결, 경계의 유지를 둘러싼 불안감을 중심으로 논의되었다. 그것의 한 예로 언론매체와 정치 모임에서 '사회적 순수성', '인종의 어머니들', '왕실의 인종' '영국 주식', '퇴화', '인종의 정화'와 같은 단어나 문장들이 자주 사용되었던 것을 볼 수 있다. 이는 내부와 외부 사이의 경계를 유지해야 하고 내부적인 공해와 부패 그리고 퇴화에 대항해 보호해야 한다는 관심에서 출발한 것으로 해석할 수 있다(Wright, 1988: 322). 병원균 병리학의 용어들은 '이러한 이미지들과 쉽게 어울려서 이를 강화하고 과학에 무게를 실어주었다. 병인론은 사회와 사회적 사건을 위한 은유로서 사용되었고 질병을 이해할 수 있는 모델이 되었다'(322). 이는 후드(Hood)의 『오염과의 전쟁: 세계의 가장 위대한 전쟁(Fighting dirt: the World's Greatest Warfare)』(1916)이라는 위생에 대한 책의 수사에서도 확실하게 드러난다. 그 책에서는 이렇게 말한다.

소년·소녀들이 칼을 들고 전쟁에 나가려고 하지만, 무서운 적들이 이들을 둘러싸고 이들의 옷에 숨거나 살에 붙어 있다가 입을 통해 침입하여 이들의 몸을 있는 힘을 다해 공격할 수 있는 절호의 기회를 엿본다. 이는 마치 군인들이 지브랄타와 같은 매우 중요한 요새를 탈취하려는 것과 마찬가지이다(Wright, 1988에서 인용).

군대 은유는 현대의 대중언론 매체가 의학이나 면역학을 설명할 때에도 지속적으로 등장한다. 예를 들어 미국 《타임》지의 기사(1992년 8월 31일)는 "수퍼버그(superbug)의 공격"이라는 제목하에 페니실린과 같은 약에 대한 박테리아의 저항이 점점 증가하고 있다는 것을 아래와 같은 수사를 활용해 설명하고 있다.

오래된 질병에 대항하는 전장에서 마술적인 총알은 힘을 잃어가고, 약에 저항력을 가진 미생물들의 보이지 않는 군대는 다시 행진을 한다. ……의학은 더 이상 전쟁에서 이길 자신이 없다. ……돌연변이라는 신기한 능력을 사용하여 일부 박테리아는 스스로 새로운 종류의 수퍼버그로 변환되어 대부분의 항생제로도 죽지 않게 된다. ……과학자들은 미래에 대해 걱정한다. "우리는 미생물들이 부단히 활동하며 역습할 것이라는 사실을 잊었다"고 국립보건소의 선임고문인 리차드 크라우저가 이야기한다.……한때는 미생물과의 전쟁에서 이겼다고 생각했던 연구자들은 이제 현실을 잘 알고 있다. 캘리포니아 샌프란시스코 주립대학의 화학자 어윈 쿤츠는 "'질병'은 종과 종 사이에 지속적으로 진행되는 전쟁이다"라고 말한다(Nash, 1992: 46~47).

이러한 텍스트에서 박테리아는 교활한 공격자로 의인화되어 의도적으로 인간이라는 적으로부터의 감시와 공격을 피하기 위해 자신을 변화시키고 있다. 논문을 위해 면접을 했던 과학자들조차도 자신의 노력을 묘사하기 위해 화려한 군대 은유를 사용했다. 자신의 노력을 정당화하고 중요하다고 느끼게 하며 자신을 질병과의 전쟁에서 '장군'의 위치에 있다고 생각하게 하는 언어를 사용한다. 특히 군대 은유는 HIV/AIDS를 표현할 때 특히 많이 사용된다. 예를 들어 《뉴사이언티스트》에 최근 실린 HIV/AIDS에 대한 논문에서도 "HIV는 단지 숙주의 유전적인 물질을 가로채서 재생산을 할 수 있다……. 바이러스가 이기고 있다……. 이동하는 목표물…… 바이러스와의 전쟁이 왜 이렇게 힘든 것일까?…… 바이러스는 이에 대항해서 몸을 방어해야 하는 바로 그 세포를 공격한다. 당신의 적을 알아야" 등과 같은 표현이 곳곳에 있다. 그러나 이러한 은유 체계의 사용은 HIV/AIDS에 대한 과학적·의학적인 또는 대중매체의 표현에만 국한되는 것이 아니다. HIV/AIDS에 대한 자전적인 설명에서도 개인적인 질병의 경험을 묘사하는 데 이와 유사한 상징에 의존하고 있어, 병으로 고생한 사람들에게조차도 지배적인 군대 은유에 저항하는 것이 어렵다는 사실을 보여준다. 드레일(E. Dreuihle)이 HIV 양성반응을 가진 개인으로서 자신의 경험을 설명하는 데서 다음과 같이 생생하게 묘사하고 있다.

나의 전쟁은 2년 전 AIDS에 감염되면서 시작되었다. 마치 오케스트라 연주가 갑자기 중단되고 극장 주인이 진주만이 습격되어 전쟁이 시작되었다는 사실을 알리는 것과 같이, 평화로운 시기의 기쁨과 자유로운 나의 생활은 갑자기 사라져버렸다. 그 이후로 나는 모든 노력을 전쟁에 기울였다. 왜냐하면 생존 자체가 위급한 상황에서 민간인의 무익한 삶(36년의 건강한 나의 삶)은 아무런 소용이 없기 때문이다(Dreuihle, 1988: 6~7).

의료전문가들도 그들 자신의 일이나 환자들을 묘사할 때 일련의 복잡한 은유 체계에 의존할 수 있다. 스타인(Stein, 1990)은 미국 병원에서 의료인류학자로 일하면서 환자를 치료하는 의사를 참여·관찰했다. 자신의 관찰자의 위치에서 그는 서구 의료에서 군대/전쟁, 스포츠, 기술/공학/기계, 가족, 생애주기, 종교, 경제/사업, 자유, 남성성/여성성, 그리고 시간과 같은 은유가 흔히 나타나는 것을 발견했다. 이러한 은유 체계는 의사들 사이에서, 의사와 환자 사이의 대화에서, 의학 세미나나 학회, 제약 광고, 의학 저널의 논문에서, 대중언론 매체에서 의료와 질병을 묘사하는 데에서도 분명하게 드러난다. 병원에서 일하는 의사들은 반복해서 자신이 '최전선에' 있다고 묘사하며, 환자에게 '공격적이 되어야' 할 필요가 있으며, '샷건 치료' 또는 '마술 총알'을 사용한다고 말한다. 또한 이들은 응급실에서 일하는 것을 '참호'에 있다고 흔히 표현한다.

스타인의 연구에서 의사들은 스스로를 질병에 대항해 싸울 뿐만 아니라 자신이 '승리자'가 되기 위해 업무를 장악하고, 결코 통제를 잃지 않으며 임상적인 상황에서 실패하지 않기 위해 의료체계의 남성적인 세계와 다른 의사들과 싸우고 있다고 생각한다. 이러한 맥락에서 환자는 여성화되고 수동적인 객체가 되며, (환자나 의사의 실제 성별에 관계없이) 의료의 남성적 우월성을 위해 전쟁의 대상이 되어 찌르고 괴롭히고 '공격을 당하게' 된다(Stein, 1990: 67~73). 그렇기 때문에 의사들이 "진짜 어려운 환자를 공격했다. 그를 아주 공격적으로 다루었다. 하지만 결국 쓰러뜨렸다"거나 "진료실에서 나는 할 수 있는 모든 것(항생제)으로 그 환자를 공격했지만 여전히 병원에 오고 있다"고 말하면서 군대와 스포츠 은유를 사용하는 것을 볼 수 있다(1990: 72).

자신에게 대항하는 몸: 면역 체계의 은유

위대한 탐구, 핵폭발, 우주 모험, 외계인, 이종의 침범자, 하이테크 군사력과 같은 과학적 담론은 면역 체계를 설명하는 데 뚜렷하게 나타난다(Haraway, 1989: 5). 면역에 대한 인류학은 마틴(Martin, 1990a)이 탐구했던 주제였는데, 그는 1980년대에 미국에서 출판된 면역 체계에 대한 언론매체의 기사들과 대중적인 기사들을 자료로 삼았다. 그는 '가장 많이 사용된 이미지는 몸을 외부와의 경계를 지키고 외부 침입자를 살피기 위해 내부 감시체계를 가지고 있는 전쟁에서의 국가'로 표현하는 것이라고 결론지었다(Martin, 1990a: 410). 그녀는 후에 대중적인 의료와 언론매체에서 반복되는 면역 체계에 대한 지배적인 은유 체계가 일반 사람들이 자신의 몸을 표현하는 데에서도 나타난다는 사실을 발견했다(Martin. 2000). 사람들은 자신의 면역 체계의 과정을 잘 이해하고 있다는 것을 '경찰 체계', '방어 체계', '군대와 같이'라는 공격적인 이미지를 사용하고, 흔히 면역 반응의 힘이나 효과를 비교하면서 면역 체계를 '훈련'하고 '확립해'갈 수 있다는 신념을 가지고 있었다.

이러한 문장들은 일부 집단이나 개인이 더 '좋은' '강한' '센' 면역 체계를 가지고 있다는 상대적인 우월성에 대한 가치판단을 하는 데에도 만연되어 있다는 것을 보여준다. 마틴은 이러한 담론을 건강에 대해 '통용되는' 은유의 일부분이라고 보았다(Martin. 1990a, 2000). 이는 과거 10여 년 동안 면역 체계와 HIV/AIDS, 알레르기, 암, 심장 질환, 관절염, 당뇨, 만성 피로 등과 같은 질병과의 관련성에 대해 언론과 의학 문헌이 보인 관심이 증가해온 것에 대한 반응이기도 하다. 그녀는 대중적인 몸의 상징에 대한 이러한 변화는 몸을 성처럼 외부 경계에서 질병을 방어하는 것으로 인식했던 수백 년 동안의 인식이 복잡한 내부 체계에 의해 방어되는 것이라는 인식으로 변화했다는 것을 나타내는 것으로 본다.

'통용되는' 건강에 대한 이데올로기하에서 자기면역 증후군이나 면역결핍증(홍반성 난창이나 에이즈)을 가진 사람들의 '결핍된' 면역 체계를 묘사하는 담론들은 거기에 도덕성이 결여되어 있다는 상징을 부과한다. 면역 체계가 '열등한' 사람들을 새롭게 오명을 씌워 희생시키고 사회 최하층의 구성원이 되어 '정치적 담론이 몸의 액체의 순수성으로까지 환원되는' '몸의 매카시즘'에 빠지게 된다(Kroker, 1992: 325). 차별적인 언어를 사용하는 것의 한 예는 '자기 파괴'라는 제목으로 HIV/AIDS 분야에서 널리 알려진 면역학자 존 드와이어(John Dwyer) 교수의 정기적인 의학 칼럼 시리즈의 하나로 시드니 지역사회의 주간 신문에 실린 기사를 들 수 있다(Western Suburbs Courier, 15 January 1992). 이 기사에서 드와이어 교수는 낭창의 증상과 원인, 위험 요소와 치료에 대해 요약하면서 일반인 독자들에게 질병의 복잡한 면역학을 설명하기 위해 의미 있는 용어를 사용하고 있다. 기사 제목 자체가 희생자를 비난하고 벌을 암시한다. 질병은 '자기' 파괴적이며 외부에서 강요한 파괴가 아니다. 몸이 스스로에 대항하는 것이다. 드와이어는 면역 체계와 자기면역

중에 대한 이유를 자세히 설명한다. "정상적으로는 '외래성'을 공격하도록 고안된 완벽한 우리의 면역 체계가 실수를 하여 대신 '자기'를 공격하는 — 생물학적 자기 파괴의 형태로서 — 일련의 불행한 상황이다. 어째서 이렇게 끔찍한 일이 일어날 수 있는가?" 이러한 문장은 면역 체계에 대한 의학이나 언론매체의 담론에서 반복적으로 사용되는 군사 전략, 외인혐오증, 청결, 비난 등의 담론을 보여주는 것이다. 이러한 설명에서 자기면역증의 시작은 '불행한 상황'이며 '끔찍한 일'로 묘사된다. 청결과 정상, 몸의 균형은 전복되고 '나무랄 데 없었던' 상태는 항복하고 만다. 대신 몸은 '실수'를 하여 '외부적인 것'에 대항하기보다는 자신에 대항하게 되어버린다. 기사 후반부에서 드와이어가 낭창과 같은 자기면역증에 대한 치료를 묘사할 때 "죄에 적절한 벌을 받아야만 한다"라는 문장을 사용했는데, 여기에는 범죄자(질병)와 환자의 몸 사이에 교묘한 차이가 있다. '벌'은 치료이므로 그 질병에만 적용되는 것이 아니라 환자의 몸에도 적용되는 것이다.

따라서 면역 체계를 묘사하는 데 사용되는 은유들은 내부와 외부 세계, 정상적인 것과 병리적인 것 사이의 경계와 이항적 대립을 구성하고 유지한다. 해러웨이(Haraway, 1989)는 몸에 대한 포스트모더니즘의 생정치학(bio-politics) 논문에서 면역 체계를 둘러싼 대중 의학과 과학 담론들의 차이를 구별하려 한다. 그녀는 "컴퓨터 디자인이 삶의 방식을 위한 삶의 지도인 것과 같이 면역 체계는 어떤 면에서는 자아의 경계에 대한 그리고 죽음이라는 문제에 직면하여 취해야 할 행동에 대한 안내서다"라고 지적하고 있다 (Haraway, 1989: 18). 질병의 원인과 통제를 묘사하는 다른 군사 은유와 마찬가지로 과학적으로나 일반인들의 담론에서나 이러한 은유는 사회의 더 광범위한 분열과 긴장과 관심을 반영하는 것이다. 군대 은유가 겉으로는 단호한 행동과 '질병'에 굴복하지 않겠다는 것을 보여주지만, 더 깊은 의미는 몸을 외부 침입자의 공격에 취약한 국가로 표현함으로써 외부공포와 침입, 통제와 감염 등으로 인해 불안이 생기고 이를 해결하는 과정을 통해 이러한 담론이 자아와 외부와의 경계를 분명하게 한다는 점이다. 이러한 상징이 수행하는 이상적인 작업은 폭력적인 파괴를 보편적이고 무미건조하고 길들여진 것으로 만들고, 외부의 침입을 받아들이도록 하는 것이다(Haraway, 1989; Martin, 1990a). 공중보건의 영역에서도 군대 은유는 국가가 시민들의 매일매일의 습관에 개입하는 것을 정당화함으로써 건강과 관련된 몸의 정치에서 외부사에게 개인의 몸을 통제할 수 있는 권력을 부여해주는 것이다.

암에 대한 은유

HIV/AIDS와 마찬가지로 암도 수많은 은유 체계를 통해 표현되는데 이는 주로 암이 심각하고 비밀스러우며 아직까지 의학적 해결책이 분명치 않기 때문이다. 사실 헤르츠리히와 피에르는 서구사회의 사람들에게 "암은 우리 시대의 유일한 병이다(THE illness, 강조는 원문대로)"라고 주장한다(Herzlich and Pierret, 1987: 55). 그들이 지적하는 것처럼 질병 이름 자체가 게라는 뜻의 라틴어에서 유래된 은유로서 게다리처럼 부푼 돌기를 표현하는 것이다. 중세 시대에 암은 흔히 몸을 '갉아먹는' 배고픈 동물로 알려져 왔다(Pouchelle, 1990: 169). 오늘날까지도 "암은 몸을 공격하는 허깨비들, 즉 몸을 갉아 먹고 파괴하는 동물로 가득 차 있다"(56)고 표현된다. 이러한 은유는 어떤 프랑스인이 "'나는 지금 암이 번식할 수 있는 암 직전의 상태에 있는 것 같은 느낌이 든다'라고 말할 때 분명하게 드러나고 있다"(65).

현대에 와서는 도덕적 과실에 대한 인식이 암으로 고통받는 사람들을 둘러싸고 있다. 현대 서구사회의 질병은 흔히 분별없는 식생활이나 흡연, 또는 부정적인 생각이나 분노 등을 억누르는 것과 같이 자신의 무책임으로 인해 생기는 것으로 본다(Sontag, 1989). 피넬(Pinell, 1987)은 프랑스에서 암에 대한 대중의 논쟁을 일으킨 프랑스 보건장관에게 암 환자들이 보낸 편지들을 분석했다. 그녀는 암 환자들이 질병에 대한 담론을 모순되게 다루는 방식을 검토했다. 즉 한편으로는 암 환자를 위한 단체 등의 광고에서 흔히 나타나는 '암과 싸워 이기자'라는 긍정적이고 희망적인 담론이 있는 반면, 또 한편으로는 마찬가지로 흔히 나타나는 '암은 곧 죽음이다'라는 담론이 있는 것이다. 피넬은 사회적 무질서와 생물학적 무질서 사이의 상동관계가 암의 원인으로서, 많은 편지에서 작업장 환경의 열악함과 사회경제적 지위가 낮음을 지적한 것에 드러나 있다는 사실을 발견했다. 예를 들어 한 여성은 "더 좋은 세상에서는 암은 없어질 것이라고 확신해요"라고 말하고 있다(Pinell, 1987: 32에서 인용). 이러한 해석은 암의 원인이 자신 외부에 있다고 말함으로써 자신이 개인적으로 비난받을 수 없다는 것을 지적하는 것이다. 편지를 쓴 사람들은 자신이 경험했던 오명에 대해 이렇게 썼다. "친구들은 무슨 말을 해야 할지 몰라 당신을 피합니다. 그리고 뭐라고 말하는 사람들은 이건 실수라고 말하지요. 이건 그리 겁나지 않습니다"(36). 암은 흔히 악마라고 부르고 대문자 E(evil)를 사용하거나 '그것', '천벌', '우리는 전혀 알지 못하는 무기를 가진 보이지 않는 적', 또는 '세계의 역사에서 여러 가지 다른 형태를 띠어왔던 현대의 역병'으로 명명된다(37~38).

일반인들을 겨냥한 의료 문헌과 마찬가지로 대중매체도 암을 '단순화시키기' 위해 은유를 사용한다. 예를 들어 『당신의 암, 당신의 인생』이라는 제목의 안내서(self-help book)에서 트리시 레이놀스(Trish Reynolds) 박사는 암 세포를 무질서하고 통제를 벗어난 것으로 묘사했다. "암의 성장은 우리 몸에 속해 있는 세포들로 이루어져 있지만 더 이상 협조적이거나 질서정연한 모습으로 행동하지 않는다"(26). 그 책의 후반부에서 그녀는 "암세포의 증식은 어떤 목적을 갖고 있지 않다는 것을 관찰했다 — 다른 세포를 대신하거나 고치려는 것이 아니다. 세포들은 유용한 세포로 분화되지 않는다. 오히려 계속 몸의 퇴화를 가져오고 정상적인 통제 메커니즘을 무시한다. 정상적인 세포들과 달리 우리는 암세포를 비협조적이고 비순응적이며 독립적인 것으로 간주할 수 있고"(27), "정상적인 세포는 이웃 세포들과 평화롭게 나란히 존재하는 것이며, 암세포는 정상 세포에 해를 입히고 이 세포를 파괴한다"라고 언급했다(33). 여기서 사용되는 가장 중요한 은유는 인간의 몸의 세포를 사회로 비유하여, 기능을 잘하는 '착하고' '유용한' 사람들이 있는가 하면 사회의 법에 순종하기를 거부하는 일탈적인 세포들에 의해 사회 질서가 위협을 받기도 하는 사회로 묘사하는 것이다. 암은 합리성에 대한 도전으로 묘사된다. "사회의 무질서의 결과로 암이 아픈 사람의 몸에 무질서를 야기하여, 죽음을 불러오는 것처럼 보인다는 것이다"(Pinell, 1987: 27).

군사적인 담론은 흔히 암의 표현에서 다른 담론들과도 연결되어 있다. 예를 들어 언론매체에서 암과 같은 질병에 대한 경험을 설명하는 것은 군사적인 언어를 사용하기도 하고, 암을 '영혼에 대한 도전'으로 표현하기 위해 '전쟁'과 '전사', '신', '예술', '신념', '기적' 등과 같은 단어를 함께 사용할 수도 있다(Hoffman-Goetz, 1999). 미국 언론에 대한 한 연구는 기사에서 전립선암을 가진 남성들을 설명하는 데 스포츠와 군사 관련 담론을 빈번하게 사용한다는 사실을 발견했다(Clarke and Robinson, 1999). 사실상 스포츠 은유는 남성과 여성 모두를 대상으로 질병에 대한 그들의 '영웅적인 투쟁'을 그리기 위해 여러 유형의 암을 표현하는 데 흔히 쓰인다(Seale, 2001).

위에서 언급한 대로 현대 서구사회에서 암을 둘러싼 가장 지배적인 담론은 희망이다. 이 담론은 군사와 스포츠 은유와 관련이 있는데, 왜냐하면 암과의 싸움에서 '승리하는 것'은 회복하기 위해 긍정적인 태도를 갖는 것과 밀접하게 연결되어 있기 때문이다. 실망하여 희망을 버리는 것은 암과 같은 질병에 대처하는 전략으로 환영받지 못한다. 암 환자들은 질병에 '항복하지' 않는 용감한 모습을 보임으로써 칭송을 받는다. "만일 희망을 잃지 않으면 몸 안에서 질병의 경로에 변화를 일으킬 수도 있다"고 주장하면서 '의지'를 강조하는 것은 특히 미국 사회에서 특징적인 자신의 삶을 만들어가기 위한 투쟁적인 영혼과 사고의 힘을 강조하는 개인주의에 대한 인식과 관련이 있다(Goo et al., 1990: 61). 이러한 담론은 환자들에게 암 진단 사실을 감추는 것이 최선이라고 믿는 일본이나 이탈리아와는 달리 미국에서 환자들에게 질병에 대한 사실을 알려주는 정책을 지지하게 된다(62).

이러한 희망의 담론은 환자나 의사들이 낙관적이기 위해 최선을 다하는데도 질병이 악화될 때 문제가 된다. 이제는 환자가 너무 긍정적이지 않기 때문에 책임이 있다고 비난을 받을 수 있기 때문이다. 이러한 은유가 지배적인데에서는 암 환자들이 실제로 더 회복되지 않는데도 '전쟁 영웅의 영광'을 얻을 수 있도록 질병에 맞서 싸울 것이라는 기대를 받는다(Erwin, 1987: 202). 암 환자들과 종양 학자들과의 면접에서 어윈(D. Erwin)은 환자나 의사나 모두 끊임없이 질병을 적과 공격자라고 말하고 자신은 암에 맞서는 동지라고 인지하고 있는 것을 발견했다(207). 이러한 자료가 암시하는 것과 같이 서구 영어권 사회에서는 겁쟁이, 포기하는 자, 두려움, '부정'과 같은 것들은 사회적으로 질병을 다루는 방법으로 인정되지 않는다. 대신 낙천주의, 대처하려는 자세, 명랑함과 강인함이 요구된다. 용감하게 죽어가는 것이 승리하는 것이 된다. 마찬가지로 의사들은 군대와 같은 지도력과 권위, 치밀함, 확신, 무감정, 통제의 힘 등을 가지고 대처해야 한다. "의사들에 장기적인 목표는 어떤 치료 절차가 통계적으로 가장 좋은 결과를 만들어내는지 결정하는 것이다 —즉, 자신의 입장에서 전쟁을 이기는 방법을 찾는 것이다. 이 전쟁은 그의 경력이기도 하다. 한 전쟁에서 싸우는 것은 한 개인 환자/사병에 대한 관심이다"(216).

희망의 담론은 흔히 유명인이 암 환자인 경우 대중문화에서도 잘 드러난다. 여성 잡지들은 특히 유방암의 경험을 가진 유명한 여성이 이러한 재앙에 승리하는 경우 그들의 개인적인 이야기를 다루는 것을 매우 좋아한다. 예를 들어 전 영부인이었던 낸시 레이건의 유방암 경험과 같은 것이다. 이 기사에서는 유방절제술로 암에서 회복한 후의 낸시 레이건을 "승리를 한 권투 선수같이 공중에 그녀의 팔을 치켜 올렸다"라고 묘사하고 있다(*New Idea Magazine*, 5 December 1987). 또 다른 사례는 《오스트레일리언 우먼스 위클리(Australian Women's Weekly)》(Oliver, 1993)에 실린 것으로 가수이자 배우였던 올리비아 뉴튼 존이 최근에 유방암 진단을 받고 치료를 받은 것에 대해 인터뷰한 기사이다. 이 기사는 그녀가 남편과 아이와 함께 밝게 웃으면서 여전히 매력적이고 건강한 모습의 최근 사진을 여러 장 보여주었다. "삶을 위한 나의 투쟁"이라는 제목으로 이 기사는 "긍정적인 사고가 그녀가 암과 투쟁하는 데 가장 중요한 무기였음을 증명하고 있다"며, "긍정적인 태도를 갖는 것이 병을 낫게 할 수 있다면 그녀는 낙관적일 수 있는 모든 이유를 가지고 있다……. 그녀와 이야기를 하면서 그녀가 목숨을 위협하는 질병으로 고통받고 있다는 사실을 전혀 추측할 수 없었다"라고 소개했다. 자신이 암 진단을 받은 후의 그녀의 감정에 대해 뉴튼 존은 "제 스스로 아프다고 생각하지 않았어요. 암에 걸려 치료를 받고 있는데 신문들은 당신은 이렇다저렇다, 우울증에 걸렸다, 진짜 아프다, 이렇게 썼어요. 이런 것 때문에 전 불행했어요. 저는 제가 잘하고 있다고 하면서 저를 지지해주는 사람이 필요하지 그 반대의 사람은 필요하지 않아요"라고 이야기한다. 이러한 사례는 개인적인 용기와 긍정적이고 희망적인 태도를 계속 유지하는 대표적인 예로 간주되며, 의학적 지식과 기술이 암 환자들을 죽음에서 구원할 수 있다는 것을 보여준다.

은유와 젠더, 그리고 의료

조다노바(L. Jordanova)는 18세기부터 20세기 사이에 의료와 과학과 젠더를 둘러싼 담론을 연구한 자신의 책에서 18·19세기 프랑스와 영국의 생의학은 자연은 여성과, 문화는 남성과 연결되어 있다는 담론을 특징으로 한다고 주장한다. 계몽주의는 오감에서 얻은 경험주의적인 정보에 기초한 인식론을 선호했다. 과학과 의학의 방법은 미신과 도그마를 피하고 섹슈얼리티를 둘러싼 현상을 탐구하는 데 적절했다. 그녀는 이렇게 함으로써 과학과 의학의 담론이 이러한 노력을 위해 성적 은유를 차용했다고 주장한다. "예를 들어 여성을 남성적인 과학에 의해 신비가 벗겨지고 노출되고 스며들어야 할 자연으로 지적하고 있다"(Jordanova, 1989: 24).

의학 교재에서 사용하는 속눈썹과 눈썹, 음모 등을 다 갖춘 왁스로 만든 여성 해부 모형은 계몽주의 시대에 젠더와 의학과 과학에 대한 중심적인 담론을 구성하는 일련의 현상을 대표하는 것이다. "18세기 후반의 왁스 모형들은 정치 이론, 상담 책자, 의학 이론과 실천, 예술과 문학 등과 같은 공간을 차지하고, 따라서 이러한 공간에서 정치적·사회적·문화적·이데올로기적, 그리고 심미적 차원을 모두 볼 수 있다"(54). 조다노바는 이러한 왁스 모형은 결국은 호색적인 것이고 여러 겹을 벗겨내고 '베일을 벗김'으로써 표면 아래까지 침투하는 것을 가능하게 했다고 본다. '베일을 벗긴다'라는 은유는 소유와 정복을 허용함으로써 남성들에게 여성의 신비로움을 공개한다는 점에서 의미가 있다.

조다노바는 의학 교과서와 18세기 삽화들, 19세기 프랑스 역사학자인 줄스 미셸레(Jules Michelet)의 저작, 〈과학 앞에서 자신을 드러내는 자연〉이라는 제목으로 1899년 만들어진 여성의 조각상, 여성 시신을 해부하는 그림, 1927년에 발표된 〈메트로폴리스〉라는 프리츠 랭(Fritz Lang)의 영화, 그리고 현대 의료 광고 등의 다양한 텍스트를 사용해 과학과 의학, 그리고 젠더와 섹슈얼리티 구성 사이의 역사적인 관련성을 탐구하고 있다. 여성/자연 은유는 모순적인 특성이 있다. 여성은 좀 더 부드럽고 민감하고 취약하지만 동시에 삶에 더 강하고 집요하다. 도덕 철학이나 윤리에 관심이 있는 의료인들은 특별히 가슴에 관심이 있다. "이는 젖먹이 아기와의 관련을 통해 가족에서 여성의 역할을 상징한다. 이는 공적 생활과는 달리 가족의 사생활 안에서 여성의 직업적인 지위를 규정하는 것이다. 남성들이 인식하는 가시적인 여성성의 상징이다"(29). 여성은 자연, 남성은 문화라는 이분법은 당시의 자녀 양육과 출산을 둘러싼 투쟁에서 중심 개념이 되었다. 어머니로서 그리고 산파로서 여성은 비합리적이고 무책임한 것으로 여겨졌고, 경험보다는 전통에 기초한 여성들의 지식은 과학적인 지식을 소유한 남성들의 지도를 필요로 하는 것이었다.

마틴(Martin,1990a)의 면역 체계에 대한 의학과 대중적인 표현에서 분명하게 드러나는 은유적인 체계에 대한 분석은 세포 수준의 차원에서조차 '남성적'인 세포와 '여성적'인 세포를 표현하는 데 젠더 차이를 재생산한다는 점을 지적했다. "둘러싸고 먹어 삼키는 식세포는 여성과 연관이 되며 침투하고 찌르는 티셀(T-cell)은 분명히 남성과 관련이 있다. '남성'의 행동은 영웅적이고 생명을 주는 것으로 가치가 있는 반면 '여성적'인 행동은 평범하고 죽게 마련인 것이다"(Martin, 1990a: 416~417). 의학 교과서에서 출산과 여성의 재생산 기관에 대해 다루는 현대의 저술에 대한 마틴(Martin, 1987)의 연구는 의료가 실행되는 데 지배적인 은유를 발견했다. 보편적인 은유는 산업 생산의 은유이다. 여성은 생산의 장소로서 의학적 작업이 실행되는 곳이고, 여성은 최종 생산물인 아기, 노동력인 자궁, 감독관인 의사들로부터 소외되고 있다.

마틴(Martin, 1991; 1992)은 이후에도 인간의 재생산에 대한 과학적인 설명에 대한 시각적인 표현과 언론의 표현을 검토했다. 그녀는 남성이나 여성 모두의 재생산 기관은 '가치 있는 물건을 생산하기 위한 시스템'으로 은유적으로 표현되는데, 월경은 소모, 혼란, '실패한 생산'을 암시하는 조직의 사멸로 묘사되는 반면 남성의 재생산 과정은 자본주의적 생산에서 경외롭고 성공적인 것과 같은 것으로 묘사된다. 이러한 표현은 다음과 같은 진술이 나오는 의학 교과서에서 분명하게 드러난다. "여성들은 매달 단지 하나의 생식체를 생산하는 데 반해 정자관은 매일 수만 개의 정자를 생산한다"(Martin, 1991: 486). 난자는 수동적이고, 신성하고 숨어서 기다리는 것으로 묘사되어 여성적인 방식으로 의인화된다. "여성에게 생명을 가져다주는 영혼을 불어넣어 줄 왕자의 마술 키스를 기다리는 잠자는 신부"이다(490). 반면 정자는 강인함과 적극성을 내포하는 적극적인 남성 언어로 묘사된다. 정자는 난자에 자신의 유전자를 '전달하고' '난자의 껍질을 파고들어' '침투한다'(489).

이러한 은유는 서구사회 대중매체의 재생산에 대한 묘사에도 널리 퍼져 있다. 예를 들어 호주의 인기 있는 과학 텔레비전 프로그램인 〈퀀텀〉(1993. 4. 7)에서 난자는 낭만적인 사건을 수줍게 준비하는 것으로 묘사된다. "정자와의 그 궁극적인 만남"을 위해 "참을성 있게 기다리는 것이다". 정자의 생산은 "매우 화려한 사건…… 엄청난 수의 세포가 생산되는 과정……으로 묘사된다. 고환의 꾸불꾸불한 통로는 광대한 생산 라인으로, 다 펴면 길이가 3미터나 된다." 자궁을 거쳐 나팔관까지 도달하는 정자의 '여행'은 '불안정한' 환경에 살아남기 위해 투쟁하며 자신과 경쟁하여 자궁에 대항하여 싸움에 이겨야 하는 위험한 것으로 묘사된다. "그들은 자궁의 산성 분비물을 피하고 점액으로 덮여 있는 난소의 점막과 타협해야 한다…….정자가 실제로 난자에 도착했을 때에는 단지 한두 개의 강한 생존자만이 살아남는다." 난자와 정자의 결합은 거의 강간과 같은 폭력적인 공격으로 묘사된다. 정자는 "터널을 뚫고 나가기 위해 난자의 세포벽에 자신을 내던지는 정자를 돕기 위해 '방어를 위한 모자, 일종의 화학적 헬멧"을 쓰고 있다고 말한다. 그러나 난자는 이러한 만남을 즐긴다. "난자와 정자가 접촉하는 순간 스파크가 일어난다. 전기와 같은 흥분의 파도가 난자의 표피를 휩쓸고 지나간다……. 마치 즐거운 결합을 축하하는 듯이 세포는 곧바로 둘로 나뉘기 시작한다."

이러한 표현에 숨어 있는 이데올로기는 세포의 행동을 묘사함에서 남성적이고 여성적인 섹슈얼리티의 전형적인 개념들이다.

이러한 전형화는 피하기 어려운 것으로 보인다. 수정에서 난자가 능동적인 역할을 한다는 것이 생물리학자들 사이에서 사실로 인식되었을 때에도 마틴은 의학적 텍스트에 함정과 공격성에 대한 은유가 난자를 '팜므 파탈(femme fatale)'로 묘사하는 것으로 대체되어 남아 있다는 점을 지적한다. 면역 체계의 표현에서 젠더의 전형성이 있다는 마틴의 주장과 마찬가지로 이러한 묘사는 의학과 과학적 담론에서 남성성과 여성성의 이분법이 드러나고 있다는 점을 보여주는 것이다. 또한 이러한 이미지는 인간의 재생산에 대한 논쟁에서도 암시된다. 이러한 담론은 인간성을 생식체로 생각함으로써 재생산 과정에서의 의학의 간섭을 정당화할 뿐만 아니라 임신 중절, 태아 수술, 유전자 스크린, 인공적인 재생산 기술, 피임과 같은 행동과 법적인 것에도 중요한 함의를 가지고 있다.

이환, 질병, 그리고 죽음의 도상학(Iconography)

수백 년 동안 질병이나 죽음, 그리고 몸에 대한 시각적인 차원은 예술적인 작업에서 영감을 많이 얻어왔다. 헤르츠리히와 피에르(Herzlich and Pierret, 1987: 75)는 성병이나 역병과 같은 역사적인 질병에 대한 생생한 묘사를 인용하는데, 예를 들어 아픈 몸은 괴물과 같은 광경으로 썩어가는 살을 '밖으로 내어놓는 공포'이며, 여기에서 질병의 존재는 즉각 환자 자신과 이를 보는 사람들에게 가시적이 된다. 이환과 질병의 끔찍한 시각적인 특성을 고려할 때 중세와 르네상스 시대의 예술작품에 죽음과 죽음에 대한 공포가 자주 그려졌던 것은 놀랄 만한 일이 아니다. 특히 16세기 후반에 유럽 대륙을 황폐화시켰던 대역병 기간 동안 '죽음의 무도'의 이미지가 묘사되었다. 15세기와

16세기에 죽음은 흔히 말을 타고 떠돌아다니다가 언제든지 공격을 할 준비가 되어 있는 해골이라든지 춤을 추며 인간에 대한 자신의 승리를 신나게 축하하는 이미지로 그려졌다. 또한 죽음의 보편성과 자의성에 대해 묘사하려는 시도도 이어졌다. "한스 홀바인(Hans Holbein, 1538)의 〈죽음의 무도〉라는 조각 작품에서 우리는 가정에서 건강한 어린아이를 한순간에 낚아채고, 또 다른 순간에는 수녀원에서 건강한 여성을 낚아채는 죽음의 모습을 본다"(Prior and Bloor, 1993: 353). 죽음이 우연히 발생한다는 생각을 표현하기 위해 운명의 힘, 주사위, 카드 등이 미술 작품에 그려진 것을 볼 수 있으며, 죽음의 조각과 시대 작품들이 죽음의 불가피성을 나타내기 위해 사용되었다(352).

르네상스 시대까지 죽음과 질병을 이해하기 위해 몸 내부를 보여주려는 삽화와 그림들을 그렸는데 죽음을 암시하기 위해 자연스러운 상황에서 해부학적으로 매우 자세한 형태로 표현했다. 16세기의 해부학 판화는 피부 아래 근육과 혈관 체계를 보여주기 위해 피부가 벗겨진 노출된 몸에 대한 열정과 다소간의 자학주의를 포함하고 있었다. 17세기에는 기계 은유가 인간의 몸을 그리는 데 적절한 표현으로 받아들여져 머리와 몸은 바퀴, 톱니바퀴, 풀무, 피스톤, 금속판, 그리고 다른 산업적 도구들로 구성된 것으로 표현하는 기발한 그림들이 나타났다(Lucie-Smith, 1975).

서구 의학의 역사를 통해 질병에 대한 시각적 표현은 사회에 비정상적이거나 위험한 것으로 보이는 것들을 범주화하는 데 중요한 정치적인 역할을 담당해왔다. 예를 들어 19세기 초반에는 의사들이 정신질환이나 '자연에 저항하는 범죄'로 구금된 일탈적인 유형의 관상학적 특성을 수집함으로써 '병리학적 정체성'을 구성하기 위해 환자의 초상화를 의뢰했다(Marshall, 1990: 22). 19세기 후반에 가서는 사진 기술의 발달로 많은 의사들이 사진을 이용해 환자의 질병 양상을 기록하기 시작했다. 환자들은 일상적으로 사진기를 대면하여 자신의 질병의 상처를 보여준다. 힘을 빼앗긴 사람들 — 남성 동성애자, 다른 성적인 '일탈자들', 매춘부, 범죄자, 술고래, 여성 히스테리 환자, 성병과 같은 성 접촉으로 생기는 질병을 가진 사람, 가난한 사람, 정신질환자 등 — 은 임상적인 관심에 의해 자신의 몸이 기록되고 의료전문직의 감시 기술이 효과적으로 확장된다(Fox and Karp, 1988: 183; Marshall, 1990: 24~25).

19세기에 의사, 심리학자, 성과학자들이 발견하여 낙인찍고 분류했던 행동들은 17세기로부터 18세기 초반에 제국주의자들이 서구 문명과 '다른' '검은 대륙'을 발견하여 새로운 세계의 이국적인 식물과 동물을 발견했던 것과 비교할 수 있다(Marshall, 1990: 26).

병든 신체의 사진을 찍어 병리현상을 기록하는 관행은 특히 의학 잡지나 교과서, 논문집 등과 같은 의학 서적에 중심이 되고 있다. 환자의 얼굴은 19세기에서와 같이 자유롭게 노출되지는 않을지 모르지만 질병에 걸리고 변형된 성기에 대한 확대 사진을 포함하여 환자 몸의 일부는 의료인들의 관심을 위해 여러 가지 색깔로 세밀하게 그려진다. 새로운 언론매체도 일상적으로 힘없는 사람들의 병든 몸의 이미지를 출판하거나 방송한다. 예를 들어 아프리카의 허기지고 수척한 어린이, 마찬가지로 여윈 HIV/AIDS로 죽어가는 동성애자, 다발성 출혈성 육종(Kaposi's sarcoma)으로 생긴 상처, 수술을 받는 사람의 잔인하게 노출되고 숨 쉬는 내부 장기 등이 드러난다.

의료 광고의 도상학은 치료의 생의학적 시스템의 맥락에서 의사-환자 관계를 둘러싼 이데올로기와 신화에 대한 통찰력을 보여준다. 저자는 호주에서 의료전문가들을 대상으로 의료 잡지의 광고들이 환자들을 어떻게 표현하는지를 연구했다(Lupton, 1993b). 저자는 몇 개의 의료 광고에서 인간의 몸을 낱낱이 분해해놓은 사진이 흔하다는 사실을 발견했다. 신체의 부분들은 그래픽 디자인 기술로 변형되고 왜곡되기도 했다. 몸의 기계적인 모델은 일반적인 자연주의적인 몸의 부분에 대한 표현과는 다른 매우 눈에 띄는 여러 가지 시각적인 표현을 하고 있는데, 신체 기관, 사지, 또는 생물학적 과정들을 기계의 부분으로 보는 상징을 사용하고 있다. 사실 일부 광고들은 신체 과정을 함축하는 고도의 상징적인 이미지를 사용함으로써 신체 기관의 모양이나 외양을 직접적으로 언급하는 것을 피하고 있다. 예를 들어 위궤양 치료에 대한 광고는 산업 기계의 부분과 같이 금속 표면에 놓여 있는 커다란 황동 스위치의 사진을 사용했다. 스위치 옆에는 시계 표면같이 생긴 그을음으로 더러워진 계기판이 있다. 스위치에는 커다란 글씨로 '산성'이라고 쓰여 있고 'On', 'Off'의 표시가 새겨져 있었다. 스위치는 'Off' 상태로 되어 있는데 이는 환자가 위장을 위해 약을 먹는 효과는 기계의 스위치를 꺼서 내장에서 세포에 산을 생산하는 것을 '단절시켜'버리는 것과 같다는 것을 암시한다. 검토했던 광고 중에서 의사가 환자의 몸을 실제로 만지는 광고는 거의 없었는데, 이는 진찰 과정에서 직접적인 접촉의 중요성이 감소하고 있다는 증거이기도 하다. 이 같은 분절화된 표현의 효과는 환자의 몸을 그들의 개인성과는 구별되는 것으로 만듦으로서 의사 - 환자 관계를 탈인간화시키게 된다. 얼굴 없이 환자의 몸의 일부만 그려질 때 그 결과는 탈인간화되고 익명성을 강조하게 되는 것이다.

길먼(Gilman, 1988)은 자신의 수필집에서 어떻게 질병과 이환이 지난 수세기 동안 시각적인 매체를 통해 표현되어왔는가를 광범위하게 탐구했다. 그가 사용한 자료들은 고대 그리스의 삽화들, 19세기 중국 의학 저서, 레오나르드 다빈치의 성교 그림, 중세의 광기에 대한 그림과 조각들, 19세기 정신병 환자의 사진들, 독일의 동성애를 극화한 오페라 가사, 블레이크, 고야 델라크르아, 빈센트 반 고흐의 그림들, 그리고 수용소를 그린 것과 최근의 HIV/AIDS를 가진 사람들에 대한 대중매체의 사진 등이다. 길먼의 주제는 질병의 도상학인 사회가 질병을 다루고 개념화하는 방식을 표현하고 있다는 것이다. "따라서 고통을 받는 사람의 모습, 환자의 모습은 의인화된 질병의 이미지이다"(Gilman, 1988: 2). 길먼은 손태그와 마찬가지로 질병의 전형화와

이 질병으로 고통받는 환자를 이미지와 언어로 구성하는 것은 다른 사람들이 질병과 환자를 대하는 방식에 영향을 주고 환자들에 의해 내면화되어 그들의 질병에 대한 경험을 만들어낸다고 주장한다. 서구사회가 발전해 온 수백 년 동안에 걸친 보편적인 이미지를 추적한 결과 일부 이미지는 오늘날에까지도 남아 있다는 것을 보여주고 있다.

길먼은 이러한 이미지는 사회가 혼란스럽고 어지러운 세상을 조직화해야 할 필요성과 질병의 우연성을 통제하기 위해 글자 그대로 우리 자신과 다른 질병들 사이에 경계를 그어야 할 필요성에서 기인한다고 주장한다. 예술에서 우리와는 다른 질병을 표현함으로써 질병은 쉽게 전형화되고 규정될 수 있다. 이는 "글로서든 시각적인 것으로서든, 모든 질병의 이미지에 대한 기준을" 제공해준다(Gilman, 1988: 3). 질병에 대한 이미지는 대중적 시각이든 의학적 시각이든 아주 미미한 변화가 있었지만 수백 년에 걸쳐 상대적으로 안정적으로 남아 있다.

질병에 대한 시각적 이미지의 코드에는 두 가지 수준이 있다. 첫째는 질병의 범주에 대한 사회적 구성 수준이며, 두 번째는 위험요소가 있다고 지적되는 개인이나 집단들이 이러한 이미지를 내면화하는 수준이다(Gilman, 1988: 4). 길먼은 르네상스 시대의 광기의 신화에 대한 그림들과 정신병으로 낙인찍혔던 사람들에 의해 만들어진 예술작품들을 검토했다. 가장 최근에 분석된 질병의 상징은 HIV/AIDS를 가지고 살아가는 사람들에 대한 미국의 신문과 잡지의 사진과 그림들이다. 그는 이러한 표현들과 수백 년 된 성병에 대한 상징들 사이에 직접적이고 역사적인 양립성이 있다는 사실을 도출하면서, 어떻게 성관계를 통해 전염되는 질병이 서로 유사한 시각적 이미지를 사용하는가를 보여준다. 그렇게 함으로써 그는 HIV/AIDS의 표현을 역사적 맥락 안에서 인식하고 보균자들에 대한 사회적 반응을 조명한다.

여성의 몸이 대중매체나 의학에서 '지나친 가시성'에 희생되는 반면, 남성

동성애자들의 몸은 거의 비가시적이었다. 동성애 남성들이 시각적으로 표현되기 시작한 것은 죽음과 동성애를 거의 불가분의 관계로 연결하면서 그들을 객관화하고 비난하는 방식이기는 했지만 HIV/AIDS가 출현하기 시작하면서부터였다(Marshall, 1990: 20~21). 크림프(Crimp, 1992)는 최근 뉴욕 현대미술관에 전시된 HIV/AIDS 보균자의 이미지들을 담은 사진들에 대해 연구했다. 그는 이러한 시각적 이미지가 사진 찍힌 사람들의 사생활을 침범하고 HIV/AIDS를 불가피한 사망 선고라는 인상을 줄 뿐 아니라, 이런 유행병을 개인화시킴으로써 사회적 조건을 희석시킨다고 주장한다. 크림프(Crimp, 1992: 118)는 어떻게 이런 사진들이 HIV/AIDS 보균자들을 "질병으로 인해 참혹하게 손상되고 허약해졌는지를 그렸는지 관찰했다. 그들은 일반적으로 외롭고 절망적이지만 '불가피한' 죽음에 복종한다". "에이즈 환자들은 이러한 표현 속에서 자신의 사적인 비극의 범위 안에 안전하게 머물고 있다고 생각한다"(120). 여기서 그의 주장은 길먼의 주장과 유사하다. 질병의 시각적 이미지는 우리와는 다른 그것을 정의하고, 전형화된 유형을 창조하며, 그렇게 함으로써 고통받는 사람들을 탈인간화한다.

건강, 질병, 이환의 도상학적 표현은 서구사회에서 보다 시각적인 대중매체가 등장하면서 더욱 중요해지고 있다. 위에서 지적한 바와 같이 의학의 '획기적 발전', 수술 기법, 의료기술의 사용 등은 흔히 텔레비전의 정보오락 프로그램에서 매우 높은 시청률을 기록하면서 사람들의 관심을 끌며, 신문, 새로운 잡지, 여성 잡지, 대중과학 잡지 등의 일면을 장식한다. 컴퓨터 그래픽과 전자현미경은 티셀(T-cell)과 HIV를 3차원의 총천연색으로 만들고, 자궁의 태아와 수정이 일어나는 순간에 대한 자세한 천연색 사진들은 차를 마시며 즐기는 미술도감과 황금 시간대의 텔레비전 다큐멘터리의 내용이 되었다. 이러한 이미지는 내시경과 같은 기술을 사용하여 몸의 바로 내부에까지 접근을 허용함으로 매우 유혹적이며 몸 안을 천연색으로 들여다 볼 수 있도록 임상적인 시선을 확장시켜주었다. "내시경은 빛의 장막을 이용하여 예전의 음울한 해부학자들의 전통을 극복했다"(Vasseleu, 1991: 56). 1966년의 공상과학영화 〈환상의 여행(Fantastic Voyage)〉(55)에서 일군의 과학자들이 축소되어 살아 있는 사람의 혈관으로 들어가 그 사람 몸 안의 여러 길을 돌아다니며 여행하는 것과 마찬가지로 "차를 마시며 읽을 수 있는 아트북인 「승리의 몸(The Body Victorious)」이나 《내셔널 지오그라피》에 실린 레나트 닐손의 사진들은 '새로운 세계다!'라는 비교할 수 없는 감탄을 일으킨다. 충격적인 장면, 화려한 질감, 자극적인 색깔, 면역 세계 안의 외계인 괴물이 바로 우리 안에 있다"(Haraway, 1992: 320). 이러한 이미지는 몸의 내부를 전쟁과 활동에 참여하는 외부 이물질의 폭력적인 행동으로 점령된 생생한 '내부 공간'으로 보여줌으로써, 자신의 몸을 자신의 일부로서 잘 통제되는 것으로 생각하는 사람들의 시각을 불안하게 만든다. "우리는 면역 체계가 대항하는 '비(非)자아'의 위협으로뿐만 아니라 근본적으로 우리 자신이 알지 못했던 이상한 부분에 의해 보다 더 침범을 당하고 있는 것처럼 느끼게 된다"(320).

재생산 과정의 이미지를 생산하는 과학 기술들이 개인의 몸에 대한 인식을 구성하는 데 기여한다는 사실은 의심의 여지가 없다. "인공수정 클리닉에 온 여성 환자에게 스크린에 보이는 난자는…… 환유적인 동화 현상을 보여주는 것이 현실이다. 이것은 그녀 몸의 텍스트의 한 부분이 된다"(Vasseleu, 1991: 64). 중요한 것은 몸의 내부에 대한 상징적인 이미지가 정치적인 목적, 특히 임신중절을 둘러싼 투쟁, 임신보조기술과 산전검사 등과 같은 것에 이용되어왔다는 점이다. 임신중절에 반대하는 집단들은, 태아가 독립적인 존재로서 탯줄에 의해서 말고는 어머니와 연결되어 있지 않기 때문에 우주인과 같이 공간에 떠다니는 모습을 보여주면서 자율적인 인간으로서의 권리를 가질 자격이 있다는 논쟁을 불러일으키는 데 이러한 시각적 이미지를 흔히 이용해왔다. 마찬가지로 초음파 사진은 산부인과 의사들이 태아의 첫 번째 이미지를 보여주고, 임신부의 통제 밖에 있는 감독 기술을 적용하고 태아의 이미지로부터 '환자'를 구성함으로써 임신 과정에 책임을 갖게 된다. "따라서 산부인과의 시각화 기술과 전자적 기술이나 수술적 개입은 전통적으로 이해되어왔던 여성의 몸의 '내부'와 '외부'에 대한 규정과 임신을 '내부'의 경험으로 규정하는 것들을 모두 바꾸어놓았다"(Petchesky, 1987: 65). 임신중절 반대 이데올로기와 의학 저술들이 초음파가 제공한 시각적 표현을 포함하여 태아에 대한 지식이 산모와 신생아 사이의 유대에 공헌하지만, 일부 비판가들은 태아에 대한 산전검사가 태아를 고유의 권리와 자율성을 갖는 독립적인 정체성을 갖고 있는 것으로 표현함으로써 이를 여성으로부터 분리시키는 경향이 있다고 주장했다(Ginsburg, 1990: 67; Rapp, 1990: 35; Rowland, 1992: 1354).

억압적인 이미지에 대한 대항: 문화적 행동주의

HIV/AIDS의 출현과 함께 문화연구자들은 질병과 성적인 '일탈'에 대한 표현을 해체하는 데 관심을 기울였다. HIV/AIDS와 보균자들을 둘러싼 담론적이고 상징적인 구성들을 비판하는 다수의 연구자들은 비판 이상의 저항을 한다. 억압적인 전형화에 도전하기 위해 에이즈 보균자들은 HIV/AIDS에 대한 미디어의 지배적인 상징에 저항하기 위해 노력했다. 미국, 영국, 호주 등을 포함한 서구사회에 있는 '권력 해방을 위한 에이즈 연합(ACT UP)'은 현명한 공연 예술과 그래픽을 이용한 항의 집회와 '미디어 이벤트'들을 무대에 올렸다. 런던에 근거를 둔 '에이즈와 사진 그룹'은 문화 작품을 만들고 미디어에서 HIV/AIDS가 표현되는 방식에 도전하는 전시회를 열기도 했다. 크림프는 이러한 작업을 '문화적 행동주의'라고 명명하고 "예술은 생명을 구할 수 있는 힘을 가지고 있고 이것이 모든 방법을 통해 인정되고 격려되고 지지되어야 하는 바로 그 힘이다"라고 주장한다(Crimp, 1989: 3).

장애인과 이들을 옹호하는 사람들 역시 장애를 둘러싼 부정적인 담론과 의미를 극복하기 위해 적극적으로 행동한다. 이러한 행동주의에서 중심이 되었던 것은 장애와 관련되어 사용되는 단어에 대한 투쟁이었다. 예를 들어 일부 행동주의자들은 좀 더 낙인을 찍는 '핸디캡'이라는 용어를 대체한 '장애'보다는 '손상'이라는 단어가 듣기도 낫고 더 많은 권력을 부여할 수 있는 단어라고 주장한다(상애인들의 정치 운동 내부에서도 이 문제에 대해 완전한 일치가 있는 것을 전혀 아니다). 또한 많은 장애인 행동주의자들은 '장애인'이라고 낙인찍힌 개인이 '장애가 있거나' '의존적'으로 묘사되어서는 안 되며, 오히려 이를 둘러싼 사회적 조건이나 의미들이 장애와 의존성을 만들어낸다고 주장한다. 따라서 이런 사람들은 자신을 소외시키며, 자신을 일탈적이고 기능을 하지 못하는 사람이라고 보는 사회적 압력을 경험하게 된다(Shakespeare, 1994; Williams and Busby, 2000). 예를 들어 다리를 사용하지 못해 휠체어에 의지하는 사람은 램프나 리프트와 같이 그가 자유롭게 돌아다닐 수 있도록 해주는 시설이 부족해서 '장애가 생기는 것'이다. 행동주의자들은 언어와 담론이 실천과 경험과 뗄 수 없이 얽혀 있는 방식을 강조하기 위해 이러한 문제에 관심을 집중했다.

영국의 사진가인 조 스펜스(Jo Spence)는 질병에 대한 신화에 도전하기 위해 창조적인 작업을 했다. 자신이 유방암 환자였다는 경험에 의지해 스펜스와 동료인 로지 마틴(Rosy Martin)은 사진치료학(phototherapy)이라는 기법을 발명했는데, 이는 사진학과 정신분석학 이론의 조합이라고 할 수 있다. 스펜스가 사용한 이 기술은 병을 앓는 신체와 생의학적 치료의 경험을 기록한 사진을 이용한다. 이는 정체감의 창출과 담론을 놓고 투쟁하는 표현의 정치학에 대한 관심이었다(Martin, 1997). 스펜스의 연구는 건강, 질병, 몸, 포르노그래피, 종교, 패션, 노화, 죽음, 모성 등과 같이 질병과 의학적 개입에 따르는 존엄성과 권력의 상실을 반영하는 것들을 둘러싼 담론에 대한 것이었다. 그녀 자신의 몸이 사진의 주제가 되었는데, 그녀는 의도적으로 노화와 추함, 고통의 이미지들을 노출시켰다. 스펜스는 질병을 앓는 사람들에게 힘을 주고 몸에 대한 의학의 지배에 저항하며 보건 관리 체계의 기능에 문제를 제기했다(Spence, 1986).

로지 마틴과의 공동 작업에서 스펜스는 암으로 입원을 하게 되면서 자신의 감정을 재연하게 되었다. 무기력한 감정과 의료 권위 앞에서 어린애 같이 퇴화하는 것과 자신의 몸에 대한 통제를 다시 찾으려는 욕구들을 느끼게 된 것이다. 그녀의 연구(Arena, 1988)에 대한 텔레비전 다큐멘터리에서 스펜스는 다음과 같이 지적했다.

> 결국 나는 내 몸을 전쟁터로 보기 시작했다. 사실 의료 분야에서는 암 치료를 위한 방법을 단지 세 가지만 허용한다. 그것은 수술, 방사선 치료, 화학치료 요법으로, 일종의 화학적 전쟁의 형태이다. 이는 경찰이나 군대가 사회적 동요나 혁명에 대항해 사용하는 세 가지 주요 무기에 비유할 수 있다. 나는 우리가 해야 할 일은 스스로에게 왜 우리의 몸이 반항하고 있는가를 자문하는 것이며 몸뚱이를 지치게 하고 진정제를 주어 우리를 입 다물도록 해서는 안 된다고 생각했다.

스펜스의 사진은 두 번의 전시회에서 공개되었다. 〈건강에 대한 사진? (The Picture of Health?)〉(1986)에서는 건강과 질병을 중요한 정치적 이슈로 보고 질병에 따르는 존엄성의 상실과 권력 그리고 암 환자가 침묵하고 전문적으로 '관리되는' 방식을 비판한다. 또한 〈질병 이야기: 의례화된 과정 (Narratives of Dis-ease: Ritualized Procedures)〉(1990)에서는 스펜스 자신의 건강과 노화, 그리고 수술로 흉터가 남은 몸에 대한 억압된 분노를 다루었다.

1991년에 제작된 BBC 다큐멘터리에서 스펜스는 백혈병이 생겼다는 사실을 알게 되었다. 이 다큐멘터리는 그녀가 자신의 질병을 치료하기 위해 선택한 총체주의적 의료 요법뿐만 아니라 그녀의 오빠와 부모님과의 관계에 대해 보여준다. 다큐멘터리의 끝 부분에 가서 스펜스는 백혈병을 진단받은 병원을 오빠와 함께 방문하여 다음과 같은 이야기를 한다.

우리는 내 피 속에서 어떤 일이 벌어지고 있는지에 대해 무엇인가 수백만 가지의 이야기를 해줄 수 있는 고도로 발달된 기계의 설명을 들었지만, 실제로 나를 인간으로 볼 수는 없는 상태에서 완전히 혼비백산하여 이 건물에서 나왔다. 그런데 나는 사람으로 보이고 싶다. 나는 사람이고 나 자신의 몸을 다시 통제하고 싶다.

다른 예술가들도 손상된 여성의 몸이 주변화되고 사회에서 일탈로 간주되는 방식에 관심을 모았다. 예를 들어 사진작가인 마추카(Matuschka)는 유방절제술을 받은 후 일련의 초상화에서 자신의 몸을 사진으로 기록했다. 그녀는 자신이 경험한 유방암과 그녀의 예술적이고 행동주의적인 노력을 통해 유방암의 정치학에 대한 인식을 고조시키기 위한 방식 모두를 묘사하는 데 '침해(invasive)'라는 용어를 사용하고 있다. 1993년《뉴욕 타임스》1면에 실린 그녀의 사진은 수술로 한쪽 유방을 제거한 가슴을 노출시킨 사진으로 논란을 불러일으켰다. 마추카의 의도는 자신의 몸을 영웅적이고, 아름답고, 강하며, 신성한 것으로 표현함으로써 부정적인 묘사와 동정에 저항하는 대항적인 것이었다(Malchiodi, 1997: 5609).

프랑스의 멀티미디어 공연 예술가인 오를랑(Orlan)은 여성들이 어떻게 의학 기술, 특히 성형수술을 이용해 자신의 몸에 대한 권력을 주장할 수 있을지에 대한 인식을 전하고 있다. 〈성 오를랑의 환생〉이라는 제목의 장기 공연작품에서 오를랑은 일련의 성형수술 과정을 거치면서 하나씩 비디오를 찍었다. 그녀는 의사에게 자신의 얼굴을 모나리자의 이마, 보티첼리의 〈비너스의 탄생〉에 나오는 비너스의 턱, 게라드의 〈사이크(psyche)〉에 나오는 코, 모로의 〈유로파〉에 나오는 입술 등 고전 작품의 특징들을 보이도록 해달라고 부탁했다. 나중에 이러한 수술 장면을 비디오를 통해 보여주는데, 그녀 얼굴에서 떼어낸 살점이 담겨 있는 유리그릇과 함께 자신을 '살아 있는 예술작품'이라고 제시하고 있다. 오르랑은 자신의 수술을 통해 이상적인 아름다움을 얻으려고 한 것이 아니라고 주장한다(그녀는 위와 같은 인물들을 아름다움 때문이 아니라 문화적 의미 때문에 선택했다). 그보다는 몸의 경험을 통해 정체성이 가변적이라는 것을 보여주는 방법으로 의학적 절차를 통해 얻을 수 있는 외모의 가변성을 이용한 것이다. 수술은 자신이 원하는 대로 그녀의 외모를 변화시켜 새로운 기술을 사용한 '자기 초상'을 만들어냈다. 그렇게 함으로써 그녀는 전통적인 아름다움의 규범에 순응하는 여성들에게 부과되는 압력을 탐구했던 것이다(Davis, 1997).

예술적이고 창조적인 작업에 참여하는 것은 병을 앓는 사람들과 그들을 지지하는 사람들에게 몇 가지 잠재적인 도움을 준다. 자신의 감정과 경험을 창조적으로 표현함으로써 심각한 질병을 둘러싼 두려움과 혼란과 긴장을 카타르시스적으로 분출할 수 있게 하여 개인의 욕구를 충족시킨다. 그러나 그 작업이 전시되거나 출판되거나 전파를 타거나 스크린을 통해 대중 영역으로 들어오면, 개인의 질병 경험은 언어적이고 시각적인 방식으로 표현되는 질병이 실천을 구성하게 된다는 사실에 관심을 끌려는 집합적인 목표를 달성하게 된다. 억압된 목소리를 듣는 것이 쉽지 않으며, 장애인이나 아픈 사람들이 공적 영역에서 목소리를 낸다는 것이 쉽지 않다. 질병과 이를 둘러싼 언어적 실천에 대한 은유적이고 상징적인 이미지의 이데올로기적인 기반을 노출시킴으로써 표현의 정치학은 공개되고, 수동적인 것에서 능동적인 주체가 될 수 있는 공간이 생겨나며, 자신의 견해를 표현할 수 있는 기회가 제공된다. 억압적이고 낙인을 부여하는 담론과 실천에 저항하는 잠재력이 해방되고 예술적이고 문화적인 비판은 행동주의가 된다.

결론

엘리트 문화와 대중문화, 그리고 의과학 텍스트에 나타난 의료, 질병, 이환, 그리고 몸에 대한 언어적이고 시각적인 표현은 이러한 현상에 대한 일반적인 지식이나 경험과 의학의 지식과 경험의 구성에 영향을 준다. 질병과 몸을 묘사하는 은유 체계는 육체적인 몸뿐만 아니라 몸의 정치에 대한 통제에 더욱 심층적인 사회의 불안감을 보여주는 매우 중요한 언어적인 선택이다. 마찬가지로 병든 몸에 대한 도해적인 표현은 본질적으로 정치적이고, 일탈을 범주화하고 통제하며 정상성을 규정하며, 의료란 신비하고 지속적으로 발전하는 것이라고 선전한다. 위에서 살펴본 바와 같이 질병을 개념화하는 방식이나 질병의 위협은 흔히 전쟁, 공포, 폭력, 영웅주의, 종교, 외인혐오증, 오염, 젠더 역할, 비방, 통제와 같은 것들과 연결된 이미지를 가지고 있다. 엘리트나 대중문화, 그리고 과학적인 텍스트에서 표현된 이러한 잠재적인 의미를 인식하는 것은 인문학과 사회과학에서 의료를 문화로 인식하는 학자나 학생들에게 매우 중요한 것이며, 이는 병든 사람들에게 낙인을 찍고 권력을 빼앗는 표현들에 저항하고 이를 타도하는 문화적 행동주의자들의 노력에 근거를 제공하는 것이다.

제4장

이환과 질병에 대한 일반인의 시각

우리는 병에 걸리면, 특히 심각한 병일 경우 완전한 몸의 상태와 자아정체성이 위협을 받고 건강한 사람에서 환자로 지위가 바뀌게 된다. 한 개인이 살고 있는 문화의 유형에 관계없이 질병으로 나타나는 몸의 기능 장애는 신체적·사회적·도덕적 존재 사이의 조화를 방해하게 된다(Comaroff, 1982: 51). 상대적으로 가벼운 증상이라도 사람들이 자신의 삶에 문제가 있는 것인지 의문을 제기하고 괴로워하면서 자신의 질병에 만족할 만한 설명을 찾으려 한다(Frank, 1998). 따라서 아프다는 것은 개인의 자아에 대한 인식과 밀접한 관련이 있다. 질병 경험에 의미를 부여하는 것은 몸과 질병에 대한 전통적인 지식뿐만 아니라 생의학과 대체의료에서 나온 전문적인 담론과 대중매체에 돌아다니는 지식 등 광범위한 지배적인 담론과 문화적 자원에 의존하게 된다. 사람들은 질병을 이해하기 위해 이러한 자원들을 선택적으로 활용한다. 흔히 사람들은 자신의 경험을 조직화하기 위해 여러 가지 이야기를 선택하고, 이에 대한 의미를 부여하며, 다른 사람에게 이를 표현한다.

현상학은 질병 경험의 의미를 이해하기 위한 좋은 출발점이 된다. 현상학적 전통 안에서 연구하는 일부 인류학자와 사회학자들은 건강과 질병에 대해 일반인의 지식과 경험을 중심으로 자신의 해석을 논의한다. 사회 세계를 이해하는 현상학적 접근은 사람들이 참여하는 매일매일의 활동과 이러한 활동에 부여된 의미에 큰 비중을 둔다. 이들은 인간의 행동이 자연 과학과 같은 방식으로 관찰될 수 있다는 실증주의적 가정을 거부한다. 현상학은 민속방법론적 기법 — 참여관찰, 심층 면접, 사례 연구의 구성 등 — 을 채택하여 사람들의 생생한 경험을 이해하려 한다. 해석학(hermeneutics) 또는 인간경험의 의미를 해석하는 것 역시 현상학 연구 방법 중 하나이다.

이 장에서는 의료, 건강, 질병을 이제까지 특히 의료 역사가들에 의해 자주 간과되어왔지만 생의학의 중요한 한 측면인 환자의 관점에서 논의하려 한다. 오랜 시간 동안 변화해온 질병에 대한 환자의 경험을 인류학자들과 사회학자들이 수행해온 자서전적 이야기와 참여관찰 그리고 민속방법론적 연구 등의 설명을 통해 논의하고, 의사 자신의 환자로서의 경험을 논의한다. 또한 질병의 도덕적 의미와 질병 원인과 치료에 대한 일반인들의 신념과 이해 방식에 대해서도 검토할 것이다.

질병 경험에 대한 역사적 관점

역사적인 맥락에서 환자를 언급하는 것은 다소 오해를 불러일으킬 수 있는데, 왜냐하면 환자라는 말이 '의사 아래 자신을 위치시키는' 수동성을 내포하기 때문이다. 산업사회 이전에는 의학의 도움을 받는 것이 일상적인 일이 아니었다(Porter, 1985: 3). 과거의 환자들은 현대의 질병 경험의 여러 측면을 조명하는 데 도움을 주기 때문에 역사 연구의 중요한 대상이 된다. 그러나 최근까지 질병에 의해 영향을 받았던 사람들의 경험은 거의 의료 역사의 관심을 끌지 못했다. 의료의 역사는 근대성을 향한 엄연한 진보로서 생의학 분야의 '위대한 사람들'의 발견을 기록하는 데 치우치는 경향이 있다. 사람들이 질병을 다루는 방식이나 자신의 몸과 질병에 대해 어떻게 느끼는지 그리고 의료전문직이나 다른 보건관리 제공자와의 관계나 그들의 치료의 경험은 어떤 것인지 등은 거의 탐구되지 않는 측면들이다. 이렇게 간과하게 된 이유 중 하나는 일반 사람들의 질병에 대한 설명에 관해 역사적인 자료로 얻기 어려웠기 때문이다(Porter, 1985).

지난 100여 년간 의료사회학과 의료인류학이라는 하위 분야가 발전하여 심층면접과 사례 연구를 통해 밝혀진 환자의 질병에 대한 설명에 많은 관심이 모아졌다. 그 이후로 의료에 대한 사회역사학은 이런 수단을 자신의 방법으로 활용했다. 역사학자들은 과거 시대에 일반인들의 질병에 대한 반응과 경험을 추적하기 위해 공적인 문서에서 일반 사람들이 기록한 개인적인 결과물들로 관심을 돌리게 되었다. 한 개인의 몸과 건강 상태라는 주제는 일기, 잡지, 편지 등과 같은 개인적인 문헌들에 기록되어 관심과 영감을 제공하는 자원이 되었다. 중세 유럽은 '질병의 세계'였고 따라서 "개인적인 편지뿐만 아니라 종교적이고 문학적인 텍스트 등의 중세 문헌들이 질병에 대한 집착을 잘 보여준다"(Park, 1992: 60~61). 사망률은 높고 기대 수명은 현대와 비교해 낮았지만 기대 수명은 남성보다 여성이, 지방 거주자보다 도시 거주자가, 부자보다는 가난한 사람들이 낮았다. 신생아의 15~30%는 한 살이 되기 전에 사망했던 것으로 추정된다. 주기적인 기아와 만성적인 영양부족은 흔한 일이었으며 질병은 낮은 수준의 집합적이고 개인적인 위생 수준에 의해 특히 도시에서 쉽게 퍼져나갔다(61~62). 중세 시대의 질병에 대한 자세한 연구가 아직 완성된 것은 아니지만 부분적인 증거들이 이러한 조건 속에서 치명적은 아니지만 사람을 불편하고 불행하게 하는 피부질환(두드러기, 부스럼, 궤양, 염증 등)이나 눈과 치아의 질병과 같은 질병이 창궐했다는 것을 보여준다(62~63).

중세 시대에는 수도원이 그리스와 로마 시대의 일반적인 학문 중 하나였던 의학 지식을 보존하는 데 중요한 역할을 했다. 수도원에서 유지되었던 문헌적인 전통과 의사나 약제사, 외과 의사가 행한 의료행위 사이에는 불일치가 존재했다. 종교적인 것과 세속적인 치료 체계가 공존했던 것이다. 만성적인 질병에 대해서는 신전과 성자들에 의해 매개되는 예수님의 '천국의' 의료에 의지했다. 치료를 위해서는 성자의 유품을 직접 접촉해야 하며 따라서 성지 순례가 요구되었다(72~73). 계몽주의 시대까지는 질병에 대한 종교적인 설명의 설득력이 떨어지고 있었지만 질병의 원인에 대한 일반인들의 생각은 의학 모델과 일치했다. 1669년과 1800년 사이에 영국에서는 의사와 일반인 모두 건강한 것은 개인의 체질의 적절한 작동의 결과라고 간주했던 반면, 질병은 몸의 기능이 저하된 징조라고 생각했다(Porter, 1992). 건강한 상태는 적절한 식습관, 운동, 규칙적인 배변, 적당한 수면, 건강한 환경, 감정 조절 등에 의해 확보되고 유지되는 것으로 본다. 개인은 몸이 너무 덥거나 차거나 또는 젖거나 마르지 않도록 관리해야 한다고 믿었다. 또한 일반인들 사이에서 '질병은 마술의 결과이거나 마녀의 마법 또는 사탄이나 악마의 소유'일 것이라는 생각도 광범위하게 퍼져 있었다(Porter, 1992: 95). 또한 인류의 죄악이 신성한 벌로서 질병이 되는 것이라고 생각했다. "신은 보다 고결한 목적을 위해 고통을 이용한다"(96).

18세기 중반까지 질병의 원인은 공기와 도덕성의 부패와 관련이 있어 신의 의지가 궁극적인 질병의 원인으로 여겨졌다(Herzlich and Pierret, 1987: 103). 웨어(Wear, 1992)에 의하면 해로운 공기로 전염이 된다는 인식이 17세기 초반 영국에서 지배적이었다. 축축하고 지대가 낮은 지역의 습한 공기와 도시와 도회지의 고약한 공기가 건강에 유해한 것으로 여겨졌으나, 특히 지대가 높고 건조한 농촌 지역은 자유롭고 순수하고 개방된 공기를 가지고 있기 때문에 건강에 가장 좋은 것으로 여겨졌다.

냄새가 나는 공기는 질병을 옮기므로 역병이나 다른 전염병이 돌았던 시기에 사람들은 나쁜 공기를 쫓기 위해 향기로운 냄새가 나는 꽃다발이나 약초를 가지고 다녔다(Wear, 1992: 137~138). 에덴동산은 건강한 환경과 부정한 것이 없고 도시의 나쁜 공기로부터 자유로운 자연의 자비로운 힘의 강력한 상징이었다. 가장 건강한 음식은 농촌에서 나는 것이며 가장 깨끗한 물은 비로 내리는 것이나, 고여 있는 곳보다는 빨리 흐르는 샘물에서 얻을 수 있다고 믿었다(139~143). "도시와 농촌, 짧은 수명과 긴 수명, 아픈 사람과 건강한 사람, 부패한 것과 신선한 것, 정체된 것과 움직이는 것, 어두움과 빛, 복잡한 것과 그렇지 않은 것, 길들여진 것과 야생적인 것 사이에 이분법적인 인식이 있었다"(145). 이러한 생각은 특히 뉴에이지와 환경운동 시대인 오늘날에도 복잡한 도시와 산업의 '인공성'에 대한 비난과 '자연적인' 농촌과 빛과 청결함을 이상적으로 여기는 형태로 여전히 남아 있다(146~147).

오랜 기간 동안 축적되어온 일기와 같은 생애 기록은 의료역사학자들에게 개인의 질병 경험에 대한 풍부하고 자세한 자료를 제공해왔다. 베이어(Beier, 1985)는 1916년에 태어나 1683에 사망한 랠프 조셀린(Ralph Josselin) 목사의 일기를 통해 40여 년간 그의 가족의 건강과 질병에 대해 분석했다. 베이어는 랠프 조셀린과 그의 가족이 대부분의 시간을 건강하지 못하고 불편하게 지내왔다는 것을 발견했다. 그들은 계속되는 감기와 가끔의 학질로, 눈병과 피부병으로, 그리고 특히 조셀린의 부인 제인은 열다섯 번의 임신과 최소 다섯 번의 유산으로 고생했다. 조셀린에게서 태어난 열 명의 자녀 중 다섯 명은 아버지보다 먼저 사망했다. 아이들은 기생충, 구루병, 종기, 홍역, 천연두 등으로 고생을 한 반면 랠프 조셀린 자신은 사망하기 11년 전부터 왼쪽 다리의 통증과 부종, 궤양으로 고생했고 거의 4년간 배꼽 염증으로 고생했다.

조셀린이 살았던 시대에 질병으로 인한 죽음은 매우 익숙하고 항상 예상되는 것이었고, 언제든지 생길 수 있는 것이었다. "따라서 자신이나 사랑하는 사람의 죽음은 거의 어떤 상황에서든지 자연스러운 것으로 생각되었다"(Beier, 1985: 127). 침대에 누워 있어야 할 만큼 아픈 사람은 침대에서 쉬며 약을 먹을 것으로 기대되지만 침대에서 일어날 정도가 되는 사람은 약간의 불편함을 참고 정상적인 자기 의무를 해야 했다. 가족들은 약사나 의사들이 파는 약보다는 집에서 만드는 약초 요법에 의존했다. 그들은 의사를 거의 찾지 않았고 자신의 지식이나 아니면 친구, 간호사나 질병 치료를 도와주고 출산을 도와주는 시간제 치료시의 지시에 의지했다. 이는 조셀린이 질병의 결과를 결정하는 것은 신의 뜻이 가장 중요한 것이라고 믿었기 때문이었다. "조셀린은 진심으로 가장 좋은 치료는 기도이며 가장 좋은 예방약은 죄가 없는 삶이라고 느꼈다"(122). 질병이 왜 그렇게 끝나게 되는지에 대해 유머까지 이용해 설명을 하려고 하지만, 결과를 결정하는 것은 신성한 힘이었다. 조셀린은 천연두와 역병과 같은 전염성 질병을 두려워했다. 전염병은 집단적인 죄에 대한 신의 처벌이며 따라서 질병에 대항하는 자신의 일상적인 무기, 즉 정의로운 행동과 기도가 소용이 없을 것이라고 확신했기 때문이다(126).

16세기와 17세기에 특권을 누린 귀족들도 성인기에 일상적인 참혹함과 반복되는 질병에 면역이 있는 것은 아니었다. 당시 영국의 의사였던 테오도르 경(Sir Theodore Turque de Mayerne)이 당시의 왕 제임스 1세에 대해 쓴 글의 발췌문은 왕의 불면증, 구토를 일으키는 담즙, 가사로 인한 배앓이, 발작적인 설사, 50세경부터 지속적인 통증으로 왕을 괴롭힌 관절염, 너무 심해서 사냥 후에 와인과 같이 붉고 혼탁한 소변을 보는 신장 질환 등을 묘사하고 있다. 그러나 그는 이 모든 문제에 대해 왕은 "약을 비웃고 너무 값싼 것이기 때문에 의사는 거의 쓸모가 없고 필요하지 않은 존재라고 선언했다는 것을 발견했다. 그는 의학 기술은 단순한 추측에 의해 지지되었고 불확실했기 때문에 소용이 없다고 주장했다"(Enright, 1989: 155~157에서 재인용).

과학적 의학의 등장

17세기부터 18세기 후반 사이의 약 100여 년간에 걸친 계몽주의 시대는 현대의 생의학을 둘러싼 이데올로기, 담론 그리고 실천이 발전하여 지배적이었던 시기로 알려져 있다. 계몽주의적 이상 중에는 과학과 기술의 발전에 도움을 받은 사회의 진보에 대한 신념과 인간 이해를 도와주는 이성의 힘에 대한 믿음이 있었다. 종교의 '미신'을 거부하는 것과 사회의 기능을 위한 지배적인 윤리로서 공리주의를 우선시하는 사상들이 이를 뒷받침했다. 과학적 원칙에 근거한 의학은 인류의 질병에 대한 해결책을 제공하는 것으로 여겨졌다(Risse, 1992).

18세기 후반까지 의학적 조언을 담고 있는 책들은 일반 사람들에게 어떻게 질병을 예방할 수 있는가에 대해 자세한 정보를 제공했는데, 주로 절제하는 것과 다이어트, 운동, 수면, 규칙적으로 맑은 공기 쐬기, 냉욕을 하는 것과 같이 개인의 일상적인 습관에서 과도한 것을 피하도록 권유했다. 이러한 것들은 공기, 다이어트, 음주, 움직임과 휴식, 수면 형태, 배변과 감정 조절 등을 포함하는 '비자연적'인 요소들의 원칙에 근거하고 있다. 건강은 개개인의 통제와 이러한 비자연적인 것에 대한 적절한 규제를 하는 것인 반면, 아프다는 것은 개인과 지역사회를 위험에 빠뜨리기 때문에 이를 발생시킨 개인을 비난하게 되는 것으로 여겨졌다. 의료의 역할은 체액의 균형을 복원시킴으로써 몸의 질병과 증상, 원인들을 해결하여 잃어버린 건강을 되찾게 해주는 것이다. 합리적인 이상에 맞게 의학 지식은 궁극적으로 체계적인 관찰과 분류를 통해 인체에 대한 이해를 증진시켜 질병에 대한 해결책을 제공하는 것이라고 믿었다(Smith, 1985; Porter, 1992; Risse, 1992).

대부분의 사회에서 치유의 힘은 가치 있는 것이지만 의료전문직의 힘이 부상한 것은 역사적으로 최근의 일이다. 위에서 인용했던 제임스 1세 왕의 의사가 언급한 것이 보여주듯이 계몽주의 시대 이전에 내과나 외과 의사는 단지 상인 정도로 인식되었다. 왜냐하면 의사는 인체의 유해한 잔여물이라고 본 위험한 피를 접촉하며 불경스러운 몸을 해부하기 때문에, 순수하지 않고 오염된 사람으로 여겨졌기 때문이었다(Pouchelle, 1990). 불과 100여 년 전까지도 의료전문직의 지위와 영향력, 수입, 권력은 지금보다 훨씬 낮았다. 18세기 후반까지도 사람들은 대부분 스스로 약을 처방해서 먹거나 아프면 생활양식을 변화시켰고, 의료인의 도움을 받지 않았다. 왜냐하면 이들은 신성한 개입이나 마법 같은 것을 다루기에 적절치 않다고 간주되었기 때문이다(Porter, 1992: 103). 그러므로 19세기의 정통하고 전통적인 의료의 광범위한 확장은 질병에 대한 새로운 담론과 실천의 레퍼토리를 확산시키고 자극함으로써 일반적인 의료문화와 자기 처방을 대체하기보다는 보완했다(114).

사람들이 의료인의 도움을 구하려 할 때 의료 개입의 역할은 환자가 자신의 독특한 몸의 상태에 대한 형태와 주관적으로 정의한 느낌이나 감정에 대한 설명에 기초하여 질병의 기호를 해석하는 것이었다. 따라서 치료와 처치는 환자의 자기 보고에 의존했고 신체적인 성향뿐 아니라 모든 감정적이고 정신적인 생활의 측면을 강조했다(Jewson, 1976: 228~230). 의료인이 의지하는 고객을 확보하는 체계는 아픈 사람들이 의료인의 도덕적 통합성과 전문적인 기술에 대해 자신이 개인적으로 평가하여 선택하는 것이며, 따라서 진료의 관계는 '양자 사이의 개인적인 감정에 기초하여 형성되는 것'을 의미했다(233). 계몽주의 시대의 합리성의 정착은 과학적 원칙과 대학에서의 의학교육의 확립, 그리고 의료인들의 자격증에 대한 보다 강한 통제 등의 중요성이 증가하면서 도래했다. 이러한 발전은 환자의 회복률이 대폭 개선되는 최근의 변화와 함께 의료전문직의 지위 상승을 가져오게 되었다(Herzlich and Peirret, 1987: 51~52).

19세기에 의료전문직의 지위 상승의 중요한 측면은 질병이란 환자가 알지 못하는 사이에 세포 안에서 특정한 개체에 의해 발생한다는 것이었다(Jewson, 1976: 235). 이러한 새로운 지식의 영역은 예전에 사람의 눈에는 보이지 않던 박테리아나 원충류와 같은 병원체를 확인할 수 있도록 해준 현미경의 발명에 의해 도움을 받았다. 1800년대 이후 콜레라, 결핵, 장티푸스, 디프테리아와 같은 끔찍한 질병의 원인에 대한 실험과 극적인 발견들이 과학적인 의학의 진보를 찬양하는 1면 기사를 장식하게 되었다. 의료의 전문성과 수월성은 도서관에 기초한 지식이나 감성적인 환자 관리 기술보다 과학적 우수성이나 실험 연구와 관련이 되었다(Rosenberg, 1988: 20~21). 오늘날 의학은 일반인이 대부분 접근하기 어려운 객관적이고 엄격한 현대 과학적 지식으로 무장되어 있고, 의학적 실천은 치료의 목적을 가지기 때문에 법이나 신학과 같은 다른 권위적인 제도와 비교할 때에도 더 특권적인 지위를 가지고 있다(Starr, 1982: 4~5).

환자 자신이 질병에 대해 해석하는 것의 중요성이 감소하기 시작한 것은 객관적인 관찰이라는 과학적 기술에 기초하여 확립된 질병과 이환에 대한 생의학 모델이 발전하면서부터였다. 환자 자신의 증상에 대한 설명과 해석을 강조했던 18세기 후반까지의 침상 의학 모델은 병원과 실험 모델에 의해 대체되었다. 개인 중심의 질병에 대한 우주론은 물질 중심의 우주론으로 바뀌었다(Jewson, 1976: 232). 이제 더 이상 개인적인 성품에 대한 인식을 바탕으로 진료받을 사람을 선택하는 것은 환자의 책임이 아니었다. 이제는 공식적인 자격 체계가 확립되었고 이러한 자격을 갖춘 사람들은 자신의 직업적 역할에 내재되어 있는 권위에 근거하여 존경을 받을 가치가 있는 것으로 여겨졌기 때문이다. 17세기의 병원과 공공의료시설, 진료소 등은 환자들과 비교해 의사들에게 상당한 권위를 부여했으며 지속적으로 관찰할 수 있는 기회를 주었고, 또한 이들의 행동은 자신의 동료와 대중들에 의해 철저하게 감시되고 관리되었다. 논문과 환자기록에 처방된 치료의 성공과 실패가 기록되었으며, 의학 잡지에 나온 임상적인 사례 연구는 경험에 기초한 관찰을 공유하는 데 도움을 주었다(Jewson, 1976: 235; Risse, 1992: 184~185).

아픈 사람들은 '환자'가 되어 "도움을 받는 관계 안에서 수동적이고 중요하지 않은 역할을 하게 되고 그들의 주요 기능은 참고 기다리는 것이며"(Jewson, 1976: 235) 병원의 규칙과 규제에 종속되었다. 다음은 이러한 상황을 잘 설명해준다.

> 병원에 입원하는 모든 환자는 병실에 가기 전에 청결하게 하고 환자복, 양말, 목도리, 손수건 등을 챙겨서 2실링 9펜스를 수녀님께 지불해야 한다. ……
> 어떤 환자든 욕이나 저주를 하거나 음탕하고 비열한 말을 해서 두 명의 목격자가 있어 이를 증명하면 한 번 적발될 때마다 다음날의 식사를 금지시킨다(Benjamin Harrison Jr., *Treasurer of Guy's Hospital*, London, 1797, Enright, 1989: 123에서 재인용).

17세기와 18세기의 근대 유럽 국가의 등장과 함께 의학이 영향을 미치는 범위는 환자로부터 전체 지역사회로 확장되었다. 산업화, 도시화와 자유시장경제에 의해 야기된 변화하는 환경 속에서 인구의 복지와 성장을 유지하는 것은 중요한 관심의 대상이 되었으며, 환경의 건강과 역학, 유아와 모성복지, 의원이나 병원과 같은 새로운 기관들의 등장으로 사회는 더욱 의료화되기 시작했다. 공중보건과 위생 프로그램과 의료전문직에 대한 허가 제도가 일반인들에 대한 일관된 보건관리 정책을 제공하기 위해 확립되어 의료인들의 행동을 감시하는 것이 제도화되었다(Foucault, 1975; Jewson, 1976; Armstrong, 1983; Fee and Porter, 1992; Risse, 1992).

푸코(Foucault, 1975: 35)에 의하면 18세기까지 의료인들은 '정상성' 보다는 '건강' 자체에 더 관련이 있었다. 즉 정상과 비교해서보다는 환자 자신과 비교해서 환자의 생활양식이나 기능에 관심이 있었다. 그러나 19세기에 이르러 '기준'이라는 개념이 발달하면서 의학은 환자가 얼마나 정상에서 벗어났으며 어떻게 이들을 정상으로 회복시킬 것인가를 결정하는 데 관심을 갖기 시작했다. 환자들은 자신이 판단되는 '일반화된 건강 상태'의 기준으로부터 자유롭지 않은 반면, 이전의 의학은 환자가 무엇이 잘못되었는지를 결정하는 자신의 판단에 의존하고 있었다. 의원과 병원의 설립은 많은 환자들을 감시하고 그들의 질병을 분류하고 인구에 대한 자세한 기록을 가능하도록 해주었다. 임상적인 방법은 증상과 징후에 대한 질병의 관찰과 분류에 의존하게 되었다. '증상은 질병의 유형을 일정하게 하여 ─ 가시적으로 또는 비가시적으로 ─ **충분히 보여주었다**(강조는 원문대로). 예후적인 징후는 무슨 일이 일어날 것인지, 과거의 징후는 어떤 일이 일어났는지, 진단적인 징후는 지금 무슨 일이 일어나고 있는지를 말해준다'(90). 이러한 정상성에 대한 기술은 중립적이고 공정한 것으로 의학과 정신과학의 기술들이 제거하려고 고안한 일탈적인 대상들에 대한 분류 체계를 만들어냈다.

20세기의 전환점에서 환자의 시각은 진료 상황에서 힘과 의미를 잃었고 질병을 발견하고 찾아내는 책임은 의료인들의 것이 되었다. 질병은 그것을 앓는 사람들보다 더 중요한 것이 되었다(Doyal, 1983: 31). 그러나 암스트롱(Armstrong, 1984: 739)은 1950년대까지는 의학적 시선의 전환기였다고 지적한다. 그는 이 시기에 의학의 응시 아래 놓인 환자의 수동성이 도전받기 시작했다고 주장한다. 질병이 여전히 인간의 몸 안에 존재하여 환자에게 고통을 줌으로써 발견되는 것으로 여겨졌으나 질병을 몸과 몸 사이의 사회적 공간에 존재하는 것으로 보는 두 번째 의학적 인식이 있었다. 현재 임상적인 방법들은 이 공간을 지도에 그리고 감시하는 기술을 필요로 하며 환자의 견해를 들어야 함을 요구하고 있다. 암스트롱은 질병의 사회적 맥락에 좀 더 관심을 기울여야 한다는 의사들에 대한 권고는 단지 환자들의 삶의 모든 영역으로 의학적 감시를 확장시켰을 뿐이라고 주장한다.

환자들의 시각은 더 이상 몸의 내부의 조용한 병리 현상에 대한 대행적인 시선이 아니라 새로운 질병의 영역이 확립되는 세밀한 기술이다. 질병은 보이는 것으로부터 들리는 것으로 변환되었다. 이런 의미에서 환자의 시각은 인본주의적인 계몽주의의 발견이나 산물이 아니다. 이는 정신과 사회관계의 어두운 공간을 비추기 위해 의학이 요구하는 기술이다(739).

의료의 지식에 환자가 순응하는 것에 의문이 제기되었고 의학적 조언에 복종하는 것은 더 이상 당연한 것으로 받아들여지지 않았다. 환자들은 개성을 가지고 있으며 단순히 대상으로 간주되지 않았다. 가장 중요한 문제는 의사소통의 문제로 인식되었으며 1960년대와 1970년대까지 환자의 순응을 개선하기 위해 보건관리 전문직과 환자 사이의 '효과적인 의사소통'이 의학과 사회과학의 문헌에서 강조되었고 환자의 만족 자체가 문헌에서 중요한 관심이 되었다(Armstrong, 1984).

현대의 시각: 합리성, 도덕성, 통제

계몽주의 전통에서 영향을 받은 서구 문화는 자연주의, 자율성, 개인주의와, 정신은 몸으로부터 분리되어 있다는 철학적 가정에 기초하고 있다. "근대의 자아 이미지는 사회의 결정성에서 거의 완전히 자유로울 수 있고 더 고귀한 수준의 진실에 다다르기 위해 해방될 수 있는 것으로, 무엇이 인간적인 것을 의미하는지에 대한 서구의 이상이다"(Gordon, 1988a: 40). 이러한 특성이 생의학에 만연되어 있고 질병에 대한 경험을 구성하고 실천하는 기반이된다. 이런 것들이 환자의 몸 안에 있으면서 분리되어 치료가 되는 독립적인 개체로서 질병 치료에 중심이 되며, 원인과 결과로서 질병의 과학적인 생의학 모델이 되었다(Comaroff, 1982: 59; Gordon, 1988a: 26).

의료 관리는 임상적인 판단과 의학적인 의사 결정을 '더 합리적이고 분명하며 양적이고 공식적'으로 하고 '직관'이 계산에 의해 대체되는 것을 강조하는 경향이 증가하면서 더욱 과학적으로 되어갔다(Gordon, 1988b: 258). 이러한 경향은 '과학'이 물리적이고 형이상학적인 것 모두에서 불확실성을 극복하는 방법으로 우대되는 서구 문화의 기반인 합리적 이데올로기를 지지하고 있다. 이러한 변화는 의학의 불확실성에 대한 관심과 관련되어왔는데, 의학의 결과는 결코 완전하게 예측될 수 없으며 환자, 변호사, 의료전문직 자신과 외부 기관 등의 입장에서 의학적인 책임과 비용 억제에 대한 요구가 증가하고 있다(261~262).

과학적 의학에 의해서 진술된 정신/몸의 이중성 안에서 일련의 존재론적인 이항적 대비가 있다. 즉 정신과 몸, 정신과 영혼, 능동적인 것과 수동적인 것, 형식과 물질, 합리성과 비합리성, 이성과 감정, 자유와 구속, 객관적인 것과 주관적인 것, 자발적인 것과 비자발적인 것, 주인과 노예, 성인과 아이, 남성과 여성, 영원한 것과 유한한 것, 오른쪽과 왼쪽, 문화와 자연, 정화된 것과 거친 것 등이 대비된다(Gordon, 1988a; Kirmayer, 1988). 건강한 몸은 정신과 병행되지만 병이 생기면 몸의 본질적인 특성은 노출된다. 병은 사회적 삶을 위협하고 자기 통제를 손상시키기 때문에 합리성에 대해 위협이 된다. 따라서 질병을 다루기 위한 합리적인 생의학의 능력이 우대된다(Kirmayer, 1988).

따라서 서구 의학은 몸을 통제하여 질병으로 인해 위협받는 혼란과 무질서로 타락하지 않도록 유지하려는 것이다. 호주 민간 건강보험회사인 MBF의 광고 문구는 다음과 같이 말했다. "MBF를 가지고 있는 것은 통제력을 가지고 있는 것이다." 광고에서는 걱정하는 어머니들이 아이들의 건강에 대해 의사와 상담을 하는 시나리오를 표현하고 있다. 의사는 수술이 유일한 문제

해결책이라고 제안한다(한 사례는 사시, 또 한 사례는 탈장이었다). 어머니는 아이가 수술을 받기 위해 수 주 내지 수개월을 기다려야 한다는 이야기를 듣고 걱정스러운 반응을 보인다. 그러나 어머니가 의사에게 MBF 보험이 있다고 알려주자 그녀는 모든 것이 괜찮다고 안심을 하게 된다. 수술은 수일 내에 진행이 된다. 이러한 광고는 '수술'을 궁극적인 치료 방법인 것으로 보여주고 그 상황이 매우 응급한 것이 아닌데도 위급한 것처럼 나타낸다. 건강 보험은 재빠른 의학적 치료를 가능케 함으로서 실병의 비합리성을 통제 가능토록 해주는 것으로 묘사된다. 이는 당신이 진정으로 가족을 염려한다면 민간 건강보험에 가입함으로써 그들의 건강을 보호해야 한다는 사실을 암시하고 있다. 호주에서는 모든 사람들이 치료를 보조하는 공공보험체계 안에 있기 때문에 대부분의 사람들이 민간의료보험을 들어야 할 필요성이 없다. 그러나 환자가 민간체계가 아닌 공공체계에서 치료를 받으려면 선택적인 수술의 경우 좀 더 오랜 시간을 기다려야 한다. 따라서 의료 보험의 광고는 아이가 아플 때 잠재적으로 파괴력을 가진 질병에 대해 '통제'를 다시 얻어내기 위해 되도록 빨리 의료의 개입을 원하는 부모의 불안을 강조함으로써 자신의 보험을 판매하는 것이다.

오늘날 아픈 사람들은 질병이 반드시 죽음을 가져오지 않는다는 사실을 이해하고 있다. 요즈음 아픈 사람들은 질병을 이겨내고 사망할 때까지 오랜 기간 만성적으로 질병을 앓게 되기도 하는데 "따라서 이런 것이 오늘날의 삶과 죽음의 형태가 될 수 있다"(Herzlich and Pierret, 1987: 23). 질병은 통일된 일반적인 시각으로 환원된다. 즉, 임상의학의 시각이다. 결과적으로 "몸의 질병의 다양성은 환자들의 공통적인 조건과 공유된 정채성의 출발이 된다"(23). 현대 서구사회에서 병을 앓는 사람들은 자신을 의학이라는 '과학'의 손에 맡긴다. 아프다는 것과 치료를 받는다는 것은 동의어가 되었다(52).

일부 사회학자들은 이환(illness)과 질병(disease)은 근본적으로 다르다고 주장한다(Kleinman, 1988; Posner, 1991; Turner, 1996). 이환은 사회적이고 생생한 신체적 증상의 경험이며 인간의 고유한 고통이다. 반면 질병은 인간에게만 국한되는 것이 아니다. 즉 동물이나 식물도 병을 앓는다. 사실 누군가 '질병을 앓고 있다'라는 묘사에는 인본주의가 결여되어 있는 것을 암시한다(Turner, 1996). 이환과는 달리 '질병'이라는 용어는 '과학적'으로 진단된 생물학적인 규범에서 벗어난 기술적인 기능 부진을 나타내는 것으로 정의된다.

이러한 정의는 물론 반드시 질병이 객관적인 상태라는 것을 의미하는 것은 아니다. 왜냐하면 사회구성주의 입장을 취하는 학자들이 주장하는 바와 같이 질병의 분류는 질병의 정의와 마찬가지로 사회적·역사적·정치적 맥락의 영향을 받는 것이기 때문이다. 질병에 대한 생의학 모델은 내부적으로 일관된 합리적이고 과학적인 실재가 아니라 오히려 보건관리 전문가들조차도 서로 해석이 다르다. 동질적인 것과는 전혀 달리 질병은 의료인, 환경, 대상자, 상태, 의사 개인의 성격과 전문직 위계에서의 위치 등의 특수성에 따라 다양하게 정의되는 것이다(Helman, 1985: 293~294).

의사들이 사용하는 임상적 정보의 세 가지 유형, 즉 병력, 검진, 그리고 병리 검사 등은 '객관적'인 증거라고 간주되는데도 상당한 정도의 해석의 여지가 있다. 예를 들어 헬먼(C. Helman)은 한 남성 환자의 가슴 통증에 대해 일반의는 근육통으로, 젊은 수련의는 심근 경색으로, 펠로는 협심증으로, 그리고 심장 전문의는 의사협심증으로 진단하고, 각자 그 원인을 외부 스트레스, 심혈관 혈전증, 좁아진 심혈관과 과호흡 증후군 때문이라고 진단하는 경우를 보았다. 환자 자신에 의해 주장된 설명 모델은 심장 기능에 대한 생의학 모델과 일반인들의 모델의 요소를 조합한 것과 자신의 주관적인 증상 경험에 의해 영향을 받았다. 헬먼(Helman, 1985: 322~323)은 이러한 설명 모델을 전자대중매체, '홈닥터' 책자들, 소설, 신문과 잡지의 의료 상담 칼럼, 건강교육 자료, 개인의 증상 경험과 몸의 변화, 유사한 질병을 경험한 사람들과의 대화, 의사와의 접촉 등과 같은 다양한 자료에서 발전된 '민중 협심증'이라고 불렀다.

질병의 경험

다른 시대나 문화에서와 마찬가지로 현대 서구사회에서 질병을 앓는 사람은 여전히 소외를 경험하고, 대부분의 경우 의료적인 도움과 치료를 구함으로써 이 문제의 의미를 찾는다. 급성적이고 생명에 위협이 되는 상태인 경우에는 질병 경험이 몸뿐만 아니라 개인의 마음의 평화와 안전도 무능하게 만들 수 있다. 누군가의 건강이 나쁘다는 소식을 듣거나 '심각한 질병' 상태가 되었다는 것은 심각한 충격과 상실의 감정 상태로 이끌 수 있으며 이로 인해 개인의 삶에 대한 통제가 갑자기 의문시되는 상황을 맞이하게 된다. 질병은 거의 모든 삶의 선택과 개인의 정체성을 형성하는 데 영향을 준다. 질병이나 장애로 무능력해지면 사람들은 일터에서나 다른 사람과의 관계, 가족의 의무 등 사회적 역할과 활동을 하지 못하게 된다. 심각하게 아픈 사람이나 장애가 생긴 사람들은 영원한 환자가 되어 지위에 주요 변화가 일어난다.. 이런 상황에서 자아에 대한 정의는 심각하게 변하게 된다. 아픈 사람들은 사회적으로 제외되고 소외될 수 있다(Frank, 1990; Little et al., 1998). 예를 들어 암 환자는 흔히 나병 환자처럼 다루어진다. 다른 사람들은 그들의 질병을 언급하거나 이에 대해 논의하기를 회피하고 심지어는 그들과 사회적 접촉을 하는 것도 피하며, 그들을 보는 것조차 두려워하는 경우도 가끔 있다. 결과적으로 암 환자는 수술 자국과 같은 그들의 병의 신체적인 표시뿐만 아니라 자신의 긴장과 불안을 감추어야 하는 위치에 놓인다(Broom, 2001).

심각한 질병으로 인해 가까운 관계도 재정의하게 되고, 아마도 처음으로 자신의 죽음에 직면하는 것을 포함하여 인생의 방향에 의문을 제기해야 하는 경우가 생길 수도 있다. 미국 기자인 조이스 월더(Joyce Walder)는 자신의 유방암 경험에 대해 다음과 같이 쓰고 있다.

> 당신이 직접 경험할 때까지 아무것도 사실이 아닙니다. 왜냐하면 몇 주 동안 저는 다른 사람들이 갖지 못했던 것을 받았습니다. 바로 나 자신의 죽음에 대한 준비였습니다……. 심각한 질병에 대한 경험은 나를 변화시켰습니다. 이제 저는 제가 85세가 되거나 나의 모든 문제를 해결했을 때, 또는 내가 모든 마감일을 마쳤을 때 죽음이 오는 것이 아니라는 것을 알게 되었습니다. 죽음은 아무 때나 그것이 원할 때 옵니다. 내가 통제할 수 있는 것은 그때까지의 시간일 뿐입니다(Walder, 1992: 134).

이와 같은 진술은 질병에 대한 편협한 생의학적 설명을 초월하여 그들의 고통에 대한 목소리를 들려주는 것이다. 흔히 "왜 나인가"라는 질문은 질병에 대한 설명을 통해 답을 찾게 된다. 이는 사람들이 자신의 경험에 의미를 부여하려는 수단이며, 이를 이해하고 새로운 정체성과 질병으로 인해 깨우친 사람의 새로운 맥락을 구성하기 위한 수단이다(Hyden, 1997; Frank, 1998). 사실 환자와 의사 모두 질병이라는 사건을 '이야기' 형태로 재구성하는 경향이 있다. 의사들은 그들의 병에 대한 '이야기'를 분명히 하기 위해 질문하며, 의사들이 서로 소통하기 위해 개발된 사례 병력과 사례 발표 역시 '이야기'로 제시된다(Good and Good, 2000).

매우 심각하게 아픈, 즉 '중환자'들은 자신의 역경을 이해하기 위해 일정한 진술 방식에 의존하는 경향이 있다. 프랭크(A. Frank)는 질병에 관한 이야기의 기본적인 세 가지 유형(Frank, 1998), 즉 회복, 혼동, 탐색에 대한 이야기를 정의했다. 회복에 대한 이야기는 북미나 영국, 호주와 같은 서구사회에서 문화적으로 선호되는데, 왜냐하면 이는 낙관적이고 다시 통제하는 것을 강조하며 질병에 대해 '무엇인가를 함으로써' 다시 회복하는 것을 강조하기 때문이다. 질병은 적이고 생의학은 이런 적에 대항하기 위해 선택한 무기로 표현된다. 회복에 대한 이야기가 지배적인 문화에서 회복하지 못한 질병에 대한 이야기는 주변화된다. 혼동에 관한 이야기는 신체적인 쇠약과 치료의 실패, 이로 인한 사회적·경제적 문제 등을 강조한다는 점에서 회복 이야기와는 정반대이다. 통제의 상실은 혼동 이야기에서 주도권을 가지고 있으며 따라서 이는 다시 설명하고 듣기가 어려운 이야기이다. 탐색에 관한 이야기는 질병 경험을 무엇인가 배울 수 있는 상황으로 늘 탐색하는 경험으로 질병을 표현하는 것이다. 이런 이야기는 혼동 이야기보다는 낙관적이지만 질병으로부터 회복되는 것은 아니다. 대신 질병 경험이 환자와 그들의 삶을 변화시키는 긍정적인 방식에 초점을 맞춘다. 예를 들어 인생에서 중요하고 가치 있는 것이 무엇인지를 깨닫게 되는 것이다.

대장암 환자에 대한 한 연구(Little et al., 1998)에서는 이런 사람들이 전형적으로 자신의 질병에 대해 진단을 받은 후 심리적인 한계의 단계에 들어가는데 이들은 불확실성과 급격한 상실, 통제의 상실감을 느낀다는 것을 발견했다. 이들은 세상이 '암 환자가 되는 것'을 받아들이는 경험을 하게 된다. 암 환자로 진단을 받고 지속적인 정체감을 갖게 되는 것의 영향력을 알게 되고 자신의 경험에 대해 다른 사람들과 제대로 의사소통할 수 없는 두려움을 느끼게 된다. 이들은 일단 '암 환자'의 역할을 시작하여 치료를 받고 '시스템에 맡겨지면' 공간과 남은 시간과 권력의 한계를 인식하기 시작한다.

의사와 환자의 상호작용에서 질병과 몸의 부분들을 언급하는 데 공통적으로 사용되는 언어에 초점을 맞춘 한 연구(Cassell, 1976)는 질병과 증상들에 대해 흔히 '나의' 또는 '내가'보다는 '그것' 또는 '그' 병과 같이 비개인적이 용어로 표현되는 것을 발견했다. 이러한 용법은 환자들이 질병을 자신의 일부가 아니라 별도로 존재하는 개체로 간주한다는 것을 의미한다. 특히 문제가 된 것이 내부 장기인 경우 더욱 그러하다. 예를 들어 식도암에 걸린 환자는 어떻게 생각하느냐는 질문에 "몸 안의 폭탄"이라고 말한 반면, 신장에 문제를 언급한 또 다른 환자는 "의사들이 문제가 되는 것은 신장 중 하나인데 둘 다 염증이 생겼대요"라고 말했다(Cassell, 1976: 143~144). 따라서 질병은 몸의 통합성을 회복하기 위해 제거되어야 하는 이물질로 개념화되어 있다. 이러한 질병에 대한 개념화는 질병 치료에서도 실제로 나타난다고 문헌들이 보여준다. 여러 문화권의 사람들이 구토나 변통, 또는 한증탕과 같은 방법을 사용하여 몸에서 질병을 제거했고(van der Geest and Whyte, 1989: 356), 생의학에서는 수술로 병든 일부를 몸에서 잘라내는 방법을 취하고 있다.

이제 몸에 자국을 내고 손상을 입히는 변화를 야기하는 것은 질병이나 질환 자체가 아니라 의학적 치료이다. 예를 들어 헤르츠리히와 피에르(Herzlich and Pierret, 1987: 88~90)가 면접을 했던 응답자들은 수술과 방사선 치료로 인해 생기는 병원에 원인이 있는 부작용이 자신의 몸을 '외부적'인 것으로 만들었다는 것을 발견했다. 사람들은 몸의 손상과 끔찍한 고통 때문에 "더 이상 스스로를 인식할 수 없었다"고 말했다. 몸을 영원히 변화시키고 변형시키는 심각한 수술은 사람들의 몸에 대한 이미지와 다른 사람들과의 관계에 상당히 영향을 미친다. 켈리(Kelly, 1992)는 대장염을 치료하기 위해 회장절개 수술을 받은 후 영원히 실금증을 갖게 되어 배설물을 처리하기 위해 옷 밑에 감추어진 주머니를 달고 다녀야 하는 사람들을 면접했다. 배설물을 처리하는 전형적인 방법을 바꾸는 그런 수술들은 오물이나 오염, 통제의 상실, 몸의 경계에 대한 침해 등과 연관된 문화적 의미를 가지고 있다고 지적한다. 이러한 수술을 거친 사람들에게 새롭게 변화한 사적인 자아에 대한 지식은 수술의 부작용이 드러나지 않는 공적인 자아와 갈등을 하게 된다. 대부분의 환자가 청년기에 있기 때문에 이들은 성적인 관계도 항상 달고 다녀야 하는 주머니 때문에 심각하게 방해를 받는다. 켈리(Kelly, 1992: 405)는 "회장절개술을 받은 사람에게 몸은 외부의 물체와 연관된 것을 경험하는 것이다"라고 했다. 왜냐하면 다른 사람들에게 배설주머니를 감추어야 하고 공공의 장소에서 이것이 새는 일이 없도록 해야 하는 등 몸의 신체적인 기능이 끊임없는 주의를 요하기 때문이다.

몸의 경계가 심각하게 도전을 받는 부패하고 죽어가는 몸은 환자 자신이나 환자를 돌보는 사람들과 가족의 입장에서 극단적인 오명이나 심지어는 혐오감을 갖게 한다. 이러한 '흉직한' 몸에 대해 서구사회는 인내심이 매우 부족하다. 해체되어가는 몸은 더 이상 의지에 의해 통제될 수 없고 나쁜 냄새와 분비물을 내놓기 때문에 이런 일로 고통을 받는 사람들은 다른 사람 앞에 나서지 못하게 되는 것이 일반적이다. 환자 자신이 억제가 되지 않는 몸으로 인해 자아 정체감과 사회적 관계에 도전을 받게 되기 때문에 스스로 고립되기를 원한다(Lawton, 1998).

하반신 마비나 사지 마비와 같은 사고나 갑작스런 질병으로 인해 영원히 심각한 장애를 갖게 된 사람 또한 자신의 몸을 인식하는 방식과 매일의 일상생활에 참여하는 방식에서 부정적인 변화에 적응해야 한다. 몸을 유지하기 위해 이를 닦거나 세수를 하거나 배설을 하는 것과 같은 일상적이고 사적이었던 행동조차도 규칙적으로 하는 것이 힘들어져서 다른 사람의 도움을 받기 위해, 정상적으로라면 성적으로 가까운 사람에게만 보여주었을 몸의 부분들을 보여주거나 만지도록 해야 한다. 사지 마비나 하반신 마비가 된 사람의 자기 이미지와 정체감은 손상을 입고 다른 사람에 대한 의존뿐만 아니라 신체적인 감각의 상실을 포함하는 재개념화가 이루어져야 한다. 그러나 일단 중환자실을 떠나 재활 훈련을 시작하면 이런 사람은 더 이상 '아프거나' 질병을 가지고 있는 것은 아니다. 오히려 심리적으로는 반대의 상태가 되어, 신체의 역기능을 가지고 약을 지속적으로 복용하며 의학적인 또는 유사의학적인 도움을 받으면서 다른 사람들에게 비정상적이고 '건강치 못한' 것으로 인식되지만 스스로는 반드시 아프다고 느끼지는 않은 상태가 된다. 회장절 개술을 받은 사람과 마찬가지로 마비가 된 사람의 섹슈얼리티나 성 정체성은 감각과 반사 능력의 부족과 전형적인 '남성적'인 혹은 '여성적'인 역할을 수행하지 못하는 이들의 조건에 의해 도전을 받게 된다(Seymour, 1989, 1998; Taleporos and McCabe, 2002).

질병 경험의 도덕적 차원

흔히 질병 경험에는 도덕적 의미가 부여된다. 심각한 질병의 출현은 개인들에게 질병과 자신의 도덕적 가치 사이에 어떤 관련이 있는지 또는 자신이 어떻게 삶을 살아왔는지에 대해 의문을 제기하게 하고 스스로 도덕적인 관점에서 사람을 평가하도록 한다. 사람들은 스스로에게 질병을 앓을 만한 '이유가 있는지'를 자문하게 된다(Hyden, 1997).

제1장에서 논의했던 바와 같이 질병 경험에 대한 기능주의적인 관점에서는 질병을 의료전문직과의 상호작용을 통해 완화될 수 있는 잠재적인 '일탈'로 본다. '환자 역할' 모델에 따르면 일단 환자가 의사에게 도움을 청하면 사회적 기대로부터의 후퇴가 정당화되고 더 이상 '일탈'로 간주되지 않는다. 그러나 환자 역할의 개념으로 잘 설명이 되지 않는 경우가 있다. 환자 역할은 질병에 부여된 문화적 의미에 따라 변화한다. 일부 질병 — 예를 들어 인플루엔자나 홍역과 같이 대부분 성적으로 전달되지 않는 전염성 질환은 환자의 '잘못'으로 간주되지 않는 반면, 어떤 질병들은 희생자 스스로가 질병을 일으켰다는 죄의식을 강조하는 불명예가 붙어 다닌다. 파슨스의 환자 역할 모델은 이러한 질병에는 적용될 수 없는데, 왜냐하면 환자가 자신의 질병에 대해 비난을 받지 않을 수 있는 하나의 조건이 적용되지 않기 때문이다. 이러한 개인들은 의료의 도움을 받는다 하더라도 여전히 '일탈'로 간주된다.

왜냐하면 스스로 질병을 앓도록 내버려 두었기 때문이다. 이들은 사회의 도덕적인 처방을 무시했기 때문에 그 대가를 치르는 것이다. 따라서 질병은 우연히 생기거나 의도적인 '일탈'로부터 발생하는 것이고, 환자는 자신의 운명에 대해 '무죄'이거나 '대가를 치르는 것'으로 나눌 수 있다. 후자의 경우 '일탈'은 환자 역할을 취한다고 해서 사라지는 것은 아니다.

질병의 치료 가능성 역시 '일탈'의 상태에 영향을 미치고 환자 역할 개념의 유용성에 의문을 제기한다. 환사 역할 개념이 급성적이고 치료 가능한 질병에는 잘 맞지만 만성 질환이나 영구적인 장애에는 쉽게 적용되지 못한다. 어떤 사람에게 의학적 개입으로 해결될 것 같지 않은 만성적인 또는 생명을 위협하는 상황이 생기면, 그는 질병의 '일탈적인' 상태를 피하지 못하고 질병에 대해 사회적으로 허용된 해결책을 활용하지도 못함으로써 파슨스가 제시한 환자 역할의 세 번째와 네 번째 조건을 모욕하는 것처럼 보일지 모른다. 이런 경우에 만성 질환자나 장애 환자들은 자신의 역할을 취하고, 자신의 질병을 '관리하며', 손상된 기능을 '일탈적'인 상태가 아니라 정상적인 상태로 인정해야만 한다. 보통 환자가 수동적으로 자신의 몸에 대한 책임을 포기하고 스스로를 의료진의 손에 맡기면서 문제를 극복하기 위해서는 아무것도 공헌하지 않아도 되는 급성 질환과 달리, 만성 질환자나 장애 환자는 의학적 치료의 실패에 직면해 자신의 질병이나 고통이 지속되는 것에 적응하기 위해 변화를 꾀해야만 한다(Turner, 1995).

따라서 상징으로서의 질병은 무질서가 사회를 위협하는 것을 통제하기 위해 도덕적인 구별을 하는 데 이용된다. 의료의 '합리성'과 '객관성'은 가치판단 이상이라고 가정된다. 그러나 질병 매체에 대한 생의학적 모델에 널리 퍼져 있는 암묵적인 도덕적 평가는 건강 상태에 대해 '열악한' '나쁜' '좋은'과 같은 매일매일의 수사에서 반영된다. "우리가 '아프다'는 용어를 대중적으로 사용하는 것이 말해주듯 그 용어 자체가 도덕적인 비난을 나타내는 강력한 은유가 된다"(Comaroff, 1982: 62). 유행하는 질병은 극적이고, 공포를 불러오며, 비합리성이나 오명, 그리고 누구를 비난할 것인가를 찾는 데 특히 영향을 미칠 것이다. 특히 어떤 유행병이 예측하지 못했기 때문에 더 극단적인 반응을 일으키는 새로운 것인 경우에 더욱 그러하다. 예를 들어 중세 유럽은 규칙적으로 발생하는 서혜임파선종 역병에 익숙해져 있었고 이러한 역병은 제도화되었다. 그러나 유행병이 새로운 것일 때 이에 대처하는 전략에 대해 설명과 해석과 제안이 다양하게 쏟아져 나왔고, 이런 것은 대부분 내재적으로 도덕적이었다(Strong, 1990: 252). 새로운 질병의 등장은 일상생활에 대한 신념과 도덕적 가치에 의문을 제기하는 계기가 된다. 그 이유는 다음과 같다.

> ……대부분의 경우 우리의 지루한 일상생활에서 우리를 지배하는 인식은 질서이다. 그러나 때때로 혼동의 세계가 전혀 예기치 않았던 극적인 모습으로 등장한다. 유행병과 혁명이 일어나고 제국이 갑자기 등장했다가 사라지고 주식시장이 폭락한다. 적어도 한순간 동안은 세상이 깨지기 쉽고 연약하며 개방적인 것처럼 보인다(256).

그것이 바로 위협적인 사건을 '이해하고' 설명하려는 시도에서 질병의 상징성이 주장되는 때이다. 합리성이 신봉되지 않을 때 도덕성이 끼어들게 된다. 환자가 만성적으로 아프거나, 스스로 질병을 야기한 것으로 보이거나, 아니면 의사의 지시에 순응하지 않을 경우가 그렇다. "질병이 환자의 몸에 대한 책임에 의문을 갖게 한다"(Kirmayer, 1988: 62). 질병에 대한 병원균 이론의 중요성이 대두되기도 전에 아픈 사람들은 자신의 질병에 책임이 있는 것으로 간주되었고, 특히 그 질병이 전염성인 경우 더욱 그러했다. 예를 들어 1830년대 미국에서 콜레라가 유행했을 때 희생자들(대부분이 빈곤 계층 출신이었는데)이 안식일을 지키지 않고 폭음과 방탕한 생활 등 부적절하고 부도덕한 행동을 함으로써 스스로의 몸을 의도적으로 약하게 만들었다는 비난을 받았고, 따라서 자신의 죄에 대한 벌을 받는 것으로 여겨졌다(Rise, 1988: 46).

현대 서구사회에서는 생활양식의 선택과 자신의 건강을 유지하면서 '위험'을 피해야 하는 책임을 강조하는 것이 질병을 설명하는 지배적인 방식이 되었다. 방종과 자기 통제 결여는 사람들이 식습관, 체중, 흡연과 음주 소비와 밀접하게 관련이 있는 심장병, 당뇨, 폐암, 간경화와 같은 질병을 왜 앓게 되는지에 대한 이유로 간주되었다(Nelkin and Gilman, 1988; Sontag, 1989; Lupton, 1993c, 1995). 코워드가 식습관에 대해 최근에 언급한 바와 같이 "이제 음식에 대한 태도는 도덕성의 영역에 확실히 들어왔다. 이런 식의 사고방식에 따라 우리가 무엇을 먹을 것인지에 대한 선택은 질병과 건강 사이의 선택이고, 비만이나 질병을 가진 몸에 대한 선택이다"(Coward, 1989: 147). 만일 과음이나 흡연 또는 동성애 등과 같은 사회적으로 일탈로 여겨지는 행동을 한다면 환자들은 질병을 스스로 초래한 것으로 간주된다. 예를 들어 1990년대의 영국에서 흡연하는 사람들은 심장동맥 우회술로 얻을 것이 없기 때문에 수술을 거부당하는 일이 생겼다. 여기서 담배를 피우는 사람들은 의학적 도움을 받을 자격이 없다는 것을 강하게 암시하는 것이기도 하다(강조는 원문대로).

내면화된 스트레스나 분노의 결과로 암이 생긴다는 현대 질병에 대한 공통적인 경향은 "환자를 비난하는 강력한 수단을 구성한다. 현명치 못하게 자신의 병을 야기했다고 설명을 들은 환자들은 스스로도 자신의 탓이라고 느끼게 된다"(Sontag, 1989: 57). 클라크(Clarke, 1992)는 1961년과 1965년, 그리고 1980년과 1985년 사이에 북미의 대중 잡지에 실린 기사 중에서 암과 심장질환과 HIV/AIDS에 대한 논의를 비교했다. 그녀는 각각의 질병과 이로 인해 고생하는 환자에게 각기 도덕적 의미가 다르게 부여된다는 것을 지적했다. 예를 들어 암은 악, 부도덕한 약탈자, 적 또는 전체적인 자아를 집어 삼키는 신비한 질병으로 묘사되며, 절망과 두려움 그리고 죽음 등과 관련되어 있다. 반면 심장 질환은 강하고 도덕적으로 중립적이며 적극적이면서 일부에만 고통이 엄습하는 것으로 그려진다. 또한 이는 혈관계 순환체계의 고장을 일으키지만 생활양식의 변화와 기술적인 개입을 통해 예방과 관리가 가능한 것으로 여겨진다. HIV 감염자나 AIDS 환자들은 도덕적인 용어로 묘사되어 부도덕한 생활양식에 대한 벌을 받고 있으며 난잡한 성생활에 대한 형벌이자 사회의 재앙으로 표현된다. 클라크는 이러한 묘사가 이 질병으로 고통받는 사람이 느끼는 자기 가치에 대해 함의를 가지고 있다고 믿는다. 예를 들어 "암 환자는 수치스러운 감정을 느낄 수도 있다. 왜냐하면 너무나 두려워서 이름을 붙일 수조차도 없는 사악한 약탈자의 침해로 이전의 도덕적 자아를 상실하기 때문이다. 하지만 자신의 몸 안에서 아무도 모르게 퍼져나가는 강력한 외부 침입자와 싸운다"(Clarke, 1992: 115).

환자들이 '위험한' 행동에 빠졌기 때문이라는 가정에 기초하여 질병에 걸린 사람들을 비난하는 것은 그들이 이러한 병이 시작되지 않도록 최선을 다해 저항해야 한다는 것을 의미한다. 예를 들어 3장에서 논의했던 올리비아 뉴튼 존의 유방암에 대한 잡지 기사에서 그녀는 "처음에는 이런 일이 왜 나한테 일어났는지 수수께끼 같았어요. 나는 먹는 것에도 신경을 썼고, 규칙적으로 운동도 하고 담배를 피우지도 않았고 술은 거의 마시지 않았거든요. 하지만 스트레스를 상당히 많이 받았는데, 아마도 그것 때문에 이런 일이 일어났나 봐요"라고 말했다(Olivar, 1993). 이러한 주장은 신의 힘보다는 생활양식의 선택이 질병의 원인으로 간주되는 시대에 환자들이 스스로를 정당화시켜야 하는 위치에 놓이게 된다는 것을 말해주는 것이다. 또 다른 현대적인 사례가 HIV나 AIDS 환자에 대한 미디어의 기사이다. 여기서 감염의 원인은 일관되게 언급되어, 우리는 이런 환자들이 동성애 행동을 하는 '죄'를 범했거나 마약 주입을 했다는 것을 알게 된다. 아니면 수혈을 받거나 HIV에 감염된 어머니에게서 출생을 했거나 "약물 사용이나 양성애자인 줄을 모르고 단순히 잘못된 남자 친구에 빠져 성적인 관계를 갖게 된 여성 등과 같이 자신의 '잘 못'이 없는데도 감염이 된 '순진한' 희생자들일 수도 있다"(Lupton, 1993a).

질병의 유전적인 원인에 대한 의학적 연구가 점차 증가하는 것은 — 또는 '새로운 유전학'이라는 용어가 붙은 — 위험 요인을 보는 시각에도 영향을 주었다. 인간 게놈 프로젝트의 등장은 전체 인간의 게놈 지도를 만들려는 광범위한 연구로서 새로운 유전학을 자극하는 동인이 되고 있다. 알코올 중독으로부터 비만에 이르기까지 수많은 행동이 특정 유전자나 유전자 결합에 관련되어 있다. 게놈 프로젝트에 참여하는 과학자들은 유전자를 밝혀내는 것이 유전적으로 결정이 되는 질병을 더 잘 이해하고 이러한 질병에 대한 새로운 치료 방법을 개발하는 데 도움을 줄 뿐만 아니라, 유전적인 위험인자를 가진 사람들을 찾아내는 선별 검사프로그램을 개발하는 것도 가능할 것이라고 주장한다(Cunningham-Burly and Bolton, 2000).

질병의 원인이 유전적일 때 적어도 생활양식 요인을 통제하는 것과 관련된 개인의 책임을 강조하는 것은 어느 정도 완화된다. 그러나 이런 경우에는 초기 질병에 대한 검사와 같은 전략에 더 관심을 많이 갖게 되고 질병이 나타나기 전에 이를 막는 예방적인 행동을 더욱 강조하게 된다. 예를 들어 다운증후군이나 낭포성 섬유증과 같은 유전적인 결함을 가진 태아를 인공 중절하거나, 유전적인 질병에 대한 위험성이 높기 때문에 자녀를 갖지 않기로 결정을 한다든가, 또는 유전적 요인으로 유방암 발병 가능성이 높은 여성이 사전에 예방적인 유방절제술을 하기도 한다. 이 경우 이 같은 예방적인 행동을 거절할 경우 도덕적인 의미가 부여될 수도 있다. 이는 특히 출산을 통해 자신이나 배우자의 유전자를 전하는 책임을 가진 여성, 즉 유전적인 위험성을 가지고 있어 배우자나 자녀의 건강을 위해 자신의 건강을 확실하게 유지해야 하는 여성의 경우 더욱 그러하다(Hallowell, 1999).

입원

병원은 긴장, 위협, 실망, 희망, 두려움, 벌 등 서로 경쟁하는 의미가 가득 차 있는 장소이다. 건강한 사람이든 아픈 사람이든 사람들은 대부분 병원에서 불안감을 느끼지만, 병원은 아픈 사람에게는 구원과 치료를 약속해주는 곳이기도 하다. "병원은 우리 마음 속 깊은 곳에 있는 고통과 부패와 죽음에 대한 불안감을 불러일으키지만 회복을 약속하기도 한다"(Singer, 1993: 101). 무엇인가 잘못되었을 때(여성들이 출산을 위해 갈 때를 제외하고) 찾아가거나 보내는 곳이 병원이기 때문에 이는 가시적인 사회적 일탈을 나타내는 기관이다(100~101). 환자가 병원에 들어서면 의학의 세계에 들어서는 것이며, 거기서 환자들은 익숙지 않은 일련의 엄격한 규칙과 일상에 순응해야 한다. 병원은 거의 감옥과 같은 총체적 기관이어서 언제 먹고 잘 것인지, 어떤 옷을 입을 것인지, 소음의 정도나 햇볕에 얼마나 노출되는지, 배설을 어떤 방법으로 하는지 등 모든 것에 대해 스스로 통제를 거의 할 수 없다. 몸 안팎을 드나드는 '정상적'인 형태(먹고 배설하는 등의)를 벗어나고, 몸의 외부에서 내부로 수액이 공급되거나 그 반대의 경우와 같은 대부분의 몸의 과정은 간호사의 교대 일정에 맞추어진다.

병원 환경 아래서 이제까지 환자에게나 의료진에게 매일의 일상적인 것으로 인식되었던 것은 변화하고 붕괴된다. 환자에게 정상적인 일상의 붕괴는 기관에 수용됨으로써 지위가 하락하고 자신의 몸이 총체적인 통제를 받고, 공적인 것과 사적인 영역 사이의 경계가 무너지는 결과를 낳게 된다. 그러나 전지전능한 '삐삐 호출'로 아무 시간에나 불려오는 전문의들이 경험하는 일상의 붕괴는 '거의 신성한 권력의 상징'이다(Frankenberg, 1988: 15). 왜냐하면 밤과 낮, 삶과 죽음, 공적인 것과 사적인 것의 경계를 넘나드는 것처럼 보이기 때문이다. 간호사나 환자와는 달리 의료진은 '사적인 시간의 특권을 선택'

할 수 있다(15). 환자와 친척들은 기다려야 하기 때문에 불확실성과 의사에 대한 의존성을 지속시킨다(Frankenberg, 1988; Singer, 1993).

병원에 입원하는 것은 시간을 잃어버리는 것이다. 무엇이든지 주는 것을 받아들이고 소비해야 하는 기다리는 게임을 하면서 생산성과 활동을 위한 시간을 잃는 것이다. 병원에서 환자의 시간은 환자에 대한 선고와 마찬가지로 미래에 대한 어떤 행동도 불가능하도록 현재를 영원히 확장시킬 수 있는 기관의 힘에 의해 결정된다(Singer, 1993: 103).

병원에 입원했던 사람은 흔히 치료 기간 동안에 경험했던 소외와 무기력함에 대해 언급한다. 클라인만(Kleinman, 1988)이 논의한 하나의 사례 연구는 온몸에 심각한 습진을 앓는 젊은 남성에 대한 것이었다. 이 젊은 남성의 설명은 치료를 받기 위해 노출시켜야 했던 흉한 피부질환에 대한 수치심을 이야기하고 있다.

당신은 옷을 벗고, 그리고, 음, 그리고 옷이 발가벗겨집니다. 처음에는 수치심을 느끼지요. 당신이 어떻게 보이는지에 대해 수치를 느낄 거예요. 그렇게 자신의 사적인 부분을 보여주는 것이죠. 간호사와 의사가 어떻게 당신을 바라볼지에 대해 수치스럽지요. 다른 사람과 다르고 정상이 아니라는 것에 수치심을 느껴요. 음, 왜냐하면 어떤 경우에 다른 사람들에게 자신을 그렇게 다 노출시키나요? 하지만 병원 간호사나 의사들은 당신이 어떻게 느끼는지에 대해 너무나 무감각합니다. 가끔 그들은 내가 그들 앞에 발가벗고 서 있는데도 계속 잡담을 합니다……(Kleinman, 1988: 163~164에서 인용).

작가인 마거릿 쿰스(Margaret Coombs)는 출산에서 느낀 소외에 대한 자서

전적인 이야기에서 런던의 비싼 산부인과 병원에서 유도 분만을 했던 경험을 생생하게 묘사하고 있다.

> [간호사들이] 양쪽에서 한 명씩 달려들어서 내 다리를 잡아당겨 벌려서 받침대에 올려놓았다. 받침대의 고리들이 수갑처럼 철컥하고 내 다리를 꼼짝 못 하도록 묶었다. 당신은 체포된 거요! 이제 도망할 수 없어요. 당신은 유죄요! 우리가 당신에게 **벌을 줄 것이오**(108)! 나는 수술침대에 묶여서 누워 있으면서 다리는 허공에 벌리고 있는데 그는 나의 취약한 몸을 내려다보고 있다. 그의 모든 관심은 내 다리 사이의 공간에만 초점이 맞추어져 있다……. 그는 무표정한 목소리로 간호사에게 지시를 내린다. 중상층 영어 엑센트를 구사했지만 그의 목소리는 커내버럴(Canaveral) 우주센터 통제실의 목소리를 연상시킨다. 달이 하늘에서 떨어져 나가도 흔들리지 않을 목소리, 감정이 전혀 없는 목소리이다. 그가 이런 목소리를 사용할 때 나는 그에게 한낱 기계의 일부이며 나의 감정에 대한 그의 무관심은 완성이 된다(116)(강조는 원문대로).

신문에 실린 질병 경험에 대한 자서전적인 설명도 자신의 몸에 대한 통제를 상실한 이미지를 암시하는 신체의 허약함을 통해 통제력을 잃어버린 경험에 대해 이야기하고 있다.

> 내 자신의 건강과 신체적인 습관에 대해 나에게 수없이 많은 질문들이 퍼부어졌다. 사람들이 와서 자신이 무엇을 보고, 무엇을 발견했는지 말해주지 않으면서 내 치질을 들여다보았다. 나는 항상 발가벗겨졌고, 간호사는 항문 부위를 면도했다. 나는 내 몸을 무언가 나와 분리된 것으로 인식하기 시작했고 그것이 대부분 사실이었다. 자아의 개념이 바뀌었다. 당신의 몸은 거기 있지만 생각하는 자아와는 좀 거리를 두고 있다. 병원에 있었던 날들은 내 몸에 속한 것이었

다. 주사와 고통, 배설, 잠 이런 것들을 요구했다. 무엇인가를 계획한다는 것은 의미가 없었다. 내 몸은 통제되고 있었고 깜짝쇼를 즐기고 있는 것 같았다. "이제 아프게 할 거야"라고 조용한 순간에 말할 수도 있다. "화장실로 데리고 가"라고 명령하기도 한다. 마치 성격이 못된 아이의 유모가 된 것 같았다 — 당신은 그런 일이 필요했다(Mackie, 1992: 24).

서로 다른 서구 3개국에서 입원했던 환자가 다양한 근거를 가지고 반복하는 이러한 이야기들은 질병이 가져오는 소외의 효과와 분리의 감정, 자신의 몸으로부터의 거리감, 신체적인 건강 규범에 따르지 못하는 수치심, 다른 사람들의 요구에 따라 자신의 발가벗은 몸과 성기를 노출시켜야 하는 수치심 등을 강조하고 있다. 많은 이야기에서 무기력한 감정, 통제의 상실, 희생자가 되는 느낌 등이 드러나고 있다. 의료진은 환자들을 생명이 없는 살덩어리나 기계의 조각처럼 다루면서 인정이 없는 사람들로 묘사된다. 환자와 의료진 사이의 권력과 권위, 지식과 주체성의 간격은 이러한 이야기에서 따분할 정도이다.

사회과학자나 의료전문직 자신이 심각하게 아파 병원에 입원할 때 질병 경험과 의료 현장의 성격에 대해 반추해볼 기회를 갖게 된다. 인류학자인 수전 디지아코모(Susan DiGiacomo)는 임파선 체계의 암인 호지킨 병(Hodgkin's disease, 악성 육아종증)이 생겨 검사와 수술과 방사선 치료를 위해 병원에 입원을 했다가 4년 뒤 재발하여 또 다시 수술과 화학치료를 받게 되었다. 그녀는 자신의 입원과 치료 기간 동안 환자와 동시에 민속방법론자로 행동한 것이 "갑작스럽게 너무나 예측할 수 없는 성격을 보여주는 인생의 질서, 패턴, 의미 등을 생각해보고 두려움을 관리할 수 있도록 해주었다"라고 언급했다(DiGiacomo, 1987: 316). 질병 경험에 대해서 그녀는 다음과 같은 관찰을 했다.

병원에서 나의 정체성은 도전을 받았다. 총체적 기관이 당신을 다루는 것 이외의 어떤 것도 하기 어려웠다. 그리고 암에 대한 부담스러운 상징이 병원의 여러 가지 요구들을 더욱 힘들게 했다……. 그러나 정체성이 내가 어느 정도 통제를 할 수 있는 하나의 영역처럼 보였다. 분명히 내 몸을 통제할 수는 없었다. 이제 내 몸은 의사들의 손에 맡겨져 있다(319~320).

병을 앓게 된 의사들에게 환자와 동시에 동료 의료전문직의 구성원이라는 두 가지 역할 사이의 충돌은 어떻게 환자로서의 역할이 만들어지고 경험되는가에 대한 흥미로운 시각을 제공한다. 환자가 된 의사들에 대한 저술을 검토하면서 한(Hahn, 1985a: 89)은 많은 사람들이 환자로서의 역할을 인정하는 것이 매우 힘들고, 따라서 증상과 진단을 부인하려는 경향을 보인다고 지적한다. 다음과 같은 전환 과정이 눈에 띤다.

……권위와 능력과 청결의 상징인 의사의 흰색 가운에서 노출과 취약성, 무기력함을 상징하는 병원 '환자복'으로 전환……. 이런 의사들은 공통적으로 무기력함과 취약성과 의존성이라는 환자의 역할에 대해 무조건적이고 반항적인 감정과 확실하고 위급한 요구를 가지고 반응한다. 충격, 두려움, 불안, 긴장 등을 느끼지만 동시에 분노, 화, 불신 등도 느낀다(Hahn, 1985a: 89~90).

사실 일부 사람들에게는 의사의 역할을 유지하는 것만이 안정감을 가질 수 있는 수단을 제공하는 것이기도 하다. 환자로 변한 한 의사는 다음과 같이 언급했다.

스스로 놀랍게도 내가 내 병의 경우를 발표하는 것을 좋아한다는 것을 발견했다. 내가 임상적인 견해에서 나의 가슴에 대해 의논하는 것이 적절하고 안전하게 느껴졌다. 내게 익숙한 역할을 하는 것이 내 긴장을 풀어주었고 그 진단이 생명을 위협한다는 것이었는데도 다소 편안함을 느끼게 해주었다. 내가 내 병에 대해 의사 역할을 하는 한 나의 새로운 상태에 대한 불안이나 무기력함에서 내 스스로를 부분적으로나마 방어할 수 있다는 것을 배우게 되었다(91에서 인용).

뇌졸중을 경험한 또 다른 의사도 역시 진단을 확인한 후 다음과 같이 지적했다.

이제 수수께끼는 끝났다. 즐거웠다. 염증이라고 생각했던 다발성 경화증에 대한 공포가 사라졌다. 내 몸이 다소 병들었다는 생각으로 대체되었고 나머지는 괜찮았다. 뇌졸중이 내 몸 나머지 부분에 문제를 일으키는 '바로 그것'이라는 것을 알게 되었다(Goldberg, 1993: 216).

자신의 자서전인 『A Leg To Stand On』에서 올리버 삭스(Oliver Sacks, Sacks)는 부상으로 다리를 절게 되어 오랜 기간 동안 입원을 했던 의사의 입장에서 환자가 되는 경험에 대해 글을 썼다(Sacks, 1984). 여기서 그는 '환자 되기에 따르는 체계적인 탈인격화'에 대해 묘사했다.

옷은 익명의 하얀 잠옷으로 대체되고, 손목에는 번호로 누구인지를 알 수 있는 팔찌를 차게 된다. 개인은 기관의 규칙과 규제에 따르게 된다. 더 이상 자유로운 행위자가 아니며 권리도 없고, 일반적인 세상에 살고 있지도 않다. 이는 철저하게 감옥의 죄수가 되는 것과 유사하며 학교의 첫날 느끼는 수치스러운 추억과도 같다. 한 개인은 더 이상 사람이 아니라 이제 한 명의 수감자가 된다(Sacks, 1984: 28).

병원 침대에 묶여 있는 동안 삭스는 병원에 수용되어 세상에서 소외됨으로써 세상에 대한 시각이 자신의 작은 방 안으로 축소되고 자신의 존재도 '축소되었다'는 것을 발견했다.

> 나에게는 — 그리고 사실은 환자가 되는 조건이기 때문에 모든 환자에게도 그랬을 것인데(물론 잘못되지 않고 잘 다루어지기를 바라긴 하지만) — 결합하지만 서로 다른 두 개의 불행, 두 개의 괴로움이 있었다. 하나는 신체적(그리고 '신체 - 존재적') 장애로서 유기체적으로 결정된 존재의 침식이었다. 또 다른 하나는 '도덕적' — 그리 적절한 단어는 아니지만 — 인 것으로 환자의 근거지가 없는 지위와 관련된 것으로, 특히 '그들'과 갈등하면서 복종해야 하는 것이었다. 그들은 의사이고 전체 시스템이며 병원이다. 이러한 분노와 심지어는 강박중적인 목소리와의 갈등은 심각하지만 그러나 중립적인 신체적인 괴로움에 더해진다. 왜냐하면 이는 해결이 불가능하고 도덕적인 괴로움이기 때문이다(122).

이러한 글은, 통제하는 지위에 익숙하고 고집스러운 인간의 몸에 대해 질서를 유지하며 의료 상황에서 권위를 가지고 있던 사람들의 관점에서 질병에 대한 경험을 분명하고 생생하게 묘사하고 있다. 이러한 설명은 질병과 환자 역할로 야기된 강력한 감성이 있어 '객관적으로' 질병을 다루도록 훈련된 의사들조차도 자신의 몸에 문제가 생길 때 불확실성과 불안에 굴복하게 된다는 것을 말해준다. 의사 스스로가 아플 때 이들은 반대편의 입장에서 의료 상황에 접근하는 데 너무나 익숙해 있기 때문에 환자 역할의 무기력함을 인정하는 데 가장 어려움을 느끼게 된다. 많은 의사에게 아픈 경험은 자신의 의료 실천과 우주관에 근거한 시각을 극적으로 변화시키게 된다. 자신의 딸이 심각한 질병으로 입원을 했던 한 의사는 다음과 같이 언급했다. "내 경험이 나의 의료행위를 변화시켰다. 환자의 고통과 두려움을 이해하려고 노력하는 것이 중요하다. 그들에게 무슨 일이 일어나고 있는지를 이해하려는 노력이 어느 정도 위안을 가져다줄 수 있다"(Wiener, 1993: 661).

'잠재적인 환자 역할'

몸은 역사적으로 질병의 원인이 해석되는 장소였다. 아픈 몸은 의미 있는 텍스트이다. 몸이 나타내는 기호와 상징은 이해를 위한 지도를 보여준다. 전 근대 사회에는 아픈 몸 자체가 육신의 괴저로 고통을 받으면서 생생하게 스스로를 보여주었다. 중세에는 질병의 내부적인 효과에 대해 거의 알지 못해 몸은 혹이나 상처나 피, 또는 메스꺼운 분비물과 냄새 등이 잘 모르게 분출하거나 스며 나오는 '외피'로 여겨졌다(Herzlich and Pierret, 1987: 76). 질병의 텍스트로서의 몸은 의과학의 등장 이후 변화했다. 몸은 전반적으로 더 이상 질병에 대한 증인이 되지 못한다(HIV/AIDS와 관련된 다발성 출혈성 육종은 매우 예외적인 경우이다). 중세 역병으로 끔찍한 몸의 표시는 사라졌거나 흔치 않은 일이 되었다. 한때 죄의 상징으로 사탄이 체화된 것으로 여겨졌으나, 현대 사회에서 아픈 몸은 이제 의학 기술에 의해 해석되어야 한다(82).. 현대 병리학은 효과적인 치료를 하기에는 진행이 너무 되기 전에 숨어 있는 질병을 찾아낸다.

점점 많은 경우에 의료기술이 사용됨에 따라 몸에 숨어 있는 질병을 '찾아내는 것'을 강조하는 경향이 심해지고 있다. 증상이 없는 질병을 초기에 진단하는 것은 예방적인 의료의 기본이 되었다(Daly, 1989: 100) 의학과 일반인을 위한 문헌 모두가 초기 진단의 가치를 확실하게 보여준다. 초기 단계에 질병을 진단하기 위한 선별 검사에 대한 최근의 인기는 건강과 질병에 대한 인식을 재규정하고 있다. 대부분의 선별 검사 프로그램은 건강한 사람에게 '숨어 있는' 질병이나 진행되는 질병의 표시를 찾아내는 데 관심을 가질 것을 권한다. HIV 항체, 자그마한 유방 덩어리, 높은 콜레스테롤 수치, 고혈압, 암이전 단계의 자궁 세포, 질병에 대한 유전적인 표시 등을 찾아낸다. 이러한 과정은 아무런 증상도 경험하지 못하는 사람들의 불안감을 높여서 검사를 하도록 하고 있다. 그렇게 함으로써 개인들은 자신의 건강에 대한 평가의 진실성에 의문을 제기하고 보이지 않는 질병의 표시를 찾기 위해 의학의 개입 (보통 발달된 기술에 의해)에 의존하도록 만들고 있다.

의학적인 검사는 자동적으로 질병을 억제하는 해결책으로 인식이 된다 (Nelkin and Tancredi, 1989). '검사'라는 단어 자체가 이미 예정된 기준을 알아내는 것을 '실패' 또는 '간과'했다는 것과 관련된 의미를 상기시킨다. 따라서 검사를 받는 데 '실패'한 사람들은 주어진 기준에 도달하는 데 실패한 일탈자로 다루어질 위험이 있다. 자궁암 선별 검사와 관련해서 주장된 바와 같이 "관련된 보건 전문직에게는 일상적인 과정인 것이 환자의 삶에서는 중요한 사건이 될 수 있다"(Quilliam, 1990). 이는 검사 결과가 양성이든 음성이든 마찬가지이다. 의학적인 검사를 하면서 이전까지 건강했던 사람들이 자신의 몸의 통합성에 의문을 제기하면서 검사 결과를 기다리는 동안 불안에 떨게 되며 소리 없이 몸에 침입해서 기다리고 있는 비밀스러운 질병을 인식하게 되는 상태에 이르게 된다. 크로포드(Crawford, 1980: 379)는 이런 불안 상태를 '잠재적인 환자 역할'이라고 부르는데, 이런 상태에서는 예방과 초기 진단에 대한 사회적 기대가 부과되고 예방적인 행동에 실패하는 것은 "단지 개인적인 것이 아니라 사회적인 무책임성을 표현하는 것이 된다."

검사 결과가 양성으로 나오면 질병에 이름이 붙고 "몸에 증상이 나타나기도 전에 사람들은 질병이 거기 있거나 거기 있을 것이라는 것을 알게 된다" (Herzlich and Pierret, 1987: 94). 그 결과 질병의 끔찍한 표시가 몸에 나타날 때 갖게 되는 공포와 두려움은 안에서 숨어 있는 조용한 질병에 대한 두려움에 자리를 내어준다(87). 숨어 있는 질병이 고도의 기술적인 장비와 발전된 지식을 사용하는 전문가에 의해 해독되고 발견되어야 한다는 사실은 개인으로부터 주체성을 빼앗고 질병의 현실로부터 분리시켜 어떤 면에서는 이를 인정하기 더 어렵게 만든다. 예를 들어 포스너와 베시(Posner and Vessy, 1988)는 자궁암에 대해 또 다른 검사를 했던 여성들에게 그들이 받았던 치료에 부여된 의미는 비정상적인 세포가 자신의 몸 밖에 있는 것이 아니라 몸 내부에 있는 것이라는 사실과 관련되어 있다. 거기서 보이지도 않고 알지도 못하는 몸의 깊은 곳에 숨어서 여성의 정체성에 핵심적인 부분을 위협하는 것이다(Posner and Vessy, 1988: 42).

일부 사람들에게 질병에 대한 경험을 둘러싼 경계를 규정할 수 없는 것은 불안과 혼동과 스트레스를 일으킬 수 있다. 의학에 의해 진단되고 치료되는 사건의 예로 불임증을 들 수 있으나 이는 '질병'으로 개념화되지 않고, 증상이 나타나기보다는 (임신과 출산이라는) 사건이 일어나지 않음으로써 존재하는 것처럼 보인다(Greil et al., 1989; Sandelowski et al., 1990). 불임증은 오랫동안 있던 문제였는데도 부부가 임신을 시도하기 전까지는 문제로 인식되지 않는다. 이는 열려 있고 결정이 되어 있지 않은 상태이다. 샌델로브스키(Sandelowski et al., 1990)가 면접을 했던 많은 부부들이 자신의 가임기간이 끝나기 전까지는 '증명'되는 것이 아니라거나 의학적으로 설명되지 않으면 실제로 존재하지 않는 것이라는 믿음을 가지고 있었다. 그러나 일단 상태가 확인이 되면 부부는 철학적이거나 종교적인 해석을 이용해 자신의 운명을 받아들이기보다는 약이나 체외인공수정이나 난자 이식 등과 같은 임신을 도와주는 기술의 의학적인 도움을 구해야 하는 사회적 압력을 받게 된다.

샌델로브스키 등이 실시한 연구(1990)에서 일부 사람들은 도움을 받아 임신을 한 이후에도 여전히 스스로를 불임이라고 생각하는 것으로 나타났다. 이들은 의학적 치료 없이는 불임이지만 도움을 받아 임신이 가능하게 되었다. 또 다른 여성들은 불임을 만성적인 질병으로 경험하고 있어 삶의 다른

영역에서도 자신에 대한 생각에 영향을 미치고 있었다. 불임증 치료의 발전
은 사람들이 운명적으로 불임을 인정하고 자신의 삶을 다시 살아갈 수 있는
능력에 도전한다.

> 우리는 기술적인 지식을 통해 우리의 상태에서 벗어날 수 있는 인간의 능력
> 이 있다는 것을 강하게 믿는 한 '신의 의지'와 같은 개념에 의존하는 설명은 믿
> 을 수가 없다. 신정론[종교적인 신념, 악의 존재를 신의 섭리로 봄, 옮긴이 주]과
> 같은 종류의 해답을 인정하는 것은 포기를 암시하는 것이다. 이런 체념의 생각
> 은 현재 불임 치료에 존재하지 않는다……. 우리의 건강 문제를 기술적인 수단
> 으로 다룰 수 있는 능력이 증가함에 따라 우리는 질병을 의미의 수준에서 다룰
> 수 있는 능력을 상실할지도 모른다(Greil et al., 1989: 226~227).

따라서 잠재적이거나 숨어 있거나 의식 상태에 있는 질병을 갖는 것은 '진
짜' 질병만큼이나 도전이 되고 스트레스가 되며, 어떤 면에서는 분명히 규정
되지 않기 때문에 더 불안을 야기할 수도 있다. 많은 사람에게 그 모든 불확
실성을 가지고 설명을 찾아가는 과정은 음성 진단을 받는 것보다 더 나쁘다.
왜냐하면 그 경우 어떤 행동이나 심리적 적응을 할 수 있는 기회가 없기 때
문이다. 건강은 다양하고 변화하는 의미를 가진 떠돌아다니는 기호(signifier)
의 모습이 되어 그 자체가 목적으로 물화되고, 도덕성의 상징으로 끊임없이
불안한 검사를 시도해야 하게 되었다(Kroker, 1992).

일반인 관점에서의 질병과 이환의 원인

환자는 대부분 생의학적 지식에 자유롭게 접근할 수 없지만, 그렇다고 해
서 그들이 반드시 의사의 지혜를 수동적으로 기다리는 비어 있는 상태로 의

사 - 환자의 상호작용에 참여하는 것은 아니다. 사람들의 질병이나 건강 상태에 대한 이해는 역동적이고 가끔은 일관성이 없으며 개인의 경험과 감정적인 상태와 같은 주변 환경에 따라 변화한다. 사람들은 대부분 질병에 대한 민습 모델(folk-model)이나 의료의 대안적인 형태, 대중매체 개인의 경험에서 나온 '상식적인' 이해, 친구나 가족과 의논해서 얻은 건강에 대해 신념을 가지고 있다. 이들은 정통 보건의료를 소비하면서도 이러한 신념을 계속해서 활용하고 있다. 이렇게 확립된 신념이 의사의 지시를 거부하는 환자의 행동 아래 깔려 있고, 의사가 이러한 신념이 있다는 사실을 알지 못하면 의사와 환자 사이에 오해를 일으킬 수 있다. 매콤비(McCombi, 1987)는 미국 남서부 카운티에 거주하는 사람들 사이에서 '감기'에 대해 일반인들이 어떻게 이해하고 있는지에 대한 사례를 보여준다. 매콤비는 사람들이 대부분 의사나 예방의학자보다 감기에 대해 훨씬 넓게 정의한다고 주장한다. 예를 들어 어지럼증, 구토, 설사 등을 감기를 규정하는 증상으로 봄으로써 의학적인 정의와 모순되는 것이다. 이러한 일반인들의 정의는 흔히 질병의 유형을 기록하려는 역학자들에게는 문제를 일으켜 질병을 잘못 분류하게 하기도 한다.

질병이 더욱 보편적이고 덜 심각할수록 이에 대한 원인과 치료에 대한 일반인의 이론은 더욱 전통적인 민습 모델에서 끌어오게 된다. 헬먼(Helman, 1978)은 자신의 일반의로서의 경험에 기초하여 영국의 교외지역 주민 사이에서 호흡기 감염에 대한 민습 모델을 논의하고 있다. 그는 질병에 대한 일반인들의 모델은 습기나 비, 차가운 바닥과 바람 등과 같은 환경적인 요인에서 발생하여 개인의 피부 속으로 뚫고 들어가는 것으로 오한과 감기를 설명하는 경향이 있다고 지적한다. 따라서 감기는 몸에 들어가 병을 일으키고 사실상 '감기'의 원인이 된다. 따라서 따뜻한 옷과 신발로 몸을 보호하며 젖은 것이나 축축한 것은 피해야 한다. 발과 머리는 이런 침투에 가장 취약한 것으로 여겨져 발이 젖거나 머리가 젖은 채로 잠을 자는 것을 피하도록 경고한다. 더운 방에서 추운 바깥으로 나가 몸의 온도를 갑작스럽게 변화시키는 것과 계절이나 장소의 변화는 감기와 오한을 매개하는 것으로 추정된다. 따라서 감기는 조심하지 않아서 환경과의 전쟁에서 진 결과로 간주되고, 따라서 적절한 주의를 하지 않은 책임이 있는 것이다. 반면에 '발열'은 '병원균', '세균' 또는 '바이러스'가 원인으로 간주된다. 병원균은 특히 입이나 코 또는 항문과 같이 몸의 구멍을 통해 안으로 들어와서 틈을 통해 몸의 경계를 넘어온다. 병원균에 감염된 사람은 사람들이 있는 곳에는 어디에나 균이 존재하기 때문에 이를 방어할 수 있는 것이 아무것도 없어 책임을 지지 않아도 된다. "병원균은 스스로의 작용이 있어 숙주에 의해 직접 통제될 수 없다"(Helman, 1978: 120). 헬먼은 '주변에 내 것과 같은 세균이 돌아다니지 않는지' 물으면서, 별도의 경우가 아니라 자신도 일부분인 "지역 전체에 문제가 있다"는 생각에 위안을 받는 경향이 있다고 지적했다. 더 나아가 그는 질병에 대한 병원균 이론의 확산이 사람들의 관계에 대한 태도에 영향을 주었음을 관찰했다. 즉 사람들은 감염 위험 때문에 다른 사람들과의 상호작용에 좀 더 조심하게 되었다(124).

심장 질환이나 고혈압 역시 일반적인 정통 의학적 설명과 원인과 치료에 대한 일반인들의 해석이 매우 차이가 난다. 버지니아의 시골에서 병원에 다니는 환자들을 대상으로 수행한 연구는 그들이 '높은 혈액(high blood)'이라고 부르는 불평이 있는 것을 발견했다. 그들은 이것을 점성이 있는 혈액이 몸의 상체를 막거나 머리로 갑작스럽게 올라가는 만성적인 상태라고 묘사했다. 응답자들은 이러한 질병의 원인으로 피를 진하게 하거나 '말리는' 적색 육류, 고지방, 고염도의 음식 등의 음식 섭취가 중요하다고 믿고 있었다. 흥분이나 걱정과 긴장과 같은 감정도 역시 '나쁜 피'를 자극하는 것으로 믿었다. 치료는 혈액을 '엷게 하고' 안정을 취하는 것이라고 보았다. 다른 환자들은 '허약하고' '어지럽거나' 모호한 감정과 몸의 스트레스, 피곤, 수면 형태를 방해하는 '신경증', 피곤과 공격, 당분을 너무 많이 섭취해서 생기는 '당뇨'와 같은 것으로 고생한다고 불평했다(Nations et al., 1985).

1980년대 초반부터 영국의 여러 지역에 사는 사람들에 대한 심층면접과 같은 질적인 조사를 수행한 많은 연구에서 개인의 책임이라는 인식에 기초한 질병의 원인에 대해 개념화하는 방식에 유형이 있음을 발견했다. 웨일스의 노동계층에 속하는 젊은 여성들에 대한 연구에서 병원균 이론 다음으로 가장 흔히 질병의 원인으로 여겨지는 것은 여성들이 질병을 노화나 만성적인 상태의 결과로 보기보다는 단기적이고 급성적인 사건으로 본다는 것이다. 면접에 응한 여성들은 약 반 정도가 음식, 노동, 질병에 대한 '저항'을 유지할 수 있는 정신적인 태도의 중요성 등과 같은 개인의 행동을 강조했으며, 단지 소수만이 추정되는 요인으로 유전에 대해 논의했다. 사람들이 의사한테 가는 것을 지연시키거나 부주의나 어리석음 또는 앞을 내다보는 생각이 부족하여 스스로를 위험에 빠뜨리는 경우 질병에 대한 비난이 쏟아졌으나, 그렇지 않은 경우 여성들은 질병의 원인에 대해 인과응보적인 접근은 하지 않는 것으로 나타났다(Pill and Stott, 1982).

다른 연구들은 아픈 사람에 대한 생각과 질병이 경험되는 방식에 중요한 사회계층 간 차이가 있다는 것을 암시한다. 런던에 사는 중산층과 노동계층의 여성들에 대한 면접 조사가 실시되었는데, 건강의 개념을 묘사하는 데 중산층 여성들이 운동을 하는 것과 몸매를 유지하고 적극적이며 적절하게 음식을 섭취하는 것에 대해 더 많이 이야기하는 반면, 노동계층의 여성들은 건강을 느끼는 데 가장 중요한 것으로 아프다는 느낌 없이 하루를 지낼 수 있는 것의 중요성을 강조하는 경향이 있었다. 두 집단 모두 건강하다는 것은 휴가를 내어 쉬는 일이 없거나 의사에게 갈 필요가 없는 것이라고 강조했다(Calnan and Johnson, 1985). 스코틀랜드의 도시에 사는 중년 노동계층 여성 집단에 대한 유사한 연구(Blaxter, 1983)도 면접대상자들이 질병에 대해 매우 금욕적이고 청교도적이며 운명론적인 태도를 가지고 질병은 나약하고 '포기하는 것'으로 보는 경향이 있다는 것을 발견했다. 여성들은 전염성 질병을 '그것'이라고 말하면서 공격하기를 기다리면서 사람들 밖에 살고 있는 악한 개체라고 말하는 경향을 보였다(이는 앞에서 언급했던 카셀과 헬먼의 결과를 지지하는 것이다). 질병의 원인으로 추정되는 것에 대해서 스코틀랜드 여성들은 감염을 언급했고, 그다음으로 유전이나 가족력, 그리고 기온이나 습한 주거 환경과 같은 외부 환경 요인을 언급했으며 스트레스와 걱정 등도 자주 언급되었다. 노화, 무관심, 내재적인 취약성, 개인의 행동 양식과 같은 원인들은 그리 자주 언급되지 않았다.

사람들이 처한 생애주의 단계 역시 질병을 방지하기 위한 '생활양식'의 변화의 중요성에 대한 신념을 형성하는 데 영향을 미쳤다. 아직 안정되지 않고 자녀가 없는 젊은 사람들은 규칙적인 운동을 할 수 있는 시간과 자원이 있는 반면, 어린아이가 있는 사람 특히 여성들은 우선순위가 달랐다. 예를 들어 어린아이의 어머니로서 필과 스톳(Pill and Stott, 1982)이 면접한 여성들은 자신이 아플 '시간이 없다'라는 신념을 내세웠다. 이는 책임 있는 아내와 어머니로서 질병이 있더라도 수행해야 하는 역할의 일부였다. 에든버러에 사는 중산층 가정의 남성과 여성에 대한 연구에서는 응답자들이 생애주기의 단계마다 자신의 삶이 어떻게 변화하는가에 대해 이야기했다. 예를 들어 젊은 가정의 한 남성은 심각한 부상이 두려워 몸을 부딪치는 운동을 포기했다고 말했다(Backett, 1992: 262).

질병의 도덕적 성격에 대한 담론은 사람들의 생각에 만연된 것으로 보인다. 예를 들어 배킷(K. Backett)은 이렇게 말했다. "흔히 건강치 못한 행동과 연관될 때에 사람들이 고백하는 태도를 취했고 '양심'과 '죄의식'이 자주 언급되는 것을 발견했다. 한 여성은 심지어 자신의 아이들이 담배를 피우는 할머니를 '나병 환자'처럼 취급했다고 말했다"(Backett, 1992: 261). 스코틀랜드의 애버딘에 사는 노인 남성과 여성에 대한 면접에서 강한 체질을 가지고 있는 것은 유전과 과거 병력에 기초할 뿐만 아니라 도덕적인 문제로 간주된다는 것을 알 수 있었다. 왜냐하면 이는 의지와 책임감에 의존하는 것이기 때문이다(Williams, 1990). 그러나 질병에 대해 사람들이 항상 개인의 책임을 강조하려고만 하는 것은 아니고, 가끔 '우연'이라는 운명적인 개념을 중심으로 하는 특권적인 설명을 선호하기도 한다. 예를 들어 웨일스 남부에 사는 사람들을 대상으로 심장의 건강에 대한 신념에 대해 면접을 했을 때, 연구자들은 응답자들이 심장 질환이 어느 정도는 예방이 가능한 것이지만 동시에 심장마비로 인한 죽음은 일상생활의 습관이나 신체적인 상태와 무관하게 경고 없이 누구에게나 올 수 있는 것이라고 생각하는 경향이 있음을 발견했다. 사람들이 운과 우연을 언급하는 경우가 극히 일반적이었다. "흡연과 음주를 극심하게 했는데도 건강하게 노년기까지 살아온 뚱뚱한 '노먼 아저씨' 같은 인물은 모든 연령·성·계층 집단의 담론에 등장했다"(Davison et al., 1992: 682~683). 이러한 발견은 자신의 건강에 개인적 책임이 있다는 인식이 일반 대중에 의해 강하게 유지되는 미국 응답자들을 대상으로 수행된 연구와는 다른 결과를 보여준다(2장에서 소개된 크로포드와 샐턴스톨의 연구를 참조할 것).

결론

질병 경험과 입원, 그리고 질병의 원인에 대한 일반인의 시각은 흔히 간과되어왔다. 그러나 환자들의 목소리를 들으려는 역사가들의 최근 연구들, 의료 현장에서 반대편의 입장에 서본 의사들의 글, 그리고 의학적 치료를 경험하는 사람들의 이야기를 강조하고 건강과 질병에 대한 일반인의 지식을 탐구하는 사회학자와 인류학자들의 민속지학적 연구 등은 모두 이러한 차원을 조명하는 풍부한 해석적인 연구 결과들을 보여주었다. 이렇게 경험에 기초한 연구는 몸이 공적인 영역에서 지배적인 담론에 의해 특징지어지는 방식을 보여주었고, 어떻게 권력 관계가 행사되고 의료적인 실천을 통해서뿐만 아니라 매일매일의 생활에서 재생산되는지, 그리고 어떻게 의료와 대중들의 건강에 대한 개념이 건강과 질병에 대한 일반직의 지식과 통합되는지를 보여주었다. 이는 단지 사람들이 수동적이고 아무런 의문 없이 지배적인 담론을 흡수한다고 말하는 것이 아니다. 사실상 사회학적 연구에 참여한 사람들이 연구자의 질문에 답을 할 때 그들이 '진실로' 믿는 신념이나 행위를 밝히기보다는 사회적으로 옳다고 알고 있는 응답들을 했을 수도 있다. 건강을 유지하기 위해 자신의 생활양식을 통제해야 한다는 조언에 대한 운명론적인 반응을 포함하여 건강에 대한 공식적인 담론에 저항하는 사람들(특히 일부 노동계층의 사람들)에 대한 많은 연구가 매우 강력한 증거라는 사실을 지적할 필요가 있다. 다음 장에서는 이러한 저항에 대해 좀 더 자세히 살펴볼 것이다.

제 5 장

권력 관계와 의료적 상호작용

끝에서 두 번째인 이 장에서는 사회문화적인 관점에서 의사 - 환자 사이의 상호작용에 대해 살펴보려 한다. 이 장에서는 주로 의사와 환자 사이의 권력 차이와 '능력 격차', 의학의 지배, 환자의 취약성과 저항의 가능성 등의 문제를 탐구하려 한다. 앞 장에 이어서 환자의 관점에 초점을 맞추지만, 이 장에서는 동시에 양쪽 입장에서 의료적인 상호작용에 대해 균형 있는 견해를 제공하기 위해 의사와 간호사의 관점도 검토할 것이다.

권력에 대한 기능주의적 관점

기능주의자들에게 권력이란 제도나 집단이나 개인의 속성이 아니라 사회에 대한 공헌을 통해 이를 획득한 사람들에게 일반적인 동의에 의해 주어진 정치체계를 통해 흐르는 사회적 자원이다. 따라서 권력은 강제적이기보다는 정당한 권위에 기초하고 있으며 집합적인 목표의 성취와 같이 이것이 가져다주는 보상을 위해 사회의 구성원들이 공유하고 인정한 것이다. 권력과 사회계층에서의 차이는 사회 전반의 이해관계에 봉사하는 데 필수적인 것으로 간주되어 가장 능력 있는 사람이 가장 고도의 기술을 요구하는 역할을 수행하고 권력 관계의 양쪽에 있는 사람 모두에게 이익이 돌아가도록 한다. 따라서 제1장에서 지적한 바와 같이 기능주의적인 접근에서는 의사 - 환자 관계를 갈등이나 권력을 위한 투쟁의 산물로 보지 않는다. 오히려 의료전문직은 필요한 서비스를 제공하는 선을 베푸는 기관으로서 그 구성원은 그들의 보살핌과 이타주의적 전문성과 그러한 자격을 갖추기 위해 필요한 오랜 훈련 기간 등에 대해 정당하게 높은 사회적 위신과 지위와 권력으로 보상받는다. 의료적인 상호작용과 보다 넓은 공적 영역에서 나타나는 의료의 지배나 의료전문직의 권위는 의사와 환자 사이의 사회적 거리를 유지하는 바람직한 방법으로, 의사가 성공적으로 치료를 하고 통제를 하여 궁극적으로 환자의 이익을 위해 활동하도록 하는 것이다.

이러한 관점에서 환자가 적극적인 행위자가 되는 것을 완화시키는 의사와 환자 사이의 권력 차이에 대해 몇 가지 설명을 할 수 있다. 파슨스(T. Parsons)의 '환자 역할'(제1장에서 설명함)에 의하면 질병으로 인해 발생한 일탈의 잠재적인 상태를 해결하기 위해 의료의 도움을 구해야 하는 것이 의무이다. 그렇게 할 때만이 질병은 정당화되고 환자는 일시적으로 사회적 기대와 책임을 피할 수 있다. 의학의 도움을 구한 후 환자는 의사들의 지시를 따라야 하고 의학적 전문성에 신뢰와 신념을 가져야 한다. 따라서 권력에서의 차이는 의사의 권위를 확립하고 환자의 입장에서 순응을 하도록 하는 데 매우 중요하다. 사실 환자 역할 모델에 따르면 의사는 객관적인 전문가로서 자신의 의무를 다하기 위해 환자로부터 사회적 거리를 유지하도록 노력해야 한다. 파슨스(Parsons, 1987/1950: 153~155)는 환자 역할을 하게 되는 개인의 권리와 의무에 대해 의사는 환자에게 허용적인 자세를 취함으로써 환자의 정상적인 사회적 기대를 보류하고 '특별한 허락'을 해주어야 한다고 주장한다. 환자의 가치를 인정하고 사려 깊은 태도를 보임으로써 환자를 지지해야 한다. 대부분의 사회적 관계에 내재되어 있는 상호성에 대한 기대를 폐기하고 그 관계에서 거리를 두고 자신의 위치를 지켜야 한다. 그리고 의학적 권위를 기반으로 승인해줌으로써 환자의 동기에 대한 규범적인 요소를 강화시키고 거부를 통해 일탈적인 요소는 없애도록 해야 한다.

나아가 기능주의적 관점에서 질병의 상태는 많은 환자들이 자신의 질병을 관리하는 데 어떤 책임을 지는 것에서 사면되기 위해 의사에게 결정을 맡기고 싶은 심리적인 필요성을 갖게 된다(Mechanic, 1979: 42). 환자들은 흔히 여러 대안을 합리적으로 평가할 능력이 없으며 의료전문직의 자격을 갖춘 구성원으로서 의사의 능력과 판단에 신뢰를 갖고자 한다. 왜냐하면 "환자의 깊은 무의식 속에 의사는 기적을 일으키는 사람으로 그려져 있으며 유아기에 모든 것을 보살피는 부모와 같은 환상을 가지고 있기 때문이다. 결국 의료는 마술과 종교이며 환자의 무의식 속에 잠재되어 있는 의사 - 목사 - 마술사 - 부모의 동일시는 깨질 수 없다"(Katz, 1984: 40).

질병에는 고통과 불편함에 따른 고민거리에 임상적인 의사 결정에서의 불확실성의 요소가 더해진다. 유방암과 같이 생명을 위협하거나 몸이 쇠약해져서 여러 가지 치료를 받아야 하는 질병의 경우에는 다리 골절과 같이 상대적으로 덜 심각한 질병의 경우보다 환자가 의학적 권위에 의존할 필요성이 더욱 커진다. 더욱이 "환자들이 책임을 공유해야 하는 경우 환자는 분명한 의학적 해결책 없이 사회적 문제나 도덕적 딜레마 등과 뒤섞여 더욱 어려운 문제에 직면하게 된다"(Maseide, 1991: 555). 이러한 상황에서 많은 환자들이 질병에 대처하기 위해 의사에 대한 신념과 신뢰에 의지하여 질병에 대한 관리의 책임을 의사에게 넘기는 것을 선호한다. 이런 이유 때문에 환자와 의사 사이의 복잡한 관계는 부모와 자녀의 관계와 같으며 환자의 의사에 대한 의존은 신체적이고 정서적인 필요뿐만 아니라 이들을 보호하고 양육하며 무섭고 긴장을 일으키는 상황에 대한 통제까지 포함하게 된다.

기능주의적 접근은 여러 가지 면에서 그 시대의 산물이다. 1950년대와 1960년대는 1970년대에 권력 구조에 문제를 제기한 마르크스주의와 여성주의와 같은 사회 개혁과 운동이 아직 힘을 얻기 전이었다. 파슨스가 저술을 하던 시기에 의료전문직은 전문화된 지식과 권위로 인해 권력을 행사하고 위신을 누릴 가치가 있는 엘리트 전문직의 일부로 간주되었다.

앞에서 지적했던 바와 같이 의료적인 상호작용에서의 권력에 대한 기능주의 분석은 이러한 상호작용이 일어나는 사회적이고 정치적인 맥락에 대한 분석 없이 의사와 환자 사이의 상호작용에 대한 미시적인 속성에 초점을 맞추는 경향이 있다. 따라서 이러한 연구는 일반적으로 의료전문직이 자신의 일을 보다 효율적으로 수행하고 환자에게 효과적으로 정보를 전달하여 환자의 신뢰와 긍정적인 신념을 유지하면서 순응을 강화하려는 필요성을 중심으로 의료전문직을 도우려고 했다. 의사와 환자 사이에 권력의 불균형이 존재한다는 사실을 지적하는 반면 이러한 연구는 구조적인 수준에서 의료 권력의 역할을 탐구하려고 시도하지 않았다. 의료의 지배에 부정적인 측면이 있을 수도 있다는 것을 인지한 연구들조차도 의사의 권력에 도전하는 환자에게서 소비자주의 지향이 나타나는 문제일 뿐이라고 주장했다. 따라서 이들은 의료적 상황에서의 지배는 권력 차이를 지지하는 보다 광범위한 담론과 이데올로기와 실천의 산물이라기보다는 의사소통에서의 통제 문제라는 단순한 모델을 취했다. 이러한 접근은 의료 관리가 조직화되고 전달되는 방식에 거의 의문을 제기하지 않았고 질병과 치료에 대한 생의학적 모델을 가장 적절한 것으로 받아들였다. 스트롱(P. Strong)은 이러한 접근을 다음과 같이 묘사한다. '환자들은 치료받기를 원하고, 의료진들은 치료하기를 원한다. 대부분의 갈등이나 불만은 오해나 잘못된 기술 때문에 생기며 어떤 것도 근본적인 것은 아닌 것으로 여겨졌다'(Strong, 1979: 5).

권력에 대한 정치경제학적 관점

제1장에서 논의했던 바와 같이 마르크스의 사상에 기초한 정치경제학자들은 의사 - 환자의 동의 모델에 도전해왔다. 이들은 의사 - 환자 관계는 동의와 상호 이익에 의해서가 아니라 이해관계의 갈등으로 특징지어진다고 주장한다. 정치경제학적 접근은 의학의 지배를 서로 다른 이해집단 사이의 권력투쟁의 결과로 본다.

이러한 관점에 따르면 의학의 권력의 기초는 전문직에 내재되어 있는 사회적으로 인정된 기술이나 전문성의 가치가 아니라 직업의 통제이다. 의료인들은 자신의 일에 대한 전문직의 지위와 자율성 때문에 권력을 갖는 것으로, 이는 의학 지식에 대한 통제에 의해 유지된다(Freidson, 1970; Starr, 1982; Willis, 1989).

제4장에서 설명했던 바와 같이 과학적 의학의 등장은 환자와 의사의 관계를 변화시키는 데 중요한 요인이 되었다. 왜냐하면 의료전문직의 권력은 부분적으로는 자신의 일의 과학적 가치를 성공적으로 주장할 수 있는 이들의 능력에 기초했기 때문이었다(Turner, 1995: 217). 정치경제학자들은 의사가 가졌던 의료 서비스 제공에 대한 독점은 법적으로 지지되었고 국가에 의해 통제되었으며 전문직 권력의 상당 부분을 설명하는 자격증 시스템을 통해 운영되었다고 주장했다(Freidson, 1970: 83). 의료전문직으로의 입직과 의료 실천과 과정에 대한 부수적인 지식은 철저하게 통제되었다. 자격 있는 의사들의 수는 의과대학 입학에 할당을 설정하고 엄격한 등록법에 의해 규제되었다. 따라서 의료전문직에게 전문적 지식과 실천에 대한 독점 권리를 제공한 것은 국가의 보호였다.

보다 급진적인 사람들은 의학이 질병을 개인적인 것으로 만들어 건강에 해를 입히는 자본주의의 현상 유지에 도전하기보다는 이를 지지함으로써,

건강 문제의 사회적이고 정치적인 결정 요인들을 흐리게 하는 역할을 했다고 주장한다. "의사 - 환자 상호작용의 일부 특징들을 '의료화'시키고, 개인적인 고통의 사회구조적인 근원을 탈정치화시켰다"(Waitzkin, 1984: 339). 환자에 대해 상대적으로 지배적인 자신의 위치에서 의사는 환자의 행동을 위협적이지 않은 방향으로 이끌어 지배적인 자본주의 이데올로기를 강화함으로써 힘을 얻게 되었다. 예를 들어 스트레스나 우울증으로 고통받는 환자는 일반적으로 조깅이나 명상 등으로 그들의 생활양식을 변화시켜보자는 권고를 받거나, 기분을 바꾸는 약을 처방받거나, 이러한 상황을 일으킨 사회경제적 요인들에서 관심의 방향을 바꾸는 전략을 처방받았다. 그러므로 의료는 사회계층 구조와 경제체계를 정당화하고 재생산하는 데 도움을 주었다. 따라서 지배적인 이해관계를 유지하고 그 과정에서 구성원들은 권력을 쟁취했다.

정치경제학적 관점을 취하는 비판은 많은 경우에 의사에게 법체계, 고용자, 또는 다른 사회적 권위를 가진 사람들에 대해 합법적인 판단을 내려주도록 요구된다고 지적한다. 예를 들어 노후 퇴직이나 병가 확인서를 위해 피고용인을 검사하는 것, 장애인의 장애 범위를 평가하는 것, 또는 사망 선고 등이다(Starr, 1982: 14~15). 의사는 어떤 사람이 육체적으로 일을 할 수 있는지 없는지를 확인하고, 환자가 직장으로 돌아갈 것인지를 결정하기도 한다. 따라서 의사 - 환자 상호작용은 '건강한 사람은 바로 생산을 할 수 있는 사람'이기 때문에 일할 수 있는 능력으로서 건강에 대한 정의를 강화하게 된다(Waitzkin, 1984: 340).

정치경제학적 관점은 서구의 의료적인 상호작용에 존재하는 권력 관계는 의료전문직, 연구자, 의료법인의 이사나 경영자로서 의료체계 안에서 영향력을 행사할 수 있는 위치에 있는 기업가나 중산층의 지배와 관련이 있다고 주장한다. 이들은 환자의 다수를 차지하고 의료보건체계 안의 비숙련 노동자의 상당 부분을 차지하면서 의학적 치료나 노동조건에는 거의 통제를 행사하지 못하는 하층계급이나 노동계급에 대한 영향력을 행사한다(Navarro, 1976; Waitzkin, 1981). 프라이슨(E. Freidson)과 스타(P. Starr) 같은 학자들이 치료 과정에서의 요구를 충족시키기 위해 전문직의 권위가 필수적이라는 점을 인식한 데 반해, 이들은 의료의 권위는 그 수준이 지나쳐 다른 영역을 침범하고, 의학적 판단이나 전문성이 부적절하며, 자원을 너무 많이 필요로 하고, 요구하며, 보건관리 체계가 너무 많은 통제와 정치적 권력을 행사한다고 주장한다. 특히 미국에서 의료는 역사적으로 민영화되어 이윤 추구가 점차 환자에게 제공되는 의료의 질에 중요한 영향을 미치게 되었고, 보건관리 전문직은 환자에게 너무 많은 시간을 할애하지 않도록 권고한다고 비판했다(McKinlay, and Stoeckle, 1988). 따라서 환자들이 여전히 이타적인 동기에 기초한 의료 관리를 기대하는 데에도 자본주의 이데올로기가 지배하고 있다(Navarro, 1976; doyal, 1983; Baer et al., 1986). 의료적인 상호작용에 자본주의 이데올로기가 미치는 영향은 보건의료전문직과 환자들에게 가용한 선택을 제한하고, 체계를 변화시키고 개선하려는 시도를 방해하는 방향으로 작동한다(Waizkin, 1984: 343).

이러한 관점에서 의료인들에 대한 엄격한 규제 과정과 '전문직화'는 의사로서 활동할 수 있는 자격이 주어진 사람들의 의학적 전문성의 최소한의 기준을 확보하여 어느 정도까지는 사이비 의료인들로부터 환자를 보호하는 긍정적인 효과를 가져왔다. 그러나 의료 지식에 대한 의료전문직의 지속적인 통제는 의사와 환자 사이에서 정보의 비대칭을 강화한다. 전문직으로의 입직이 엄격히 규제되고 지식체계는 상당한 해석을 요하고 비밀스럽게 유지되는데 환자가 의료 서비스나 도움의 질을 판단할 수 있는 근거를 거의 갖지 못하는 결과를 가져온다. 독점적으로 유지되는 정통의료 지식에 대한 접근의 제한 덕분에 환자들은 자신의 입장에서 판단이나 행위의 주체가 될 수 있는 여지가 거의 없이 상당한 정도까지 의사 결정 과정을 의사에게 위임할 수

밖에 없게 되었다.

정치경제학자들은 의료전문직의 지식에 대한 독점으로 유지되는 '능력 격차'는 환자의 의존성을 유지함으로써 전문직의 강력한 지위를 유지하는 데 봉사한다고 주장한다(Feridson, 1970; Johnson, 1972; Waitzkin and Stoeckle, 1972; Starr, 1982). 현대 서구사회의 일반인들이 대중언론매체나, 건강과 질병에 대한 대중적인 서적의 출간, 최근에는 정보 확산을 위한 인터넷 이용 등으로 인해 이전보다 건강이나 의학적 문제에 대해 정보와 자원에 더 많이 노출되어 있을지 모르지만, 질병에 대한 치료는 여전히 적절한 지식의 소유 자체뿐만 아니라 해석에 의존하고 있다. 의료전문성과 임상적인 의사 결정은 단지 적절한 사실과 숫자에 의존하기보다는 오랜 기간 동안 개발되고 쉽게 또는 합리적으로 설명되기 어려운 암시적이고 '직관적'인 임상적 능력에 기초하고 있다(Atkinson, 1981; Gordon, 1988b). 이런 면에서 의료전문성은 '과학'이라기보다는 '예술'이라고 하며, 구술적인 문화와 장인제도와 사례 연구방법을 통해 전수된다. 초보 의사는 자신의 교과서적 지식을 이용해 의미 있는 형태와 어떤 정보가 눈에 띄는지를 알아낼 수 있도록 배워야 한다. "임상적인 전문성에는 몸과 오감과 감정 등을 사용하는 것이 반드시 필요하다"(Gordon, 1988b: 277).

그러므로 일반인이 의과대학생과 똑같은 의학 교과서나 전문 잡지와 강의에 접근할 수 있다고 해도 이러한 지식은 임상적 상황에서 오랜 기간 동안 실질적인 경험을 통해 얻게 된 보이지 않는 '장인적인' 훈련에 의해 보완되지 못한다. 의료의 전문직으로서의 특성을 유지하게 하는 것은 경험에 기초한 전문성이다(Atkinson, 1981: 110~114). 논리에 기초한 정당화의 필요성을 제거하고 구술적인 지식체계를 강화함으로써 믿음을 강조하는 것은 의사의 지위에 대한 위협을 중화시킨다(Freidson, 1970).

흔히 의사-환자의 상호작용에 대한 기능주의적 분석이 사회계층의 문제를 비판적으로 다루지 않는 반면에, 정치경제학자들은 의료적인 상호작용에서 의사의 편에 권력을 보유할 수 있도록 작동하는 의사와 환자 사이의 사회계층 격차가 있다고 주장한다. 서구사회에서 의사는 아주 소수의 노동계층 출신을 제외하고는 변함없이 특권적인 계층 출신이다. 따라서 이러한 배경과 생활 경험은 환자들이 건강하지 못한 사회구조적 근원을 인식하지 못하게 방해하는 경향이 있다(Starr, 1982: 12; Waitzkin, 1984: 343~344). 외과 영역은 언어나 매너, 의사의 억양까지도 매우 형식적이고 중산층적이다. 따라서 중산층 사람들이 더 편안하게 느끼고, 최악의 경우 소외, 최선의 경우 의사의 권위와 전지전능함의 분위기에 압도되는 하층계급 사람들보다 의사와 동등한 입장에 있다고 느낄 수 있을 것이다.

영국의 일부에서 서로 다른 계층의 일반인에게 시행한 질적인 면접 연구의 결과는 사회적으로 상층 계급의 사람들이 의사의 서비스를 평가하고 마음에 들지 않는 경우 의사를 바꾸는 데 낮은 사회계층의 사람들보다 더 힘이 있고 자격이 있다고 느끼는 것으로 나타났다. 예를 들어 경제적으로 어려움을 겪는 스코틀랜드 여성들에 대한 연구(Blaxter and Paterson, 1982)에서 노년기 여성들은 자신의 의사에 대해 '위임과 감사와 상당한 신뢰의 태도'(Blaxter and Paterson, 1982: 161)를 보였고, 의사를 바꾸는 것에 대해 상당한 거부감이 있음을 발견했다. 젊은 여성들은 덜 위임적이고 일부는 그들이 이용하는 보건 서비스에 대해 적극적인 선택과 통제를 행사하고 있다고 보고하고 있는데도, 대부분의 여성은 의사와의 상호작용이 불만족스럽지만 의사를 바꾸려는 시도를 할 확신이나 힘이 없는 것으로 나타났다. 이러한 여성들은 "의료체계를 다루는 것을 쉽게 만들어줄 수도 있는 기술과 교육과 안정적인 사회적 환경이 부족했다"(195).

또 다른 연구는 스코틀랜드 여성 환자들이 재생산과 관련된 건강 문제를 상담하기 위해 의사와 상호작용한 상황을 연구했다(Porter, 1990). 여성들이 대기 시간에 대해서나 옷을 벗고 의과대학생이나 간호사에게 검진을 받는 것에 대해 불평을 했으나, 대부분이 의사들이 공격적이었을 때조차도 의사가 말하는 것이나 행동하는 것에 대해 부정적으로 언급하기를 꺼려했다. 의료적인 상호작용 자체에서도 이 여성들은 의사가 말하는 것에 대해 불편함이나 놀라움의 표시를 전혀 하지 않고 수동적으로 받아들이는 경향이 있었다. 이러한 침묵은 여성 응답자들이 다른 의료인에 대해서는 여러 가지 비판을 했기 때문에 의료전문직 일반에 대한 태도에서 비롯되는 것은 아니다. 일부 여성들은 개인적으로 좋은 의사 - 환자 관계에 대한 중산층적인 신념을 가지고 있는 것은 아니었다. 일부 여성들은 의사들의 권위나 행동에 의문을 제기하면 치료를 안 좋게 받을지도 모르기 때문에 의사의 말에 순종하는 것이 자신을 위해 가장 좋은 것이라고 생각했다. 나아가 여성들은 자신이 의사와 논쟁하거나 비판할 '자격'이 없다고 생각하고, 특히 대부분의 의사들은 의학적으로 훈련받지 않으면 논쟁하기 어려운 조언이나 행동을 하는, 좋은 의도를 가지고 있는 전문가라고 생각하기 때문이다. 사실 가족계획 클리닉에서 여성들은 가끔 적극적인 의사 결정을 하도록 요구를 받게 되는데 이는 하기가 매우 어려운 것이라는 점을 발견했다.

요약하자면 정치경제학적 관점에서 의사 - 환자 관계에는 권력의 불균형이 존재한다. 의료전문직의 구성원은 그들의 지식과 전문적인 입장, 고등교육을 받은 계층 구조에서의 위치, 경제적인 부와 중산층 지위, 의학적 자격에 대한 통제 등이 주어져 있는 그들의 지위로 인해 우위를 차지하고 있다. 이로 인해 의료적인 상호작용에서뿐만 아니라 보다 넓은 사회에서도 여러 가지 문제(예를 들어 사회 불평등으로 야기된 문제)를 의학적 이슈로 표현할 수 있고, 이러한 문제에 대한 권위를 주장할 수 있기 때문에 훨씬 더 큰 영향력을 가지고 있다. 반면 특히 교육 수준이 낮고 노동계층 출신이거나 인종이나 연령 등에서 힘이 없는 환자는 의사와의 관계에서 수동적인 위치에 놓이게 된다. 정치경제학자들은 이러한 권력의 불균형이 불평등으로 이어지고, 많은 환자들이 의사의 결정에 도전할 수 없도록 하며, 불리한 배경을 가진 환자들이 좋지 못한 관리를 받게 되고 선택이 없게 된다고 주장한다. 정치적인 수준에서 정치경제학자들은 의료전문직이 자신이 의학적이라고 정의한 문제에 대한 결정을 내리는 데 불공평한 이점을 누리며 건강 문제를 야기하는 사회적 불평등은 도전받지 않고 있다고 주장한다.

권력에 대한 후기구조주의와 포스토모더니즘의 관점

푸코 학파의 대표적인 학자인 데이비드 암스트롱(David Armstrong, 1987b: 69~70)은 의사 - 환자 관계의 권력에 대한 마르크스주의적 분석은 의사를 환자의 몸에 통제를 행사하는 절대적인 권력을 가진 것으로 단순하게 인식하고 있다고 비판한다. 그는 이러한 권력 모델은 단지 의료 권력의 겉으로 드러난 요소만을 탐구하여 환자와 의사가 질병 문제를 해결하기 위해 담합하는, 당연히 받아들여지는 상황들을 설명하지 못하고 있다고 지적한다. "의학적인 질문들을 보라: 예컨대 '당신의 불만은 무엇입니까?', '어떻게 느끼십니까?', '당신의 문제를 말해보시오'라고 묻는다. 일상적인 임상 기술을 보라: 두드러기를 보고, 손으로 배를 만지고, 청진기를 조심스럽게 가슴에 댄다. 이것이 권력이다. 사소하지만 반복적인 전략으로 모든 시대의 모든 사람들이 복종해야 하는 전략이다"(70).

푸코의 통찰력에 기초한 의료적 상호작용에 대한 현대 이론은 18세기로 거슬러 올라가 시작된 임상적인 검진이 훈육 권력기구 중 하나로서, 몸이 '권력의 대상이자 동시에 효과'가 되었다고 주장한다(Armstrong, 1982: 110). 의료나 다른 검사에서 개인들은 "가시적인 상황에 놓이게 되어 객관화 메커니즘에 종속되며, 따라서 권력 행사에 종속된다"고 주장한다(Smart, 1985:

87). 각 개인은 하나의 '사례'로 표시되어 대상일 뿐만 아니라 주체로 구성된다. 푸코의 관점에서 의료의 지배는 부적절한 용어이며 누가 지배하고 누가 종속되는지를 밝히는 것은 가능하지도 바람직하지도 않은 것이다(Fisher, 1991: 177~178). 이런 관점에서 환자는 의사에 의해 자신의 삶에 대해 더 많이 이야기하고, 이들의 증상은 매일의 활동과 삶의 스트레스 맥락에서 이해해야 한다는 정치경제학자들이나 다른 학자들의 경고는 보다 미묘하고 개별화된 감시와 사회통제의 수단을 위한 길을 열어주는 것으로, 환자에 대해 보다 직접적으로 의료의 시선을 보낼 수 있는 기회를 제공하는 것이다(180).

푸코의 접근은 의료적인 상호작용의 맥락에서, 권력은 단일한 실체가 아니라 분산되어 있고 비가시적인 전략적인 관계라고 강조한다. 권력은 스스로가 저항에 취약한 지배를 목적으로 반드시 정복하려는 힘이라기보다는 사회질서와 순응이 자발적인 수단으로 유지되는 사회조직의 형태에 더 가깝다. 따라서 권력은 억압적일 뿐만 아니라 동시에 생산적인 것으로 지식과 주관성을 생산해낸다. 훈육은 처벌을 통해서만 작동하는 것이 아니라 좋은 행동에 대한 보상과 특권을 주는 보상을 통해 일어난다. 예를 들어 의사와 환자들은 환자의 이익을 위해 의학적 검사, 지속적인 모니터링, 다소 침투적이고 당황스러운 검사 과정 등의 중요성에 대해 믿음을 가지고 있다. 일반적으로 분명한 강제는 행사되지 않는다. 환자들은 그렇게 하도록 사회화되었기 때문에 자발적으로 자신의 몸을 의사나 간호사의 시선에 맡기는 것이다. 물론 감옥이나 경찰 유치장 또는 정신병원 등과 같이 몸에 대한 감시가 폭력적으로 이루어지는 경우도 있지만, 통제는 문화적이고 개인적인 가치나 규범을 통해 덜 공격적인 수단을 통해 일어나기도 한다(Grosz, 1990: 65). 따라서 의료의 권력에 대한 푸코적인 인식은 권력이란 개인들의 무의식적인 자기 감시뿐만 아니라 권위 있는 인물에 의해 강요되기도 하면서 '어디에나' 있는 것이기 때문에, 의료적인 상호작용에서의 권력 관계를 훨씬 더 침투적이고 미묘한 것으로 봄으로써 정치경제학의 의료 지배에 대한 논제를 확장한다.

푸코에 의해 영향을 받은 사회구성주의적 시각을 취하는 학자들은 의학이나 다른 의료전문직과 환자 사이의 상호작용에서 상황을 통제하고 저항의 담론을 침묵시키기 위해 사용하는 언어와 실천에 대해 연구했다. 이들은 환자와 의료전문직 모두가 의료적인 상호작용에서 여러 시대에서 취했던 주관적인 입장의 변화를 묘사하면서, 이러한 주관적인 위치가 특정한 목표를 달성하기 위한 다양한 담론을 선택하고 있다는 점을 검토한다. 이러한 관점에서 권력 관계는 의료적인 상호작용에 참여하는 사람들 사이에 자신의 정체감을 정의하기 위해 역동적이고 끊임없이 협상되고 재협상되는 것이다.

예를 들어 실버먼(Silverman, 1987: 제9장)은 성인 당뇨병 환자와의 상호작용에서 의사가 사용하는 담론을 연구했다. 그는 당뇨병 치료의 경우에 그러하듯이 환자의 참여와 자신의 질병 관리를 위한 책임 등을 강조하는 맥락에서조차도 어떻게 의사가 환자에 대한 감시를 실천하는가를 보여주었다. 이들은 환자의 혈액검사 결과를 검토하면서, 환자의 입장에서 죄책감과 처벌을 의미하는 도덕적 틀을 사용하여 환자들이 스스로 관리를 얼마나 완벽하게 했는지에 대해 문제를 제기하면서, 그리고 환자에게 가장 바람직한 행동 방향을 제시하면서 그렇게 한다. 환자들은 의사에 의해 '복종하도록 강요당하는 것'이 아니라 '말을 하도록 격려됨으로써'(226), 보이지 않는 권력 관계가 발생하고, 환자가 자신의 행동에 책임을 지도록 하는 것이다.

따라서 의료적인 상호작용에서 권력을 논의하는 데 기능주의자와 푸코 학파의 관점은 어느 정도 중복이 된다. 권력 관계를 강압적이기보다는 생산되는 것으로 이해한다는 점에서 푸코적인 이론은 의료 지배가 정치경제학자들이 주장하는 것처럼 억압의 근원이라기보다는 양쪽의 기대를 충족시키기 위해서 상호작용에서 의사들이 통제를 갖는 것이 필수적이라고 보는 전통적인 기능주의의 주장을 재진술하는 것이다. 이러한 견해에서는 환자의 건강을 위한 거리 두기와 의사의 책임과 권위적인 위치는 유지되어야 하며 환자가 상호작용 과정에서 통제의 '권력을 갖는 것'은 왜 그러한 상호작용이 존재해야 하는지에 대한 이유 자체에 의문을 제기하는 관계에서의 변화를 위해서는 납득하기 어려운 것이다.

의료적인 상호작용에서 권력에 대한 또 다른 관점은 들뢰즈와 가타리(Deleuze and Guattari)의 포스트모던 이론을 취하는 저자들이 제공한다. '장기가 없는 몸'(제2장에서 소개)에 대한 인식은 이러한 몸이 생의학과 같은 지배적인 제도의 담론과 실천에 의해 영역화될지라도 언제나 저항의 가능성이 있다는 생각을 취하고 있다. '장기 없는 몸'은 성찰적이고 역동적이며, 끊임없이 스스로를 규정하고 재규정하며 대안적인 담론에 기초하여 재영역화할 수 있다. 이러한 관점은 저항을 위한 행위자와 능력, 그리고 변화를 위한 개방성과 다른 것이 되려는 것을 강조한다(Fox, 1993; 1997; 1998; 2002). 흥미롭게도 의료와 병원에 대한 푸코의 연구가 의료 관리 아래서 몸의 수동성, 즉 의료 담론과 실천의 지배에 대한 복종을 암시하는 경향이 있는데도, 그의 후기 저작에서 푸코는 들뢰즈와 가타리의 저작에서 제시된 것과 같이 저항에 대한 유사한 인식을 향해 이동하기 시작했다(예를 들어 Foucault, 1988을 볼 것). 이와 같은 자아에 대한 관리의 인식에 대해 푸코는 정체감의 프로젝트와 체화된 자아가 단순히 수동적이 아니라 주체가 되는 방법과 어떻게 권력에 대한 투쟁이 몸을 중심으로 작동하는지를 이야기하기 시작했다(Lupton, 1995).

의료 지배에 대한 환자의 저항

지난 30여 년 동안 적어도 일부 환자들이 때때로 의료의 권력에 도전하려는 시도를 해왔다는 징후가 분명히 있다. 의료전문직이 너무 많은 권력을 가지고 있다고 믿는 사람들에게 환자의 적극성을 강조하는 방향으로 사회 운동이 증가하고 있다는 사실은 의료 지배가 감소하고 있다는 것의 표시로 받아들여진다. 일부 사회학자들은 1970년대 의료의 기업화가 증가하는 것과 함께 소비자주의의 정서가 증가하는 것은 의료인들의 전문직 지위에 영향을 미쳤다고 주장해왔다. 예를 들어 매킨리와 스토클(McKinlay and Stoeckle, 1988: 191)은 지식에 대한 통제로부터 발생한 권력에 기초하고 있는 전문직의 지배에 대한 프라이슨의 인식은 미국과 다른 서구 국가에서 의사들에게 더 이상 유효하지 않다고 주장한다. 이들은 "산업혁명은 의학을 완전히 따라잡았다"고 주장한다(203). 왜냐하면 이제 의사의 탈숙련화 경향, 의사들의 자율성을 제한하는 관료제적 조직의 성장, 제공한 의료 서비스에 대해 월급으로 보상을 받는 것, 하위전문직 수의 증가로 인한 의사들의 분절화 등이 나타나기 때문이다. 이러한 요인들은 의사의 공급과잉이 지속됨과 더불어 의사들의 전통적인 권력 침식과 경제적 취약성의 증가, 그리고 일터에서의 소외에 기여했다.

의료 문헌들이 환자에게 의사의 지시에 순응하도록 설득하는 것에 너무 집착한다는 사실은 의사의 지시를 따르지 않는 환자의 결정이 꽤 자주 일어난다는 사실을 암시한다. 사실 의료 관리를 추구하는 이러한 접근은 특히 미국에서의 후기 자본주의 경제와 정치 체계의 토대가 되는 개인주의적 자원주의의 이데올로기에 의해 장려되었다. 따라서 "자기 스스로를 돌보게 될 것이라는 일부 사회적 기대가 있는데도, 특히 아프게 되면 자신의 건강에 대해 무엇을 할 것인가는 대체로 자신에게 달려 있다고 주장한다. 각자는 생활양식과 이용하려는 건강 서비스의 종류와 양에 대해 광범위한 자율성을 가지고 있다"(Gallagher, 1976: 217). 의사 - 환자 관계에서의 권력이 의사들에게 쏠려 있는 것은 사실이지만, 의사의 견해를 물을 것인지, 계속해서 도움을 얻을 것인지, 치료 방법에 순응할 것인지에 대한 것은 환자의 결정에 달려 있다(216).

의사 - 환자 사이의 권력 관계가 실제로 도전받게 되는 유일한 경우는 의료적인 상호작용에 대해 의료전문직보다 환자가 더 많은 통제를 하려 할 때뿐이다(Silverman, 1987, 203). 이런 저항은 여러 방면에서 일어날 수 있다. 예를 들어 공공기관보다는 민간 병원을 방문하므로 '서비스'에 대한 비용에 더 민감한 환자가 의사의 효율성에 좀 더 도전적일 것이다. 마찬가지로 '요령을 알고 있는' 만성 질환 환자, 의학적으로 자격을 갖춘 환자, 시한부 질병을 앓고 있기 때문에 좀 더 신중하고 권력에 순응하는 환자, 그리고 높은 사회계층에 속하거나 교육 수준이 높아 의료전문직과 관계를 가지고 있는 환자 등이다(131~132).

이와 유사하게 싱어(M. Singer)는 "권력을 가진 자들의 권력에만 관심을 가짐으로써 억압받는 사람들의 저항과 투쟁에 대한 안목을 놓치는 것 자체가 의도하지 않은 권력의 전유이며 동시에 사회적 왜곡의 행동"이라고 주장한다(Singer, 1987: 251). 그는 자궁 외 임신으로 의심되는 병을 치료받기 위해 의료의 도움을 구했던 한 여성을 면접했다. 그녀가 의료적인 상호작용에서 기대하는 것은 여러 가지 요인에 의해 형성된다. 여기에는 그녀의 일반인으로서의 생의학 세계에 대한 견해와 현대 의학의 기술과 절차에 대한 친숙함, 생의학에 대한 여성주의의 비판에 대한 노출, 이전의 자궁 외 임신 경험으로부터 생긴 두려움, 아이를 갖기 원하는 그녀의 강렬한 소망, 치료에 대한 비용을 지불한 고객으로서 보건관리에 만족할 권리가 있다는 생각 등이 포함된다. 제공된 치료에 만족하지 못할 때 그녀는 의과대학생이나 임신 관련 연구자, 간호사 등 여러 정보와 의학 잡지의 논문들을 알려줄 수 있는 사회적 지지 네트워크로부터 도움을 구할 수 있다. 그러면 그녀는 다음 치료에 의문을 가질 수 있고 상담하는 보건 전문직에게 원하는 것을 요구할 수 있다. 싱어는 이 여성이 의료화의 경향을 보여주는 증거로서 더 좋고 많은 의학적 치료를 요구했고 수동적이지는 않았다고 지적한다. 그녀는 적극적이고 자원을 많이 가지고 있었으며 의학적 판단을 요구하고 의문을 제기할 준비가 되어 있었다(259~260).

의학적 권위에 저항하는 사람이 항상 특권적인 배경을 가지고 있는 것은 아닌 것 같다. 의료적 상호작용에서 동등한 주장을 할 수는 없을지 모르지만 특권을 갖지 못한 계층에서 온 환자들이 순응을 하지 않거나 비협조적이거나 다소의 반항적인 모습을 통해 자신의 무권력한 지위에 반응할 수도 있다. 예를 들어 미국의 병원을 찾은 임신한 푸에르토리코 여성에 대한 한 연구는 약속을 지키지 않거나, 자신이 듣고 싶은 것을 의사에게 말하거나, 다음번 상호작용에서 영어 사용을 거부하는 등의 행동으로 의사의 판단이나 치료 또는 자신이 싫어하는 의사의 행동에 저항한다는 것을 발견했다(Lazarus, 1988: 47).

한 연구(Bloor and McIntosh, 1990)는 방문 보건관리인의 고객인 노동계층과 네 개의 지역사회 치료소에서 진료를 받은 여성 환자의 저항 정도와 유형을 살펴보았다. 이곳은 문제가 있고 정신적으로 장애가 있는 성인을 수용하는 곳, 정신병원의 낮병동, 문제가 있는 성인을 위한 두 군데의 사회 복귀 시설들이었다. 감시와 모니터링이 방문 보건관리인과 치료 기관의 내재적인 특성이긴 하지만 그들이 연구한 고객/환자들은 매우 반감을 가지고 있었고, 여러 가지 방법으로 감시에 저항하는 것을 발견했다. 노동계층 여성들은 자신의 경험에 기초한 개인적인 지식이 후자의 이론적인 지식보다 우월한 것으로 생각했고, 방문 보건관리인을 따를 생각도 없으면서 처방받은 대로 하고 있다고 거짓 확신을 시켰다. 또한 아기의 이유를 일찍 해버리는 것과 같은 눈살을 찌푸릴 만한 행동을 하면서도 눈에 띄지 않게 비협조적으로 행동함으로써 방문 보건관리인의 정당성에 도전했다. 지역사회 치료소에 있는 환자들은 드러내 놓고 비협조적인 행동을 하면서 보건 전문직의 시선에 저항하기 위해 몰래 비밀스러운 행동에 참여했다.

환자가 항상 의사의 조언에 순응하진 않는다는 것은 확실하다. 윌리엄스(Williams, 1990)는 노동계층과 중산계층의 배경을 가진 스코틀랜드 응답자들에게서 환자와 의사 사이의 판단의 갈등은 흔히 의학적 충고와는 다른 일반인의 건강에 대한 신념에 기초하여 의사들이 틀렸다는 표시로 해석되고 있음을 발견했다. "많은 사람들은 의사에게 복종해야 된다고 느끼지만 항상 그들이 해야 하는 것을 모두 할 것을 기대하지는 않으며, 사실상 가끔은 복종하지 않는 것을 즐기기도 한다"(Williams, 1990: 174). 게이브와 칼난(Gabe and Calnan, 1989)은 의사 - 환자 관계는 의료화보다는 '차별화된 대립'의 특성을 가지고 있는데, 이는 환자들이 자기가 부여한 한계 때문에 의사들과는 차별화되지만 그 관계에서 적극적인 역할을 유지하면서 자신의 관점에서 의료 실천을 평가하는 것이다.

이러한 발견은 환자들이 수동적인 환자 역할에 저항할 수 있는 잠재성이 있다는 것을 암시한다. 그러나 현대의 신념이 의사의 권위에 도전하도록 '소비자'로서의 환자 역할을 증진시키는 것이지만 환자들이 그렇게 할 수 있는 정도에는 한계가 있다(Lupton, 1997b). 환자들이 그런 역할을 따르기를 원하지 않을 수도 있고 그렇게 할 능력이 없을 수도 있다. 환자가 치료를 원하는 건강 문제는 환자가 힘을 갖거나 통제를 하려는 정도에 분명히 영향을 미치게 된다. 일부 사소한 질병이나 상태에 대해서 환자들은 처방을 받기 위해 간단한 상담을 원할지 모른다. 부인과적인 검사와 같이 일부 개인적인 검진이 필요한 경우 비인격성이 요구될 수도 있다. 특히 질병이 심각하거나 복잡하거나 또는 장애를 유발하는 경우 환자들은 너무 아프고 불안해서, 문제를 해결할 능력이 있고 이를 위해 시간을 할애할 생각이 있는 누군가의 손에 치료를 부탁하기를 간절히 원할 수도 있다. 일부 상황에서 환자들은 자신의 질병이나 치료 또는 예후에 대해 자세하게 잘 알기를 원하지 않을 수도 있다(Rier, 2000).

또한 상호작용의 정서적인 차원과 환자의 축적된 몸에 대한 경험과 같은 요인들이 환자가 '소비자주의'적 접근을 취하는 정도에 영향을 미친다. 많은 환자들이 자신을 대신해 의사가 결정을 해주도록 신뢰와 신임을 보낼 수 있다(Lupton, 1997b). 사실상 신뢰는 매우 아픈 환자들이 자신의 상황에 대처하고 생존을 돕기 위해 필요한 중요한 요건이다(Rier, 2000).

위에서 논의한 바와 같이 사회계층, 연령, 인종, 성별 등도 환자들이 의사에게 도전하고 의료의 지배에 저항하려는 동기에 영향을 미칠 수 있다. 사회경제적으로 불리한 위치에 있는 사람들은 사회경제적으로 보다 유리한 위치에 있는 사람들과 비교할 때 교육이나 자원, 또는 소비자 안내와 같은 출판물 등에 접근할 가능성이 적다. 중산층 환자들이 의료전문직의 권력에 도전할 의지가 더 있을 수 있는 반면 '좋은' 환자에 대한 인식이 한계로 작용할 수도 있다. '좋은' 환자는 의사의 권위에 의문을 제기하지 않는다. 환자가 그렇게 하려고 하면 "당신은 어느 의과대학 나왔어요?"와 같이 반박하거나, "다른 사람을 찾아보세요"라고 직접적으로 거절하거나, 다른 의사들 사이에서 요주의 환자 명단에 오르게 될 수도 있다(Ehrenreich and Ehrenreich, 1978: 59). 많은 환자들이 자신의 증상으로부터 즉시 벗어나게 해주는 의사에게 의지를 하거나 적어도 문제를 '해결'해줌으로써 의사에게 자신의 문제를 넘길 수 있다. "이는 분명히 도움을 주는 관계이다. 선생님이나 상사에게 순종하지 않는 것이 용감한 것으로 보일 수 있지만 의사에게 복종하지 않는 것은 단지 비합리적으로 보일 뿐이다"(61). 따라서 소비자 안내에서 묘사된 새로운 종류의 환자 ― 의학적 지식을 가지고 의사의 권위에 도전할 준비가 되어 있거나, 심지어 일이 잘못되는 경우 소송까지 하는 ― 가 대다수라는 것은 의심할 여지가 있다.

자신의 질병에 '통제를 행사'하려고 시도한 교육 수준이 높은 잘 동기화된 환자의 예는 바로 인류학자인 수전 디지아코모(Susan DiGiacomo)인데, 그녀의 암 치료와 입원 등에 대한 경험은 제4장에서 언급한 바 있다. 상황을 통제하고 적극적으로 참여하기 위해 디지아코모는 자신의 병에 대한 의학 잡지의 논문들을 읽고 의사를 윗사람이라기보다는 동료로 생각하고 접근했다. 그녀의 의학적 권위에 대한 적극적인 도전의 결과는 놀람과 거부와 갈등이었음을 발견했다. 한 의사는 그녀에게 "당신 자신의 병에 대해 전문가가 되려고 하는 것은 현명한 일이 아니라고 생각해요. 당신에게 심리적으로 매우 해가 될 수 있거든요"라고 말했다(DiGiacomo, 1987: 321).

그녀는 이러한 진술에 반감을 가지고 있었지만 동시에 의료진의 걱정을 공유하는 것과 같은 의사 결정에 참여하는 것도 그 자체로 문제가 있다는 것을 발견했다. 그녀는 의사들이 환자에 대해 권력을 유지하려고 애쓰긴 하지만 가끔 그럴 필요도 있다는 사실에 동의한다. "권력은 특히 항암치료와 같이 힘들고 불쾌하고 위험하며 심지어는 치명적일 수도 있는 치료에 대한 협조를 확실하게 하기 위해 중요하다. 의사들은 박식하고 전지전능하게 보이며 치료와 예후 사이에 내재해 있는 모호함이 완전히 제거되지 않는다면 상당히 감소될 수 있다"(339). 나아가 디지아코모는 의료전문직은 심각한 환자를 다루는 것이 잘못되는 경우 치료의 불확실성을 가장하려고 한다고 지적한다. 왜냐하면 환자가 완벽한 결과를 기대하고 와서 실망한 경우 의사들의 오진에 대해 소송을 하려는 숫자가 그 어느 때보다도 증가하고 있기 때문이다(340)

정치경제학자들이 의료의 지배를 완화시키기 위해 환자들에게 좀 더 행위자로서의 역할이 주어져야 한다고 주장하면서 개혁을 요구하고 있지만, 푸코적인 이론가들은 이미 의료전문직이 실천 과정에 환자들의 더 많은 참여에 대한 이데올로기를 흡수하고 있어, 이러한 이데올로기가 그들의 권력을 제한하기보다는 더 확장시키는 데 기여하고 있다고 주장한다(Arney and Neil, 1982; Armstrong, 1983: 11장, Silverman, 1987). 이들은 의료적인 상호작용이 의사와 환자 사이의 권력과 지식의 차이에 의존하고 있다는 점을 지적함으로써 의료 관리 전달에서 환자의 적극적인 참여를 요구하는 사람들에 의해 주장되는 의료의 권력이 감소되어야 한다는 인식에 의문을 제기하고 있다. '의사'와 '환자' 모두의 역할은 전문직의 위치에 여전히 남아 있는 의사에 의존하는 의료 담론과 실천에 의해 구성되는 것이다. 따라서 의료전문직의 전문성에 도전하고 의사와 환자 사이에 존재하는 지식의 격차를 감소시키려고 시도하는 것은 단지 의료의 목적과 역할을 파괴하는 것이다. 의사가 자신보다 더 전문적인 지식을 가지고 있지 않다면 왜 그들에게 의학적인 조언을 구해야 하는가? 환자가 계속해서 의사들의 지식과 판단과 임상적인 기술에 의문을 제기한다면 어떻게 의사 - 환자 관계가 존재할 수 있는가? 일반인들이 스스로 의학 지식의 전문성을 얻어야만 한다면 무엇을 얻을 수 있으며 어떻게 이런 일이 가능하겠는가? 궁극적으로 누구의 이해에 봉사하게 되는가? 실버먼은 다음과 같이 주장한다.

> 의료가 객관화된 몸을 조사하는 것을 중단하고 유기체의 과정에 숨어 있는 진실을 파헤치는 것을 포기해야 한다고 말하는 것은, 의료가 스스로 해체할 것을 요구하는 것이다. 물론 이는 의사에게뿐만 아니라 바로 이러한 진실을 제공해야 한다고 의료에 요구하는 일반인에게도 마찬가지로 받아들일 수 없는 것이다(Silverman, 1987: 224).

더욱이 임상적 시선의 권력에 대한 푸코 식의 인식에 대한 반응으로 의료나 간호 담론에서 환자를 '안다는 것'에 대해 새롭게 강조하는 것은 사실상 환자들에게 더 많은 권력의 중심을 제공하는 것이다. 왜냐하면 "검사나 생화학을 통해 가시적이 되는 문제를 가지고 있는 몸에 대한 '진실'과 달리, 주체의 진실은 관련된 주체의 명백한 허락 없이는 발견될 수 없는 것이기 때문이다"(May, 1992a: 600). 다시 말해 환자는 강제로 말하게 될 수 없다. 환자는 침묵을 할 수 있거나 거짓말을 할 수 있다.

위에서 지적한 바와 같이 이 관점에서 이러한 권력의 차이를 유지하는 것이 반드시 의료적 상황에서 부정적인 것으로 간주되지는 않는다. 권력은 환자와 의사 모두의 필요와 기대를 촉진시키는 데 필요한 것으로 간주된다. 의료적 상호작용에서 권력이 남용될 수도 있지만 긍정적으로 사용될 수도 있다(Maseide, 1991; Lupton, 1997b; Rier, 2000). 의사에게 의사 결정을 양도하기 위해 자신의 신뢰와 믿음을 투자하기로 선택한 환자를 의사에게 수동적으로 따르기만 하는 것으로 볼 필요는 없다. 오히려 자신의 정서적이고 신체적인 건강에 핵심적이라고 생각되는 실천에 참여하기로 선택함으로써 더 긍정적인 관점에서 볼 수 있다. 그들은 가끔 보다 도전적인 '소비자주의'적인 환자 역할을 취할 수도 있지만 적극적으로 '좋은 환자'의 역할을 취하기로 결정할 수도 있다. 따라서 '수동적이거나' '소비자주의적'인 환자의 입장은 의료적 상호작용이 일어나는 시점에서 자신의 사회적이고 구체적인 입장에 적합한 일정한 매너를 표현하기 위해 할 수 있는 개인적인 투자에 대한 의식적이고 의도적인 반응일 수 있다. 그런가 하면 반대로 의존에 대한 내재적인 두려움 때문에 매우 무의식적인 수준에서 적대적이고 공격적인 행동으로 의사들에게 반응하거나 정서적 안정감 때문에 부모 - 자녀 관계와 같은 신뢰에 기초한 관계를 추구할 수도 있다. 각각의 반응이 상호 배타적일 필요는 없다. 같은 사람이 이러한 두 가지 유형의 감정적인 상태를 경험할 수 있고 이는 의사들에 대한 의존성에 대해 모호한 태도를 가져올 수 있다(Lupton, 1997a).

의사들의 관점

의사들이 의료적 상호작용에 접근하는 방식을 논의하는 데 개인들이 의료를 실천하기 위해 공식적인 자격을 획득하게 되는 사회화 과정을 이해하는 것이 매우 중요하다. 의학적인 훈련은 의사들이 질병을 진단하고 환자들에게 대응하는 방법을 구성하는 일련의 사회적 신념과 지식체계를 만들어낸다. 이러한 훈련은 사람들과의 의사소통이나 의료의 역사나 인식론에 대해 고려할 여지가 거의 없이 급하게 축적된 '사실들'을 중심으로 실증주의적인 과학적 방법에 기초하고 있다. 의과대학생들은 모든 증상에 진단이 있고 모든 증상은 성해진 일련의 치료 전략이 있다는 것을 배운다. 의과대학생들이 이후 바쁘게 돌아가는 훈련 과정에서 병원에 가서 불확실성이나 핑계를 댈 수 있는 여지가 없다. 좋은 학생 의사는 순간적인 판단을 내릴 것이 기대되고, 빨리 임무를 완수해야 하며, 손쉽게 일차원적으로 전형화된 범주 안에서 질병을 진단하고 환자를 보도록 배운다. 환자와 오랜 시간을 보내며 질문을 장려하는 것은 병원이나 공공 기관에서 가치를 갖지 못한다(Atkinson, 1982; Lazurus, 1988; Stein, 1990). 의과대학생들은 친밀한 접촉이나 죽음과 같은 감정적으로 혼란스러운 사건 등의 미묘하고 당황스러운 상황을 다루는 법과 사실적인 중립성을 가지고 대처하고 마치 이것이 '일상적'인 것같이 행동하는 법을 배우게 된다(Atkinson, 1981: 44~45).

의사가 개업한 일반의인지, 복잡한 병원이나 24시간 돌아가는 외래의 전공의인지, 지방 또는 도시에서 개업한 의사인지, 아니면 전문의인지에 따라 제대로 자격을 갖춘 의사로 일할 때 각각의 일터에서 요구하는 것이 다르게 된다. 병원에서 일하는 경우 의사는 다른 직원과의 관계(특히 이들이 아직 수련 중이거나 경험이 없는 경우), 자신의 기술에 대한 개인적인 불확실성, 관할권의 경계에 대한 논쟁, 의료와 간호 전문직의 위계체계 내에서의 권력 투쟁 등에 대처해야 한다(Gallagher, 1976; Gerson, 1976; Stein, 1990). 짧은 시간 내에 많은 환자를 처리해야 하는 위치에 있는 의료와 간호 인력에게 시간의 관리는 가장 중요한 것이지만 동시에 이는 권위를 유지할 수 있는 전략으로 사용되기도 한다.

인류학자 한(Hahn, 1985b)은 전문의의 직업 세계에 대한 참여관찰 연구를 위해 한 전문의를 따라 매일 병원 회진과 고혈압 외래, 개인 병원 방문, 밤이나 주말의 응급 호출 등을 5개월 동안 함께 다녔다. 그는 이 전문의의 업무에서 시간 관리는 절대적인 것이었다고 지적한다. "배리(그 전문의)는 두 종류의 시간적 압박에 시달렸다. 정해진 시간 내에 해야 할 일이 너무 많은 것과 글자 그대로 '마감'으로 부과되는 행동의 시급성이었다. 시간은 이에 따라 구성된다. 남는 시간이란 없고, 위급성은 매 순간 강화된다"(Hahn, 1985b: 62). 따라서 이러한 상황은 흔히 전문직의 거리 두기로 인해 사적인 상호작용의 정도를 제한할 것을 요구하게 되고, 많은 환자들이 일반적인 환자가 아니라 개별적인 사람으로 다루어져야 할 필요가 있는데도 사람이라기보다는 '사례'로 다루어진다.

앞에서 논의한 바와 같이 기능주의와 푸코의 관점에 따르면 권력은 의사가 대부분의 환자가 요구하는 능력을 가진 역할을 할 수 있도록 해주며, 이는 법적으로나 전문적으로 인정된 것이다. 따라서 의사는 자신의 환자와 하위직 종사자들을 의도적으로 억압하려고 행동할 필요가 없다. 이들은 자신의 동료와 환자들이 기대하는 방식으로 행동하며, 심각한 결과를 야기하지 않으면서 '전문직 게임의 틀을 깨는 결정'을 쉽게 할 수 없다(Maseide, 1991: 552). 의사 자신도 의료 실천에서 제도화된 행동 규범이 구성하는 권력의 장에 종속되어 있는 반면, 환자는 이러한 행동을 필수적이고 합리적인 것으로 기대한다(553). 그러므로 "의학적 담론은 단순히 편리한 지배나 교만과 같은 불필요한 형태나, 방해 또는 순서대로 통제하는 것, 또는 정보 부족과 같은 관점에서 이해될 수만은 없다"(554). 환자가 대기실이나 병원에 걸어 들어오는 순간부터 의료진에게 통제권이 주어진다. 의료적 상호작용에서 '전문가'로서 의사나 다른 의료전문직들은 환자에게 어떻게 행동해야 하는지 조언을 하고 임상적인 검진에서 몸을 어떻게 움직여야 하는지 지시를 하고, 수술을 위해 준비를 시키며, 그들의 건강 문제와 관련이 있는 행동과 치료 방식에 대해 조언해야 한다. 왜냐하면 '비전문가'로서 일반인들은 그저 무엇을 할 것으로 기대되는지 알지 못하기 때문이다.

민속방법론적인 기법을 활용하여 의사 - 환자 관계를 분석한 연구들은 흔히 권위와 탈인격화가 의료전문직과 환자 모두에게 기능적일 수 있는 방법을 설명해준다. 산부인과 진료가 협상되는 과정에 대한 에머슨(Emerson, 1987/1970)의 설명은 실재에 대한 사회적 구성을 보여준다. 에머슨은 여성의 성기를 검진하는 민망하고 성적으로 민감한 상황에서 환자, 의사, 간호사 등에 의해 협상이 일어나는 방식을 분석했다. 에머슨은 의사가 전 과정을 통해 환자를 안내하는 주도권을 취하면서 '다른 사람들도 늘 이렇게 한다'는 힌트를 준다. 반드시 유지되어야 하는 가장 중요한 정의는 의료적인 상황에서 여성 성기를 접촉하는데 이는 성적이지도 위협적이지도 않고, 단지 치료적이고 일상적이며 환자의 최선의 이익을 위해서라는 점이다. 이러한 정의를 따라가면 '아무도 민망하지 않고' '아무도 성적인 관점에서 생각하지 않는다'는 것이 가정된다. 양쪽 다 난처함에서 벗어나기 위해 의료진의 행동은 이러한 검진이 사무적인 것이며 전적으로 사회적으로 용납되는 것이라는 점을 가정한다. 이러한 것이 유지되기 위해서 환자는 개인이라기보다는 기계적인 사물로 간주되어야 하는 것이다. "의료진은 마치 몸을 고치기 위해 조립 라인에서 일하는 것과 같다." "비슷한 몸의 일부들이 계속해서 돌아가며 직원들은 이들에게 특정한 작업을 한다"(Emerson, 1987/1970: 218). 의학적인 상황 정의는 스태프들이 자신의 침투적이고 흔히 고통스러운 검진 과정이 성적인 공격이나 잔인한 행동이라고 비난 받을 것이라는 두려움을 갖지 않고 작업을 수행할 수 있도록 권리를 부여한다. "환자는 자신의 존엄성에 대한 위협을 최소화하기 위한 의학적 정의가 필요하다. 의료진은 환자들의 협조를 얻어내기 위해 이것이 필요하다"(219). 의과학적인 용어의 사용은 이러한 정의를 유지하는 중요한 부분으로, 검진 상황을 탈인격화하고 성적인 것과 무관한 것으로 인식하도록 도와준다. 예를 들어 의사나 간호사는 '당신의 자궁'이 아니라 '그 자궁'이라고 말하고, '다리를 벌리세요'라는 저속한 지시는 '당신의 무릎을 최대한 벌리세요'라는 친절하면서 형식적인 말로 대체된다(1987/1970: 221).

의사들은 또한 의료적 상호작용에서 일정한 행동 규칙을 따르는 것이 중요한데, 이 중 일부는 의료 사고, 특히 불확실한 결과가 있는 경우에 소송당하는 것을 피하기 위해 환자들의 자발성을 제한할 수 있다. "의사들은 틀릴 수도 있다, 그러나 그의 실수는 제도적으로 방어되어야 한다"(Maseide, 1991: 556). 예를 들어 유방암 양성진단에 대해 환자에게 정보를 알려주는 전문의의 행동을 관찰한 연구(Taylor, 1988)는 환자의 입장에서 더 많은 정보를 요구하는 소비자 집단의 요구와, 환자들은 의사들이 제공한 정보의 양에 불만을 가지고 있다는 연구가 있었는데도, 의사들이 정보를 환자에게 알려주는 상황에서는 주의가 필요하다는 점을 관찰했다. 유방암 진단은 환자에게는 끔찍한 소식이다. 전문의는 환자의 진단이 전적으로 자신의 기술적인 숙련에만 관련되어 있지 않다는 점을 알고 있다. 암덩어리가 성공적으로 제거된다 해도 환자는 몇 달 안에 사망할 수도 있지만, 5년 이내에는 살 가능성이 더 많다. 그 외에도 한 가지 치료 방법이 있는 것이 아니다. 따라서 전문의는 가슴을 제거해야 할지도 모르는 가능성을 포함해서 즉시 수술을 해야 하는 반면, 어떤 절차가 가장 좋은지, 그리고 사실상 수술의 효과도 불확실하며 완전한 치료를 장담할 수 없다는 것을 모든 여성에게 말해주어야 한다.

이러한 상황에서 대부분의 전문의는 충격과 두려움으로 고통을 받으면서 직접적인 질문을 피하는 환자에게 치료의 불확실성에 대한 진실을 알려주지 않는 것을 선택함으로써 비극적인 상황에 대처한다. 전문의가 절차의 불확실성을 강조할 때 환자들은 다음의 상호작용에서 보여주는 바와 같이 잘 대처하지 못한다.

> 의사: 어떤 수술이 가장 좋은 것인지 우리도 잘 모릅니다. 무엇이 답인지 잘 몰라요. 이런 문제를 해결하는 데 도움이 될 만한 자료들을 모으고 있습니다. 이 임상적인 시도에 대해 설명을 해드리자면…….
>
> 환자: 의사 선생님, 저에게 무엇이 가장 좋다고 생각하시는지 선생님께 여쭈어 보는 겁니다. 맙소사, 선생님은 의사시잖아요……. 저는 제 가슴을 잃게 되는 것을 원치 않아요……. 하지만 살고 싶기도 해요……. 아시다시피 아이가 셋이나 있거든요(Taylor 1988: 449에서 인용).

불확실성에 대해 의사소통을 해야 하는 정서적인 어려움이 있었지만 이 연구에서 일부 전문의들은 환자에게 되도록 모든 치료의 대안에 대한 정보가 주어지지 않고 유방암이라는 것을 알려주지 않을 경우 의료사고에 대한 소송이 두렵다고 말했다. 다른 일부 의사는 환자의 신뢰가 치료 과정에 매우 중요한 부분이라고 믿기 때문에 완곡한 어법과 모호한 진술로 충격을 완화시키는 전략을 사용했다. "개인적인 불편함이 계속되었는데도 외래 의사들은 이러한 문제를 직접 대면하기보다는 긴장을 감소시키는 기술과 정책들을 개발하는 것을 선호했다"(Taylor, 1988: 460).

외과 의사의 의학적인 의사 결정 과정에서 비의학적인 기준은 매우 중요하기 때문에 여러 가지로 환자에게 심각한 함의를 갖게 된다. 예를 들어 병원 조직구조에 대한 외과의의 관심, 전문분야 간의 경쟁, 개인적인 수입, 다른 외과의와의 업무 관계, 연구에 참여할 필요성 등과 같은 요인들이 의학적 결정에 영향을 미칠 수 있다. 그러나 의사 결정 과정은 의사 결정에 선택이 있다는 사실을 부정하거나, 의사 결정을 관계가 없는 정보에 근거해 내리는 등과 같이 자신이 결정을 내리고 있다는 사실을 인정하지 않으려는 전략을 통해 왜곡되는 경향이 있다(Katz, 1985). 예를 들어 한 연구에서 유방암 환자가 임상 실험에 참여하기를 원했던 외과 의사들은 자신의 환자들이 모든 정보를 알게 되면 참여하지 않을 것에 대해 두려워하고 있었다. 따라서 외과 의사는 유방암 진단을 알려줌과 동시에 연구에 대한 정보도 제시했다. 따라서 환자는 불안을 야기하면서 정보로 가득 찬 상황에 직면하게 되고, 임상 실험에 대한 정보는 동의를 최대한 얻어내기 위해 조심스럽게 끼워 넣어진다(Katz, 1985).

폐경기 의료 관리에 대한 연구는 지난 수년 동안 의사들이 의료를 실천하면서 자주 부딪히게 되는 문제에 대해 나름대로의 작업 모델을 개발해왔다고 주장한다(Lock, 1985). 폐경기 관리에서 이 모델은 의사의 성격과 여성과 섹슈얼리티에 대한 태도와 같은 요인에 의해 구성된다. 그 밖에 의사의 연령, 성별, 생애주기에서의 단계, 경험 수준, 의사의 전문분야, 그들이 받은 훈련 유형(사회심리적 또는 생의학적 질병모델), 교육 병원, 교수진, 의학 도서관 등과의 접촉 수준, 최근 전문서적에 대한 친밀성, 그들의 환자들의 사회인구학적 특성, 그 질병을 다루는 대중매체의 의사와 환자에 대한 영향, 의사가 일하는 보건관리체계의 경제적·정치적 조직 등이 있다(Lock, 1985: 125~ 126). 다른 요인이 추가될 수도 있다. 의사에게 가용한 임상적인 정보의 유형과 양(일반의는 종합병원의 선배 전문의와는 다른 정보를 받는다), 관객(예를 들어 의료계 또는 일반인), 상태의 유형(예를 들어 단순한지 복잡한지), 시간적 요인들, 전문직 위계구조에서 임상의가 차지하고 있는 위치, 상황에 대한 임상의의 평소 '지론' 등도 있다(Helman, 1985: 310). 폐경기 연구에서 면접을 했던 산부인과 의사와 일반의들 사이에 폐경에 연결된 태도에 차이가 커서 환자들에게 제공되는 치료가 매우 다르게 나타났다. 이것이 의미하는 바와 같이 '임상적 실재의 구성'은 의사들에 의해 수많은 해석이 가능한 생의학모델을 둘러싼 일부 모호함 때문에 환자의 치료에 영향을 미치는 여러 가지 방식으로 구성된다(Lock, 1985).

간호사의 관점

환자나 의과대학생, 그리고 의사가 제도화된 규범과 병의원의 요구에 따라 일정한 방식으로 사회화되는 것과 마찬가지로 간호대 학생과 간호사들도 환자나 동료들과의 상호작용을 구성하는 데 필요한 요구 사항과 제한점을 가지고 있다. 간호사도 시간에 쫓기고 전문직으로서 거리를 두어야 할 필요가 있지만 의사보다 위계 구조에서 매우 낮은 위치에 있어 부담을 가지고 있고, 의사나 환자로부터 도우미보다 조금 나은 대접을 받는다. 병원에서 일하는 간호사들은 환자에 대한 책임을 놓고 전문직 간의 갈등에 직면하게 되고, 의사와 권력을 놓고 투쟁하며, 의사와 환자 모두와는 성차별과 가부장주의를 놓고 경쟁하고 있다. 간호사들에게 환자에 대한 관리의 우선적인 책임이 주어지지만 그들도 관료제적인 규칙과 전문직의 자율성을 행사할 수 있는 잠재력에 영향을 미치는 의료적 권위에 종속되어 있기도 하다(May, 1992b: 475).

임상적 상황에서의 간호사와 의사 사이의 권력 차이는 그들이 수행하는 업무뿐만 아니라 성별과 사회계층, 그리고 지위에 기인한다. 간호사는 대다수가 여성인 반면 의사는 대부분 남성인 경향이 있다. 지난 20여 년간 더 많은 여성이 의료계에 진출하고 있지만 간호사가 되는 남성은 소수이며 의료의 위계 안에서(전문의와 외과의와 같은) 권력의 자리는 여전히 여성의사보다는 남성 의사가 차지하고 있다. 남성 간호사에 대해 남성 의사들이 느끼는 불편함의 표시는 남성 간호사를 동성애자라고 말하는 경향에서 알 수 있다. "따라서 남자 간호사는 남자 간호사＝동성애자＝나약함＝여성이라는 잘못된 공식에 의해 명목상의 여성의 역할로 환원된다"(O'Hara, 1989: 93). 여성들이 지배하고 있는 간호직은 낮은 사회적 지위와 연관되어서 간호사로 일하는 데 요구되는 제3의 자격이 부족한 것과 더불어(물론 최근에는 많은 나라에서 간호사들이 대학을 졸업하지만), 다른 의료종사자보다도 낮은 급여와 낮은 자율성, 경력 구조의 부족 등과 같은 열악한 고용 조건을 만들어냈다.

최근에 간호사와 의사 또는 간호사와 환자 사이의 권력 관계의 사회·문화적 측면에 대해 출간된 연구가 거의 없다는 것은 사회학자나 인류학자들조차도 의료 환경에서 간호사의 역할을 간과하는 경향이 있다는 증거이다. 간호 학생의 관점에서 간호사의 낮은 지위를 보여주는 의례의 장으로 수술실에 대한 흥미로운 설명을 하는데(O'Hara, 1989), 그녀는 의료 환경에서 제도화된 실천이 의사, 환자, 그리고 간호사와 다른 의료진들의 지위와 정체성을 규정하는 방식을 관찰했다. 오하라는 수술실의 관행은 의사가 간호사와 환자 모두에게 특권을 가지고 있다는 점을 지적한다. 예를 들어 의사는 일상적으로 수술실에 늦게 오지만 수술이 시작되면 간호사는 이들의 요구를 완수하기 위해 분주하게 움직인다. "간호사는 반드시 제 시간에 도착해야 하고 하위 직급의 사람, 보조원과 같은 시간을 지켜야 하는 반면, 의사는 스케줄이 다르다. 의사는 매일 특히 아침에는 원하는 만큼 늦게 도착할 수 있고, 30분 정도 늦는 것은 설명이나 사과의 말 한마디가 요구되거나 필요하지도 않다"(O'Hara, 1989: 88).

병원에서 의료진과 간호사의 이동과 이들 업무의 물리적인 지형은 간호사가 환자의 몸에 대해 지식을 얻는 것을 방해한다(May, 1992b: 475~476). 이는 흔히 혼란스럽고 스트레스가 많으며 비효율적인 작업 환경을 가져오는데, 여기서 "간호사들은 환자 몸의 상태를 정의하고 자신의 경력을 추구하는 영향력을 가진 집단과의 관계 속에서 자신의 환자를 단지 생물학적인 존재로 '알게' 될 뿐이다"(477). 그러나 간호사를 감정이입을 통해 일련의 증상으로

만이 아니라 개인으로서, '전인적인 사람'으로서 '환자를 알려는' 위치에 놓여 있는 것으로 보는 이데올로기는 환자의 몸을 감시하고 훈육하는 것으로 해석될 수 있다. 간호사들의 임상적인 시선은 환자의 '실제적인' 또는 '진실한' 특성을 발견하기 위해 환자의 외양뿐만 아니라 개인적인 생각이나 감정 또는 매일매일의 삶까지로 확장되므로 더욱 침투적으로 간주될 수 있다. '알고', '말하고 듣는' 것을 통해서 환자는 간호사에게 사적이고 진실한 이야기를 하도록 격려되고 따라서 자신의 진실을 노출시킨다(May, 1992a: 597). 한 간호사는 다음과 같이 언급한다. "간호사로서 환자와 신체적으로뿐만 아니라 매우 친밀한 사이가 된다. 아마도 누군가가 가장 불행할 때 그들을 잡아주고 있는 것일 것이다……. 내 생각에 일부 간호사들은 환자들의 가장 밑바닥, 가장 기본적인 요소들을 보고 있다고 믿을 것이다……. 당신은 그들의 가장 취약한 상태를 보고 있는 것이다"(Lawler, 1991: 157).

그러나 이러한 권력 자원이 잠재적으로 있는데도 환자와의 관계에서 간호사의 사회적 위치는 의사 - 환자 관계보다 더욱 복잡하다. 간호사의 하루의 업무의 일부로 수행되는 일이 그들의 낮은 사회적 지위에 중심이 되며, 의사와 간호사 사이의 권력 차이에 기여한다. 간호사는 환자들의 성기를 닦아주고, 용변을 도와주며, 피·침·고름·담액·구토·배설물 등과 같은 상징적으로는 오염되어 있고 정서적으로는 혐오감을 주는 몸의 분비물들을 다루는 일, 그리고 시신을 준비하는 일과 같이 전통적으로 '여성들의 일'로 간주되었던 '더러운 일'을 수행해야 한다(Lawler, 1991; Wiltshire and Parker, 1996). 간호사는 질병과 치료에 의해 상한 몸을 돌보고 환자들을 돕기 위해 자신의 육체적인 능력을 사용해야 하며 정서적으로도 도움을 주어야 한다. 이와 같이 간호사의 업무는 흔히 정서적으로 피곤하고 진이 빠지는 것이고 간호사가 아닌 다른 사람들과 자신의 일에 대해 이야기할 수 없다고 느낀다(Wiltshire and Parker, 1996).

간호사는 끊임없이 의사에게는 결코 할 수 없는 환자들의 요구에 대응하고 의사의 지식을 수행하면서 그들을 돕는 것으로 의료 상황에서 권위적인 행위자라기보다는 순종적인 '도우미'로서 위치를 차지한다. 예를 들어 수술실에서 간호대 학생은 '사회적으로는 비가시적이지만' '언제든지 사소한 일들을 수행하는 데 이용될 것'이 기대된다(O'Hara, 1989: 80). 사실 환자들을 위해 간호사가 수행하는 친밀한 신체적인 기능은 이들을 주로 성적인 존재로 만든다고 주장되어왔다. "모르는 사람들의 몸을 보고 만지는 경험을 통해 간호사들은 성적인 상대가 될 수도 있고, 그것을 원하기도 하는 것으로 인식되어왔다. 매춘과는 달리 알고 경험한다는 것은 안전한 것으로 간주된다. ― 하얀색 유니폼의 청결함과 전문가적인 침착함의 자질이기도 하다"(Fagin and Deirs, 1984: 17). 이러한 해석이 왜 가까이 있는 많은 남성 의료진이나 환자들이 간호사에 대해 빈번한 성추행을 하고, 젊고 매력적인 여성 간호사를 성적인 대상으로 여기며, 남성 간호사를 동성애자로 여기는 전형화된 이미지를 생산하는지를 설명해준다. 간호사를 이타주의, 보호, 친절함, 양육, 감정이입과 같은 이상적으로 '여성적'인 가치와 연결시키는 것은 간호 전문직을 여성의 분야로 강화시키고, 따라서 의료 상황에서 낮은 지위와 권력의 결여 상태를 유지하는 데 이용된다.

의료적 상호작용에서의 도덕적 가치

의료는 객관성의 원칙과 이타주의라는 윤리적인 신념에 기초하고 있지만, 수많은 도덕적 가치가 의료적인 상호작용에 스며들어 있다. 의사나 다른 의료전문직과 환자 사이의 상호작용에서 의학적 판단을 구성하는 것은 생의학 모델과 시간적 필요성뿐만 아니라 성별, 사회계층, 인종, 연령, 신체적인 매력, 질병의 종류(환자가 병을 얻을 만한 '자격'이 있었는지) 등에 기초한 환자에 대한 가치판단이기도 하다.

앞에서 지적했던 바와 같이 의사와 의료진들은 환자에 대한 판단을 내리는 데 활용하는 '좋은' 환자 또는 '나쁜' 환자에 대한 모델을 가지고 있다. 환자들이 병원에서 치료를 받는 방식에 영향을 주는 '비공식적이고 도덕적인 환자 유형의 분류'가 있는 것이다(Stein, 1990: 98). '좋은' 환자는 스스로가 질병을 야기한 것이 아니고, 이에 대한 통제의 책임이 없으며, 빨리 치료에 반응하고, 치료에 대해 질문을 하지 않으며, 순응적이다. 즉 좋은 환자는 의사들이 성공적이고 능력이 있으며 확신을 가지고 있는 질병에 대한 전쟁에서의 '승리자'로서의 자신의 이미지를 확인시켜주는 환자이다(98). 반대로 '나쁜' 또는 '힘든' 환자는 자신의 질병에 책임이 있고, 치료에 잘 반응하지 않으며, 자신의 질병에 금욕적으로 접근하기를 거부하여 불평을 하면서 순응하지 않고, 너무 요구가 많고 적대적이다. 또한 의사를 통제하고 이들의 권위와 능력에 의문을 제기하여 의사가 성공적이지 못하고 통제를 할 수 없으며, 자신을 '패배자'로 느끼게 하는 환자이다(98). 의료진은 이러한 환자들을 조롱하는 '괴물'·'겁쟁이'·'나쁜 놈'·'문제 환자'·'울보' 등과 같은 별명을 부르고, 치료에 진전이 없는 책임을 의사에게서 환자에게로 전가한다.

주로 사회경제적 지위가 낮고 유색인종이며 비영어권 인종의 환자들을 다루는 미국 병원의 응급병동에서 직원들은 치료와 보호를 받을 '자격이 있는' 환자와 '자격이 없는' 환자를 구별하는 문화적인 개념을 적용한다. 예를 들어 나이가 많은 환자보다는 젊은 환자가 치료를 받을 자격이 더 많고, '사회보장 환자들'은 높은 사회적 지위를 가진 사람과 비교할 때 가장 좋은 치료를 받을 가치가 있지 않은 것으로 간주된다. 이러한 도덕적인 범주는 간호사나 의사, 또는 다른 직원들이 '자격이 없는' 환자에게 붙인 별명에도 잘 드러난다. '쓰레기'·'거짓말쟁이'·'찌꺼기'·'부랑자'·'바위 밑에서 기어 나온 자' 등이다. 또한 도덕적인 판단은 진단과 이어지는 치료에서도 반영된다. '술고래'라고 불리는 남성과 '자궁염증'을 가진 것으로 진단된 여성들은 증상 때문이 아니라 다른 요소, 즉 인종이나 민족, 옷이나 말하는 매너 등에 의해 그런 별명이 붙는 것이다(Roth, 1981/1972).

한(Hahn, 1985b: 75)은 자신의 참여 관찰 연구에서 수개월간 함께 동행했던 전문의 배리 시글러(Barry Siegler)가 환자에 대해 보인 태도에서 깊은 도덕적 확실성을 가지고 있음을 관찰했다. 이러한 태도는 알코올중독자의 치료에 대한 양가적 태도나 자신의 환자를 위해 최선이 무엇인가를 알고 있다는 가정을 가지고 있는 것과 같은 것이다. 시글러는 환자를 구별하는 데 세 가지 기준이 있었다. 첫째는 의학적 관심이고, 두 번째는 개인적인 즐거움, 세 번째는 성격의 강인함과 관심이었다(Hahn, 1958b: 99~102). 환자가 '좋은 환자'로 분류되면 그들이 잘되면 기뻐했고 고통을 받으면 괴로워했다. '흥미로운' 환자는 질병이 복잡해서 흥미롭고 해결이 가능하고, 가르치는 데 도움이 되는 자료가 될 수 있는 환자이거나 눈에 띄지만 공격적이지 않은 성격을 가진 환자이다. 좋아하지 않는 환자는 '똥덩어리'·'나쁜 놈'·'미친 놈'·'폐인' 등으로 묘사되고 참을성 없이 다룬다. 환자들이 시글러가 보기에 비순응적이거나, 도덕적으로나 사회적으로 공격적이고, '성적으로 난잡하거나' 빈곤하거나, 아니면 질병을 스스로 야기한 경우라고 판단되면 이러한 범주로 분류된다.

대안의료와 자조집단: 의료의 지배에 대한 도전인가?

1970년대 이래 과학적 의학의 문제점들 때문에 부정적인 태도를 갖게 된 많은 사람이나 생의학적으로 성공적인 치료를 받지 못한 상황에 있는 사람들은 대안의료(총체주의적 또는 자연치료)를 받아들이기 시작했다(Cant and Sharma, 2000). 이러한 치료들의 담론은 정통 의학의 특징인 자연/문화, 개인

/사회, 정신/몸, 그리고 주체/객체 등의 이원론을 거부하고 있다. 이들은 몸과 사회의 세계를 다시 연결시켜 사회에 변화를 일으키려 한다(Scott, 1999). 대안의료는 실용적이고, 소외적이지 않으며, 보다 '자연적'이고 덜 침투적으로 건강을 증진시키고 질병을 치료하는 접근이라고 주장한다. 질병은 개인과 자신의 환경 사이의 불균형으로 여겨지는데 외부 병원균에 의한 침해로 질병을 보는 의학 모델과는 대비가 된다. 의사에게 원인이 있는 질병에 대한 관심, 정통 의사들의 재성적인 이익에 대한 관심, 의학 기술의 고비용 등에 대한 관심이 대중적인 토론의 중요한 주제가 되어가는 상황에서 대안의료는 민감하고 관심 있는 태도와 신선하고 급진적인 대안으로 등장했다.

대안의료는 그들의 희망을 일부 충족시키고 있다. 대부분의 대안의료는 질병의 진단과 치료에서 고도의 기술과 검사보고서의 사용을 피하고 있다. 대신 대안의료는 환자와 치료자 관계의 민감성에 의존하는 치료를 제공하며 치료를 위해 단순하고 비기술적이며 비침투적인 방법(예를 들어 최면, 마사지, 명상, 영양치료, 약초 치료, 열 치료, 침과 같은)을 제공한다. 따라서 대안의료는 보건의료에서 점차 증가하는 고도의 기술로 인한 비인간성과 비용 증가에 대한 해결책을 제공하는 것으로 보인다. 정신과 몸을 구별하는 데카르트의 이원론을 거부함으로써 대안의료는 신체적인 건강에 대한 문제에서도 '전인적'으로 사람들을 다루어야 한다는 시각을 취하고 있다. 개인의 생애사를 강조하고 건강에 대해 정신적이고 영적인 것과 신체적인 차원과 환경과의 관계들을 고려하는 것은, 생의학의 기계적이고 분절된 몸의 이미지에 대한 실망과 매일의 삶의 환경을 고려하는 총체주의적 방식으로 건강을 개념화할 것에 대한 요구를 보여주고 있다.

대안의료는 건강 문제의 원인을 단순한 생물학적인 것 이상에 기인하는 것으로 보고 개인들에게 복종적인 환자의 탈권력화된 역할을 거부함으로써 자신의 건강에 책임을 지도록 하고 있다. 건강 자체를 가치로 보는 건강에 대한 인식과 건강을 지속적으로 유지하는 데 개인들이 적극적으로 참여하는 것을 강조하는 것이다(Berliner and Salmon, 1980; Patel, 1987; Cant and Sharma, 2000). 생의학과 달리 대안의료는 '왜 나인가' 그리고 '왜 지금인가'라는 생물학적 사실에 대한 질문에 대해 '무익한 세계에서 올바른 태도와 행동이 좋은 건강으로 보상을 받는다는 쉽게 이해될 수 있는 도덕적 체계로 대체함으로써' 만족스러운 설명을 제공해준다(Crawford, 1980: 374). 또한 사람들은 전통적인 의료에 대한 불만 때문뿐만이 아니라 대안 치료를 지탱하고 있는 자연과 건강에 대한 신화 때문에 대안의료에 매력을 느끼게 된다. '자연'은 미덕, 도덕성, 청결, 순수함, 재생, 정력과 선 등과 관련된 후기자본주의 사회에서 강력한 상징적 의미를 갖고 있다(Coward, 1989: 16~17). 대안의료의 이데올로기의 지배적인 요소로 이를 사용하는 것은 "자연은 안전하고 부드러우며 사람들에게 이로운 내재적인 속성을 가지고 있다는 함의 때문이다"(19).

그러나 이러한 접근에 대한 비판은, 대안의료에서 '자연'의 상징을 사용하는 것은 선택적인 것이라고 주장한다. 예를 들어 합성약품을 '인공적'이고 '화학적'(따라서 건강에 해롭다)이라고 규정하는 반면, 많은 자연적인 재료가 독성이 있을 수 있고, 많은 화학물질이 자연적인 물질에서 추출되는 것인데도 약초는 자연적이고 비화학적이며 따라서 안전하다고 본다(20~21). 더욱 중요한 것은 대안의료의 이데올로기는 건강 유지를 위한 개인의 책임을 부당하게 강조함으로써 과학적 의학과 크게 다르지 않다고 하는 주장이다(Scott, 1999). 대부분의 대안의료는 정통의학의 철학적 신조를 거부하는 반면 보건서비스에 대해 정치적인 비판을 제공하지는 않는다(Coward, 1989: 10~11). 대안의료는 흔히 개인의 건강과 그들이 살고 있는 보다 넓은 사회적 환경(사회계층과 같은)과의 관련성을 충분히 강조하지 않는다는 점에서 과학적 의학과 유사하며, 따라서 건강 문제를 야기하는 지배적인 사회 불평등을 정당화하고 왜곡하는 제도적인 의료의 역할의 단지 한 측면에 불과하다고 비판받는다.

　의료 시장에서 심각한 경쟁자로 재등장한 대안의료는 누구의 의료 지식이 질병을 치료하는 데 최선인가에 대한 대안의료와 정통의료인들 사이의 권력 투쟁을 야기했다. 정통의학이 대안의료보다 치료에서 더 성공적이라고 주장하는 데는 어려움이 있지만 항상 선전을 위해 '과학'에 기초하고 있다는 점을 인용한다(Willis, 1978: 17). 총체주의적인 치료에서 가정되는 영적인 것의 '비과학적'인 개념과 중요한 힘들은 생의학에 의해서 쉽게 인정되지 않는다. 왜냐하면 이는 특정 병인론과 질병을 외부 병원균의 결과로 보는 이론에 맞지 않기 때문이다(McKee, 1988: 780~781).

　제4장에서 논의했던 바와 같이 정통의학은 과학적 훈련에 의해 정당화되고, 대안적인 치료자들은 과학적 근거 없이 '마술'을 부리는 사람들이라고 비난하면서 의료관리의 과학적 패러다임을 '유일한' 패러다임으로 인정해왔다. 여기서 모순적인 것은 대부분의 정통 의료 사용자에게 의료 관리의 상징과 의례는 대안의료에서 사용되는 것만큼이나 신비한 것이었다는 점이다. 대부분의 환자는 왜 진단이나 특정 약 또는 치료가 처방되는지에 대한 생의학적인 근거를 거의 이해하지 못한다. 이들에게는 이것이 단지 의학의 '마술'과 치료자의 자격에 대한 믿음과 신념의 문제일 뿐이다.

　대안의료 제공자들은 전통주의자들이 '요술사'의 사기적인 행위라고 비난하는 것에 대응하기 위해 표준화와 자격증 제도를 들여와서 치료를 정당화하려 시도해왔다. 많은 대학에서 이제 침술이나 접골과 같은 치료에 학위 과정을 제공하고 있다. 전통 의학이 의료를 상품으로서 고가로 팔기 위해 전문 지식의 독점을 통제했던 것과 마찬가지로 자신의 치료행위를 정당화하려는 대안의료 제공자들의 투쟁은 지식에 대한 통제를 시도하는 것이다(Willis, 1978: 17). 자격증 제도에 대한 이러한 움직임은 최소 수준의 지식과 기술 취득을 담보함으로써 소비자에 대한 보호를 제공할 수도 있다. 그러나 이로 인

210　의료문화의 사회학

한 결과는 대안적 의료행위자들도 자신의 숙련에 대한 '전문적'인 측면을 강조함으로써, 일반적으로 환자는 복종적이고 치료자는 지배적인 관계를 갖는 생의학에서 보편적인 의사 - 환자 모델에 보다 근접하게 되었다. 대안의료로 많은 사람을 돌아서게 한 것이 바로 그 소외적인 접근이었다는 점에서 총체주의적 치료자 역시 그들의 주요한 매력을 잃어가고 있다. 따라서 정당성에 대한 투쟁을 위해 대안의료들은 건강관리에 대한 전통적인 접근과 총체주의적인 접근 사이의 경계를 점차 약화시키고 있으며, 따라서 과학적 의료에 대한 대안을 제공할 수 있는 잠재성을 잃어가고 있다.

사실 특정한 치료들이 병리의 문제를 야기한 사회에 개인이 적응하도록 하는 것과 마찬가지로, 많은 대안의료가 '개인적인' 문제들을 일시적으로 해결해줌으로서 소외를 상품화시킨 것으로 여겨진다(Berliner and Salmon, 1980: 143). 대안의료 신봉자의 상당수가 중산층 출신으로, 사회경제적 지위가 낮은 사람들에게 줄 수 있는 것은 거의 없는 것으로 보인다(Crawford, 1980: 365). 경제적으로 어려움에 처한 사람은 그렇지 않은 사람보다 질병 수준이 높고 평균수명이 짧음으로 인해 고통받고 있으며, 정통 의학체계의 도움을 가장 적게 받는다. 이들은 전통적인 중산층의 의료 관리 체계에서 소외되고 자신의 삶을 어떻게 이끌어갈 것인지에 대한 선택의 대안이 적다. 대부분의 대안의료에 대한 비용이 공공 또는 민간 보험에 의해 환불되지 않기 때문에 (침술이나 접골과 같은 보다 인정된 분야의 예외적인 경우를 제외하고는) 환자의 재정적인 비용이 더 큰 대안의료는 이를 좀 더 부유한 사람을 위한 서비스로 제한하는 효과적인 한계가 되고 있다.

비판을 하는 사람들은 단순히 질병이나 불편함이 없는 상태 이상의 개인의 삶의 모든 측면을 포함하는 '완전하고' '총체적인' 또는 '긍정적인' 건강에 대한 요구를 하는 데 대안의료는 여러 가지 면에서 기존의 서구 문화의 의료화에 단지 추가적인 것이 되었을 뿐 아니라, 나아가 환자의 자율성에 대한 지배권을 확장시켰다고 주장한다(Coward, 1989; Scott 1999). '전인적인' 사람에 대한 간호의 이데올로기가 환자의 사적인 삶에까지 의학의 시선을 확장시켰던 것과 마찬가지로 대안의료가 환자의 삶의 모든 측면에 이와 유사하게 초점을 맞추는 것은 권력의 확장으로 해석될 수도 있다.

대안의료의 담론은 몸에 대한 공격적인 군사적 비유의 개념(제3장에서 논의한 바와 같이)으로부터 탈피하여 몸과 질병의 이미지를 재확립하려 하면서, '균형'·'조화'·'규제'·'영혼'·'에너지' 등의 단어를 통해 몸을 '자연적'이고 자기 규제적이며 보다 넓은 생태학적인 균형의 일부로 본다. 그러나 이러한 언어들은 몸을 형이상학적인 본질로 보기 때문에 도덕적인 판단을 여전히 피할 수 없으며, 그렇게 함으로써 몸에 '좋은 것'과 '나쁜 것'에 기초한 판단을 하게 된다(Montgomery, 1991: 355~358). 더욱이 몸의 작동에 대한 생산/기계 은유의 사용은 대안의료의 담론에서도 드러나는데, 특히 '에너지'와 같은 단어를 사용하는 것은 생산에 대한 자본주의적인 이데올로기와 일치하는 것이다. "몸의 에너지의 균형이나 조화에 대한 개념에서 에너지가 등장하는 것은 몸을 생산적이고 낭비적이거나 정적인 것이 아니라 환경과의 조화로 생산의 가능성을 확장시키는 효율성의 은유를 암시하는 것이다"(Coward, 1989: 57).

결과적으로 대안의료도 의학 이데올로기의 대부분의 측면을 가지고 있다고 주장할 수 있다. 건강과 질병에 대한 인식은 여전히 의료화되고 기능적인 의미를 가지고 있다(Crawford, 1980: 370). 대안의료는 건강에 대한 개인의 책임을 더 강조함으로써 더욱 그러하여 질병의 원인으로서 사회적이고 정치적인 것으로부터 관심을 돌리게 한다. "자연스러운 건강이 우리 안에 갇혀서 나오기를 기다리는 것이라면 건강을 성취하는 것은 개인의 힘 안에 있는 것이다"(Coward, 1989: 42). 이는 언뜻 정통 의학적 치료로부터 환자를 멀리하게 하여 '환자의 삶을 탈의료화'시키는 것처럼 보이는 반면, 대안의료의 담론과 시행은 동시에 생활양식의 중요성, 사고방식, 건강 상태에 대한 감정과 정신의 중요성 등을 강조함으로써 환자들을 '재의료화'시킨다(Scott, 1999; Cant and Sharma, 2000). 따라서 대안의료는 상징적 의미보다는 치료와 과정에 보다 관심을 가지고 있기 때문에 의료 패러다임에 거의 도전하지 않는 것이다. 사실 대안의료는 사회적 불평등을 보이지 않게 정당화하는 반면 지배적인 건강관리 모델에 대한 대안을 제공하기 때문에 훨씬 교활한 것으로 간주될 수도 있다.

1970년대 이래 자조 집단과 지지 집단은 의학의 지배에 의해 피해를 입은 사람들을 위한 인기 있는 저항 전략이 되었다. 이러한 집단들은 질병으로 인해 다른 사람들에게서 고립되고 소외되었다고 느끼는 사람들이 피해자로서 서로 화합할 수 있는 기회를 제공한다. 익명의 알코올중독자 모임과 같은 집단은 상호 지지를 제공하고 의료를 탈신비화하며 의료서비스에 대한 통제를 얻기 위해 형성되었다. 1970년대에 여성의 자조 집단이 만들어져 여성 의료인들과 함께 소규모 집단 안에서 의료 역사를 논의하고 유방과 자궁에 대한 자기 검사, 자궁 내 피임기구 조절, 임신 검사, 산전 관리 등을 공유해왔다(Ruzek, 1981; Broom, 1991).

대안의료와 마찬가지로 자조집단 운동은 중산층 지향적이고 질병에 대한 구조적인 원인에 의문을 제기하지 않고 개인의 변화에 대한 장애들에 맞서기보다는 건강에 대한 개인의 책임을 계속해서 강조한다는 비판을 받아왔다. 자조 집단은 질병과 몸의 담론적인 구성에 대한 역동적인 특성에 문제를 제기하기보다는 건강관리의 제공을 확장시키는 데 더욱 직접적인 관심을 보여왔다(Broom, 1991: 148~149). 더욱이 푸코적인 관심은 자조 집단을 규범화된 시선을 확장시키는 것으로 보는데, 이번에는 스스로와 서로를 지속적으로 감시함으로써, 특히 공개적인 고백을 통해(특히 익명의 알코올중독자 집단과 체중 조절 집단에서와 같이) 의료전문직을 대체하는 자조 집단의 판단을 통해서 그렇게 하는 것으로 본다(Silverman, 1987: 230).

또한 제3장에서 활동이 논의되었던 ACT UP과 같은 건강 증진과 행동주의 집단들은 차별과 불평등 그리고 잘못된 치료 등에 대중의 관심이 증가하고 있다는 점을 들어 의료의 지배에 도전한다. 그러나 이러한 집단은 흔히 과학적 의료와 모순적인 관계를 보여준다. 한편으로는 의료의 지배를 불평하고 치료 과정에 대한 보다 많은 통제를 추구하면서, 다른 한편으로는 의학적 치료에 대한 접근성이 커지기를 요구한다. 예를 들어 미국과 호주의 ACT UP 집단들은 신약에 대한 검시와 개발이 늦어지는 것에 대한 관심을 가지고 HIV/AIDS를 가진 사람의 입장에서 모든 신약에 대해 접근할 수 있도록 요구하는 시위를 하기도 했다. 의학적 치료의 확장을 요구하면서 동시에 의학적 지배에 저항하는 내재적인 모순은 이러한 집단들에 의해서 충분히 제기되고 있지 않다.

최근에 인터넷은 자조 집단이 엄청난 양의 최신 정보를 재빨리 교환하고 정서적인 지지를 제공하는 데 유례없는 기회를 제공하고 있다. 이는 특히 질병이나 장애로 인해 움직일 수 없거나 무능력해진 사람에게는 더욱 중요하다. 또한 사람들은 인터넷을 통해 의학적인 정보를 찾기도 한다. 최근 호주의 한 연구는 거의 세 명 중 한 명의 인터넷 사용자가 온라인으로 건강에 대한 정보를 찾아본 적이 있다는 것을 발견했다(Robotham, 2002b). 실시간 토론과 채팅을 하는 집단들은 세계적으로 같은 질병을 가진 사람들이 서로 빠르고 쉽게 의사소통하는 것을 가능케 하고 있다. 컴퓨터에서 이루어지는 포럼은 참여자들이 원한다면 익명성을 제공함으로써 어느 정도 이러한 집단의 감시를 완화시키는 이점을 가지고 있다. 참여자들은 자신의 이름을 노출시킬 필요 없이 자신의 경험에 대해 자세한 설명을 하거나 고백을 할 수 있다. 컴퓨터 '홈페이지'도 마찬가지여서 아픈 사람들이 자신의 질병에 대해 설명하고 유사한 과정을 거치거나 같은 경험에 직면한 사람들에게 교훈이 되도록 자신의 경험을 자세하게 설명하는 기회를 제공하고 있다. 정통 의학이나 개인적인 치료자나 일부 의료인들은 이를 매우 비판적으로 볼 수 있으나, 이러한 기회는 환자들이 보건관리 정보의 소비자로부터 다른 사람을 위해 정보와 조언을 주는 자원의 생산자로 변화할 수 있도록 해준다(Hardey, 1999, 2002).

인터넷을 통한 건강에 대한 조언과 지지망은 정통 의료지식과 소비자의 지식, 그리고 대안의료의 지식 사이의 경계를 모호하게 한다(Hardey, 1999, 2002). 이러한 네트워크는 일반인들이 의료전문직의 정보와 자원에 대한 통제에 도전할 수 있도록 하는데 이에 대한 완전한 함의는 앞으로 밝혀져야 할 과제이다. 그러나 여기서 중요한 것은 기술에 대한 접근 가능성이 일반인들이 얼마나 정보와 지지의 대안적인 자원을 사용할 수 있는가에 대한 범위에 영향을 준다는 점이다.

결론

이 장에서는 의사 - 환자 관계에서의 권력의 역할과 기능을 분석하기 위해 다양한 이론적인 접근을 살펴보았다. 이러한 접근 모두가 의료적 상호작용에 권력의 차이가 존재한다는 것을 인정하지만 의료를 얼마나 억압적인 것으로 보느냐에 대한 견해는 다양하다. 기능주의적 관점에서 의료는 일탈을 감소시키는 수단으로서 환자를 정상으로 회복시키는 데 도움이 되는 수단이며, 따라서 동의에 기초한 사회에서 사회적 질서를 유지하는 수단이다. 정치경제학적 시각에서 의료는 대체로 지배집단이 권력적인 위치를 유지하기 위해 사용하는 지배의 수단으로서 건강관리를 위한 자조 집단과 지역사회의 주도권으로 대체되어야 한다. 후기구조주의와 포스트모더니즘 이론의 통찰력을 취한 사람들에게 질병과 이환은 역사적이고 정치적인 상황의 산물로서 의료 역시 상황에 대한 반응이다. 이러한 접근을 취하는 일부 저자들은 의사와 환자 모두의 기대와 욕구를 충족시키기 위해서 권력의 불균형에 대한 필요를 인식함으로써 다소 기능주의적 관점에 치우치고 있다. 다른 학자들은 보다 정치경제적 관점에 동의하면서 환자는 통제되고 의사에 의해 억압되는 의료적 상호작용에서의 권력 투쟁을 지적한다. 그러나 또 다른 학자들은 몸에 대한 권력 투쟁과 의료적 상호작용에서 발생하는 지배적인 담론들 사이의 간격에서 저항과 변화의 가능성을 찾아내고 있다.

외래나 병원에서 의사, 간호사 또는 다른 의료전문직의 행동과 태도에 대한 관찰과 면접 연구는 환자의 것과 대비되는 의료의 지배에 대한 대안적인 관점을 제공한다. 예를 들어 이 연구들은 의사가 자신의 전지전능함에 대한 환자의 기대뿐만 아니라 환자의 치료에 대한 불확실성을 공유하기를 원치 않으며, 난처함을 피하고 싶은 욕구, 치료를 잘하고 싶은 욕구, 자신의 경력을 발전시키고 소송을 피하고 싶은 욕구와 환자를 빠르고 효율적이며 너무 많은 정서적인 투자를 하지 않을 것을 요구하는 기관의 요구 등에 직면하고 있다는 점을 보여준다. 이 역시 동일하게 억압적이거나 조작적이기보다는 의료 지배가 이러한 경쟁적인 요구를 다루기 위해 필연적이라는 점을 보여준다.

이러한 의료적 상호작용에서의 권력 관계를 단순히 환자의 권리와 자발성에 대한 남용과 억압이라고 보거나 반대로 보편적으로 유용하며 상호 협조적이라고 보는 것은 이러한 사회적 상호작용의 복잡한 특성을 너무 단순하게 이해하는 것이다. 의료적 상호작용에서의 권력은 생산적인 동시에 억압적일 수 있다. 환자와 의사 모두 가끔은 의사가 권위적인 자세를 취할 것을 요구하는 기대와 필요성이 있을 수 있다. 환자의 저항의 범위가 제한되어 있기는 하지만 이러한 권위에 대해 도전하는 것은 의료적 상호작용의 전반적인 성격과 논리에 의문을 제기하는 것이다. 따라서 전통적인 의사 - 환자 관계에 대한 대안적인 접근에 대해 보다 면밀하게 살펴볼 필요가 있다.

제6장

여성주의와 의료

여성학자들은 적어도 지난 20여 년간 의료 담론에서 의료를 사회 통제의 매개체이자 젠더의 사회적 구성의 매개체로서 언급하는 데 중요한 역할을 해왔다. 의료에 비판적인 여성주의자들은 몸에 대한 관심, 질병 경험, 질병 분류의 가변적인 특성, 사회적 통제, 환자와 의료전문직 사이의 권력 관계 등과 같은 핵심적인 문제에 대해 비판해왔다. 그러나 제2장에서 지적한 바와 같이 몸과 의료에 대한 여성주의 연구에는 여성의 몸에 대한 경험의 고유한 특성을 인식하는 것과 그런 특성이 존재한다는 것을 부정하려는 열망 사이에 끊임없는 긴장이 있다. 한편으로는 여성의 임신과 수유 능력, 월경, 임신, 폐경과 관련된 몸의 변화들이 구성주의적 여성성으로 인정되고 여성의 특별함과 권력의 증거가 됨으로써 여성성의 본질로 환영받고 향유될 수 있었다. 반면 이러한 현상이 역사적으로 가부장제에 의해 여성의 열등함과 공적·경제적 영역에서의 배제의 근거가 되어 일부 여성주의자들은 여성의 체화(embodiment)를 거부하고 성별 간의 차이를 줄여 여성의 신체적 경험은 오로지 의료와 과학적 담론에 의해 사회적으로 구성된 것으로 보았다.

1970년대 2차 여성주의 운동의 등장은 생의학이 사회집단들을 차별화하고 성별에 따른 역할을 정의하는 지배적인 이데올로기를 지지하는 것뿐만 아니라 사회적 계층과 인종을 다루는 방식 등을 신랄하게 비판했다. 이러한 비판은 의료 담론이 생물학과 해부학을 근거로 남성과 여성을 구별하는 의과학적인 정당성을 이용하여 역사적으로 성차별의 중심이 되고, 여성들이 공공영역에 진입하는 것을 막기 위한 '과학적 증거'를 제공하는 방식을 강조했다. 보다 최근에는 일부 여성주의사들이, 1970년대에 여성들의 선강과 몸에 대한 '진실된' 이해는 의료 담론에 의해 '오염된' 것이라고 보는 의료화 논제는 너무 단순한 것이라고 주장한다(Bransen, 1992). 의료체계가 여성 억압의 하나의 근거가 되어온 것이 사실이지만 여성 해방에도 기여했다는 점이 지적되어왔다. 예를 들어 일부 여성주의자들은 생의학은 피임 기술의 발달로 여성들의 생산력을 통제할 수 있도록 해주었고 지난 한 세기동안 출산에 따른 사망을 급격히 감소시키는 데 기여해왔다고 주장한다.

아렌리히와 잉글리시(Ehrenreich and English)는 생물학에 대한 여성주의자의 정치적 입장의 어려움을 다음과 같이 잘 표현한다.

월경이 고통스럽고 괴로워서 여성이 자의적으로 집중력과 책임감을 요구하는 직업에서 배제된다고 생각해보자. 아니면 이를 무시하고 여성도 남성과 똑같이 항상 건강하고 따라서 경험하는 불편함의 정도와 관계없이 남성들과 마찬가지로 오랜 시간 같이 일을 하고 똑같이 무거운 것을 들어야 한다고 생각해보자. 임신의 마지막 달이 힘들기 때문에 부기(浮氣)가 생기기 시작할 때 해고될 것이라고 생각해보자. '임신은 건강하지 않은 것과는 아무런 상관이 없기' 때문에 1주일에 5일씩, 하루에 8시간씩 잡혀 있어야 된다고 생각해보자. 우리 모두에게 여성으로서 우리의 욕구를 이해하는 것이나 과장하는 것이나 모두 진정한 어려움이 있다(Ehrenreich and English, 1974: 88).

이 장에서는 여성주의의 맥락에서 여성의 몸과 의료를 둘러싼 어려운 문제들을 검토하려 한다. 이를 위해 전통적으로 여성주의가 관심을 가졌던 부인과학, 여성의 섹슈얼리티, 월경과 폐경, 출산, 피임, 산전 관리, 새로운 임신 기술 등을 포함하여 구체적인 의료 문제를 논의할 것이다. 여성의 신체적 경험과 의료전문직의 치료의 방식을 형성하는 생물학과 사회/문화 관점의 경쟁적인 주장 사이의 긴장이 이 장의 주요 관심이며 여성의 몸을 다루는 과거와 현재의 의료 담론의 역사적 관계도 살펴볼 것이다.

부인과학, 섹슈얼리티, 여성적인 몸

의료에서 여성의 몸은 통제 불가능하고 위험한 여성의 섹슈얼리티의 본성 때문에 도덕적 질서와 사회의 안정성을 위협하는 것으로 다루어졌다(Turner, 1995: 5장). 수백 년간 의료 담론에서 여성은 '아픈 사람' 또는 남성의 불완전한 변형으로 다른 사람으로 정의되어왔다. 즉 약하고 불안정하고 감염의 근원이며, 순결하지 않고 성병의 전달자이며 아이들의 정신적인 손상의 근원이었다(Ehrenreich and English, 1974: 6). 따라서 양면의 모순적인 이데올로기가 지지되어왔다. 한편으로는 여성은 약하고 결점이 있으며, 또 한편으로는 위험하고 오염된 존재였다(14).

이러한 이데올로기는 수백 년간 의료 텍스트의 상징과 담론에 표현되어왔으며 실천으로 전환되었다. 예를 들어 의과대학생을 위한 현대 해부학 교과서는 19세기에 출판된 것과 마찬가지로 여전히 남성의 몸을 기준으로 보고, 이와는 '다르고' '열등한' 여성의 몸을 비교하고 있다. 남성의 몸은 적극적인 주체이거나 여성의 몸보다 훨씬 발달되고 튼튼하고 강인한 것으로 묘사된다(Petersen, 1998). 현재 의학 교과서의 삽화들은 일반적으로 두 성이 공통적으로 가지고 있는 구체적인 특성을 그릴 때에도 남성의 몸을 사용하여 남성의 해부학을 먼저 배우지 않으면 여성의 해부학을 배우는 것이 불가능하도록 하는 반면, 여성에 대한 비교를 언급할 때에는 남성과 어떻게 다른가를 보여주기 위해 지속적으로 '더 작은', '더 약한', '더 힘없는' 또는 '덜 발달된'이라는 용어들을 사용한다(Lawrence and Bendixen, 1992).

전문화된 부인과학의 출현은 여성과 남성의 몸이 과학적인 의학에 의해 다르게 취급되는 방식의 예가 된다. 19세기 초반부터 부인과학은 성적인 행동과 재생산은 남성보다는 여성의 본성에 더 기본적인 것이라는 견해와 이에 따라 여성이 정치나 상업과 같은 공적 영역의 일보다는 아내와 어머니로서의 가정 내의 역할에 더 적합하다는 생각을 정당화시켜주었다(Moscucci, 1990). 부인과학은 여성의 재생산의 해부학을 전문 연구분야로 규정했지만 이에 대비되는 남성 분야는 없었다. 전문화는 계몽주의와 '과학적인 인간'에 대한 관심 증가, 그리고 과학적으로 성별을 구분할 필요성 때문에 등장하게 되었다.

그러나 '남성적'인 것과 '여성적'인 몸 사이에 엄격한 구분이 항상 있었던 것은 아니다. 최근 인간의 몸에 대한 역사는 젠더의 역동적이고 유동적인 특성을 보여주면서 이상적인 여성성과 남성성에 대한 인식이 당시의 정치적인 관심의 변화와 밀접하게 관련되어 있다는 사실을 보여준다. 계몽주의 이전의 수천 년간 남성과 여성의 몸은 본질적으로 같다고 간주되어왔다. 여성의 성기는 남성 성기의 좀 작은 상동기관으로 간주되었다. 그러나 1800년경부터 학자들은 신체적으로나 도덕적으로 남녀는 반대라고 주장하기 시작했다(Laqueur, 1987). 특히 난자는 여성 동물의 재생산에서 '통제의 중심'으로 규정되었다. 이러한 인식은 여성으로 전환되어 난소는 '여성성 자체의 본질'이 되었다(Laqueur, 1987: 27). 월경의 주기 덕분에 여성은 성적인 충동을 경험하는 동물과 비슷하여 문명에 의해 통제가 필요한 존재로 간주되었다. 사적·공적 영역에서 바람직한 여성의 행동에 대한 주장은 여성과 남성의 몸에 대한 인식의 차이에 근거하게 되었다. 이러한 성별에 따른 몸에 대한 생각의 근본적인 변화는 정치적인 것이며 과학적 지식의 발전과 별개의 것으로 여겨졌다(4).

샤이빙어(Schiebinger, 1987)는 마찬가지로 유럽에서 여성의 골격에 대한 표현이 처음 등장한 것은 유럽 사회에서 여성의 지위를 정의하려는 시도가 있었던 18세기였다고 주장한다. "과학자 사회의 관심은 자의적인 것이 아니었다. 해부학자들은 정치적으로 중요한 몸의 부분들에 관심의 초점을 맞추었다"(Schiebinger, 1987: 42). 1750년대 이후 프랑스와 독일의 의사들은 여성의 유전적인 부족함을 보여주기 위해 뼈, 신경, 혈관 등과 같은 인간의 몸 부분들에서 성별에 따른 차이를 발견하고 규정하는 데 유례없는 깊은 관심을 보였다. 예를 들어 여성의 골격을 그리는 데 여성의 두개골은 여성의 지적인 능력이 열등하다는 것의 증거로 남성보다 작게 그렸다(Scheibinger, 1987). 철학이나 신학보다 과학이 여성성의 어두운 비밀을 더 잘 뚫고 들어가 남성과 여성의 '자연적인 능력'에 차이가 있다는 사실의 결정적인 증거를 제공했다(Mosucci, 1990: 15).

유럽 사회에서 여성의 몸이 일상적으로 남성의 몸을 기준으로 해서 비교가 되었던 것이 중상주의적 관심에서 인구 증가를 장려하고 자녀 출산이 자연스럽고 바람직한 여성의 운명이라고 여겨졌던 시대에 있었다는 것을 지적할 필요가 있다(Schiebinger, 1987: 53). 모성애의 이상에 맞추어 자궁은 이전과 같이 모욕되기보다는 가치가 있는 것으로 여겨졌다. 빅토리아 시대의 글에서는 흔히 여성이 남성보다 더 동물적인 존재로 표현되었던 반면, 여성들은 재생산 기관에 의해 통제되기 때문에 전통적인 지혜와 지식의 보고이며, 남성보다 도덕적으로 우월하고, 자녀를 키우고 아픈 사람을 돌보기에 적절하여 위험한 섹슈얼리티를 완화시킬 수 있었다(Moscucci, 1990: 37).

당시의 의료에 관한 저술에는 여성들이 신체적으로 예민하고 남성의 보호와 안내가 필요한 무책임한 존재로 묘사되었다. 한마디로 불완전한 성인이었다(Moscucci, 1990: 31~32). 여성의 두뇌가 너무 발달하는 것은 자연에 의해 고안된 여성의 고유한 기능을 방해하는 자궁의 감퇴를 가져온다고 보았다. 예를 들어 「여성의 생리학적이고 지적인 허약함에 관하여」라는 제목의 연구에서 독일 과학자인 모비우스(P. Moebius)는 "우리가 여성들이 모성의 역할을 완전히 성취하기를 원한다면 그 여성은 남성적인 두뇌를 가질 수는 없다. 여성적인 능력이 남성의 능력과 같은 수준으로 발달하면 그녀의 모성적인 기관들은 고통을 받을 것이며, 우리는 불쾌하고 쓸모가 없는 이종(hybrid)을 갖게 될 것이다"라고 했다(Ehrenreich and English, 1974: 28에서 재인용). 하버드 대학의 에드워드 클라크(Edward Clarke) 교수는 지적인 작업이 여성의 재생산 체계에 신경 - 에너지 공급을 감소시키고 "괴물 같은 두뇌와 보잘 것 없는 몸을 생산하며, 비정상적으로 능동적인 두뇌와 비정상적으로 약한 소화기, 거침없는 사고와 변비로 장이 고생하게 될지 모른다"는 근거에서 여성의 고등교육 진입을 반대했다(Moscucci, 1990: 104에서 재인용). 마찬가지로 여성의 골반이 남성보다 크다는 '증거'가, 여성들은 자녀 양육을 위해 고안되었으며 그 역할에 제한되어야 한다는 주장을 지지하는 데 이용되었다.

19세기에 해부학적 지식을 발전시키기 위해 여성의 몸에 대한 해부에 관해 쓴 의학 저술들은 의사를 아프리카의 밀림을 뚫고 들어가는 식민주의자와 같이 알려지지 않은 영토에 들어가 여성의 몸의 신비하고 어두운 곳을 탐험하는 사람들이라고 보았다. 의학적 담론은 의사와 해부학자들을 보물과 권력을 쫓아 지배하는 영웅으로 묘사했다. 해부라는 명목 아래 여성의 몸을 수술로 침투하는 것은 의료전문직 남성이 여성을 완전하게 '알도록' 해주는 것이었고 여성의 신비를 노출시키는 것이었다(Showalter, 1990: 129~131). 반면 남성의 몸의 내부는 이러한 신비함을 갖지 않은 것으로 여겨졌는데, 이는 아마도 남성 성기는 몸의 외부에 노출되어 있고 따라서 '신비한 구멍'이 아니라 '가시적인 부가물'이기 때문이었다(133). 그러나 심층적인 이데올로기 수준에서 여성의 내부에 대한 분해와 탐구는 위협적인 여성성에 대한 통제를 얻기 위한 상징으로서 자아에 대한 지식을 대체하는 것이었다(134).

19세기 영국에서 여성 병원의 발전으로 부인과학은 이러한 기관에 집중되었고, 궁극적으로 일반의를 배제하고 부인과학을 전문 분야로 확립하게 되었다. 이런 병원에서는 남성 의사들이 여성의 질병에 대해 지식을 확장하는 기회가 제공되었다. 이 병원들은 "병리학의 살아 있는 박물관일 뿐만 아니라 여성 유형의 전시관"이었기 때문이다(Mosccci, 1990: 101). 19세기 중반에 자궁 검사를 위한 검경(speculum)이 소개되자 의료계에 소요와 논쟁이 일어났다. 이것이 젊은 미혼 여성의 성적 관심을 자극하고 여성의 겸손함을 '무디게' 했기 때문이었다(Moscucci, 1990: Dally, 1991). 검경 사용에 대한 담론은 이로 인한 바람직하지 못한 침투와 도덕적인 순결을 경시하고 몸에 이것이 접촉됨으로써 순수함을 잃게 되어 의학을 강간으로 비유하면서 그 사용의 성적인 성격을 암시했다. 예를 들어 한 실험생리학자는 1850년 영국의 의학 잡지 《란셋(Lancet)》에서 "이러한 치료에 노출된 여성은 순결함이나 섬세함에서 그 이전의 여성과 같지 않았다"고 주장했다(Moscucci, 1990: 115에서 인용).

19세기와 20세기 초반에 월경과 임신은 정상적인 몸의 기능이라기보다는 비정상적이고 병이 있는 것으로 다루어졌다. 여성은 자신의 자궁과 난소에 의해 통제되는 것으로 여겨졌다. 의사들은 두통이나 인후통 또는 소화불량과 같은 여성들이 불평하는 문제 뒤에는 자궁과 난소의 '고장'이 있다는 것을 발견했다(Ehrenreich and English, 1974: 29). 부적절하게 강한 성욕을 포함하여 대부분의 질병과 정신질환을 치료하기 위해 난소제거술, 자궁절제술, 음핵제거술 등과 같은 의학적 처치가 사용된 것이다(Wertz and Wertz, 1981: 67). 19세기 중반 이후에서 20세기 초반까지 상류층 여성은 꽉 조이는 옷을 입고 허약해서 생활의 대부분을 실내에서 바느질하고, 그림 그리고, 책을 읽고, 하인들과 아이들을 감독하는 것으로 보내는 것이 사회적 관습이었다. '괴로운 두통'이나 '신경' 또는 다른 알 수 없는 병으로 침대에 누워 쉬는 것이 인정되었고 일종의 유행처럼 여겨졌다(Ehrenreich and English, 1974: 17~18).

당시 출산의 위험이 상대적으로 높았던 것은 사실이다. 미국에서 1915년에 출산한 여성 만 명당 사망하는 여성이 61명이었는데, 이는 1970년대의 2명과 비교가 된다. 결핵 또한 중요한 건강 문제였다. 미국에서 1865년에 20세에 해당하는 100명의 여성 중 30세 이전에 결핵으로 사망하는 경우가 5명 이상이었고, 50세 이전에 사망하는 경우는 8명 이상이었다(Ehrenreich and English, 1974: 19~20). 그러나 중상층의 신체적으로 건강한 여성까지도 그들의 여성적인 생리적 특성에 근거해서 계속 허약한 역할에 머무르게 되어, 월경 기간마다 스스로를 아픈 것으로 인식하고 운동이나 대부분의 활동을 피할 것을 권장했다. 월경과 임신 모두 의학 문헌에서는 '의학적 문제'로 간주되어 모든 여성은 의료전문직의 남성 구성원에 의한 감독과 돌봄이 필요한 잠재적인 환자가 되었다(Turner, 1995).

19세기에 등장한 '히스테리'는 의학적으로 정의되고 설명된 질병이 사회적 · 정치적 · 역사적 조건에 배태되어 있는 방식을 잘 보여주는 예가 된다. 이는 여성들이 재생산 기관에 의해 지배되는 허약한 존재로 규정되는 당시의 분위기의 극치를 보여준다. 히스테리는 19세기의 대부분의 중상층 여성에게 영향을 준 질병이었다. 이름 자체는 그리스어로 자궁이라는 단어에서 유래되었으며, 따라서 이 기관의 질병으로 여성에게만 유일하고 독특하게 나타나는 병이었다. 히스테리 증상은 기절, 목소리 상실, 식욕부진, 기침, 재채기, 발작적인 비명, 웃음과 울음 등을 포함했다. 여기에는 아무런 생물학적인 원인이 없었고 의학적 치료도 효과가 없었다. 히스테리적인 행동이 특히 젊은 미혼 여성, 나이 든 과부, 이혼 여성 또는 미혼으로 경력을 추구하는 여성에게 나타나는 경향을 보이자 의학적 담론에서는 이러한 상태가 남편과의 '정상적'인 성관계와 출산에 실패한 것으로 인해 발생한다는 결론을 내리고, 히스테리라는 질병에 대처하는 유일한 방법은 여성이 사회적으로 인정받을 만한 기대에 순응하는 것이라는 점을 암시했다(Turner, 1995: 5장).

마찬가지로 특권 계층 여성을 위해 유행했던 '휴식 치료'는 여성은 예민하고 힘든 활동에는 적절치 않다는 전형화된 모습으로 보이게 했고, 따라서 사회적 억압에 적극적으로 저항할 수 있는 잠재성을 제한했다. '휴식 치료'는 19세기 후반에 히스테리뿐 아니라 심기증(hypochondria)이나 신경쇠약(neurasthenics) 같은 심각한 신경 증상을 보이거나 심장, 신장, 부인과적 문제나 신경증적인 이상으로 진단되었을 때에도 의사에 의해 자주 처방되었다. 의사들은 이러한 여성으로부터 통제를 위임받고 어떤 종류의 정신적이거나 신체적인 활동이나 자극도 단념하도록 권고했다. 이들은 6주에서 2개월까지 침대에 누워 있어야 했고 회사에서 격리되었으며 간호사가 자궁 세척과 관장 등을 계속 시행했다. 일부 여성은 4~5주 동안 의사에 의해, 앉아 있거나 바느질을 하거나 글을 쓰고 읽는 것 등이 허락되지 않았다. 또한 의사는 환자에게 '도덕적인 재교육'을 통해 철학과 인내심과 단념, 그리고 제안이나 논리적 논쟁, 환자의 의지에 대한 지지, 감정 조절 등과 같은 것을 이용한 위로의 방법 등을 가르치면서 정신치료를 했다(Bassuk, 1986).

특권층 여성에게 전염병과 같이 히스테리가 퍼지고 '휴식 치료'가 유행처럼 처방되었다는 것은 억압적인 의학의 지배와 여성의 자유에 대한 제한의 증거로 간주될 수 있는 반면, 빅토리아 시대 여성의 관점에서 히스테리 발작은 특권층 여성에게 질병이 기대되는 사회에서 여성에게 인정되는 폭발의 유일한 방법이었을지 모른다(Ehrenreich and English, 1974: 39~41). 이와 유사하게 휴식 치료는 여성들의 권위주의적인 남편의 성적 요구에 대한 책임을 사회적으로 인정되는 방식으로 피할 수 있도록 해주었으며, 여성이 전통적인 가사 노동의 역할에 의문을 제기하기 시작했던 시기에 자신만의 성적인 감정과 갈등에 상반되는 것을 피할 수 있는 기회를 제공해주었다(Bassuk, 1986: 147~148). 빅토리아 시대에는 여성들이 사회적으로나 물리적으로 제한되어 있는 데 대해 갈등이나 분노를 표출할 수 있는 방법이 매우 적었다. 따라서 갈등은 히스테리 발작의 형태나 신경성 증상으로 표현되어 반항을 표출했고, 이러한 행동은 적절한 여성적인 행동으로 일반적으로 기대되는 것이었다.

불행히도 이러한 행동은 궁극적으로 여성성에 대한 전형성을 지속시켰다. 여성의 남성에 대한 의존성은 의학적 담론에 의해 더욱 성행했으며 자신의 역할에 대한 반란을 시도했던 것은 의료화되어 여성에게는 제한되고 격리된 삶이 필요하다는 것의 '증거'로 여겨졌다(147). 여성을 향한 의료의 관심은 반항의 초기 증상을 찾아내고 이를 치료받아야 할 '질병'으로 해석하는 것을 주도했다. "여성들이 히스테리가 더 심해질수록 의사들은 이 질병에 대해 더 중한 벌을 가했다. 동시에 자신의 주변에서 모든 여성의 독립적인 행동, 특히 여성 권리운동을 '히스테리'로 진단했다"(Ehrenreich and English, 1974: 42).

사회적으로 구성된 이러한 질병의 성격은 부유한 계층의 여성이 의존적이고 연약하며 육체적인 활동에 적합지 않다고 여겨지는 동시에 하층 계급의 여성은 복잡한 공장과 일터에서 지속적으로 치명적이고 위험한 산업 재해나 가사노동 또는 매춘과 같은 노동에 시달리고 있다는 사실로 드러난다. 특권층 여성은 월경 중 침대에서 쉬도록 격려되지만 노동계층 여성은 임신이나 출산 후 회복을 위해 휴식을 취할 수도 없었으며 경제적 능력이 없는 여성을 돌보는 의사는 거의 없었다(4~8). 노동계층의 남성과 마찬가지로 노동계층 여성은 상류층에 의해 빈민가에서 질병을 퍼뜨리는 전염의 매개자로 인식되었다(62).

의료전문직이 여성의 성적인 몸에 대해서 가졌던 공포의 역사적인 전통은 현대 부인과학의 담론에 분명하게 나타난다. 예를 들어 스컬리와 바트(Scully and Bart, 1981)는 20세기 중반에서 후반에 이르는 동안 미국에서 출판된 부인과학 교과서의 내용을 분석했다. 이들은 환자 자신보다는 그들의 남편에게 더 많은 관심을 기울이는 일관된 편견을 발견했으며, 여성들은 자동적으로 재생산하고, 신생아를 키우고, 남편을 성적으로 만족시키는 존재로 표현되고 있었다. 1940년대와 1950년대 초의 교과서에 여성들은 성적으로 무감각하지만 남편을 위해 즐기는 것처럼 가장하도록 권장되었다. 1953년에서 1962년까지의 킨제이(Kinsay) 시기에는 킨제이의 발견에도 불구하고 부인과 의사들은 오르가즘이라는 인식에 집착하여 이를 느끼지 못하는 환자에게 '불감증'이라고 명명했다. 1960년대 중반에서 후반과 1970년대 초반에는 적어도 교과서의 반 이상에서 출산이 여성의 성에서 주요 기능이었으며 마스터스와 존슨(Masters and Johnson)이 발견한 남성에 비해 매우 강력한 여성의 성적 충동에 대한 관심은 거의 보고되지 않았다.

로스(Laws, 1990)는 현대에서 가장 빈번하게 사용되는 부인과학 교과서와 의학 잡지에 최근에 출판된 많은 논문을 분석했다. 그녀는 교과서에서 여성에게 자궁의 가치는 여성성을 상징하는 것으로 거의 신비한 용어로 다루어진다는 점을 발견했다. 월경 불순이나 생리통은 흔히 여성에 의해 과장되는 것처럼 의학 교과서에서 취급되었고, 이는 성적으로 갈등을 느끼거나 미혼의 신경증적인 여성의 '건강치 못한 생활양식' 또는 월경에 대한 '올바른' 태도를 갖지 못한 여성에게 나타나는 것으로 표현되었다. 산부인과 교과서에서 월경 전 긴장에 대한 논의는 부분적이고 불완전했으며 '모든 여성'과 '월경 전 고통을 받는 사람'과의 차이를 명쾌하게 밝히지 못했다(Laws, 1990: 201f). 따라서 '월경 전 긴장' 상태는 월경을 둘러싼 어떤 부정적인 변화에 대해 여성 자신이나 일반 사람들이 인식하는 것을 방해했다. 왜냐하면 이는 여성이 재생산 기관에 의해 지배된다는 인식을 강조하고 여성이 공적으로나 사적으로 신임받을 수 없는 수단을 제공했기 때문이다(214).

피임과 낙태

피임과 낙태는 여성적인 역할, 여성의 자신의 몸에 대한 통제 권리, 재생산의 운명과 이에 따른 해방을 위한 잠재력에 대한 사회의 모호한 태도를 잘 보여주는 중심 주제이다. 여성에게 안전한 피임 방법을 제공하는 것은 모든 여성에게 모성애의 이상에 대한 인식과 여성이 재생산에 대한 통제를 유지하려는 의료전문직의 희망을 중심으로 논의되었다.

역사적으로 출산 통제 기술로 피임약이 뒤늦게 개발되었다는 사실은 흥미로운 일이다. 제약회사들이 피임약을 개발하기 위한 연구와 작업을 시작하기 전에 이미 이를 위한 기본적인 과학적이고 기술적인 요건이 존재했던 것은 13년이나 되었고 여성들에게 처음 판매된 것은 22년이나 지나서였다(Walsh, 1980: 182). 이렇게 지연된 것은 제2차 세계대전이 원인이기도 하지만 가장 중요한 이유는 의료전문직에서 새로운 형태의 피임 방법에 대한 연구에 강하게 반대했기 때문이었다. 의사들은 의학적이고 도덕적인 근거에서 출산 통제에 반대했다(184~185). 19세기 후반에 1차 여성주의 운동이 효과적이고 안전한 출산 통제 권리를 위한 캠페인을 시작했을 때, 의사들은 "여성에게는 암과 불임, 색정증을, 남성에게는 정신적인 타락과 기억력 상실, 심계 항진(cardiac palpitations)을 급속히 증가시킬 것이라고 주장했다. 그리고 남성과 여성 모두에게 자살로 이끄는 조울증을 생산하게 될 것이라고 주장했다"(Walsh, 1980: 184에서 인용).

1920년대에 피임은 여전히 '건강에 분명한 위험이 있는 것'으로 여겨졌고, 불임과 '다음 세대의 정신적인 퇴보'가 있을 것이라고 간주되었다(184). 1925년에 《미국 의학협회잡지(Journal of the American Medical Association)》의 편집장은 안전하고 효과적인 출산 통제 방법은 없다고 주장했다(Gordon, 1978: 152). 그러나 남성 의사들이 출산 통제는 소용이 없다고 비난하는 동시에 이를 자신이 획득한 권위와 전문직의 지위에 위협이 될 것으로 보면서도 자신의 가족의 크기를 제한하기 위해 출산 통제를 가장 먼저 사용한 사람들이기도 했다(Walsh, 1980: 184~185).

20세기 초반부터 계속해서 피임이 난혼·부도덕·매춘 등과 연관되어 있었지만, 인구과잉에 대한 공포는 피임에 대한 연구를 신임했고 서구 세계의 생활수준의 향상과 여성주의와 인간권리운동 등의 출발은 이를 사용하는 것에 큰 힘을 실어주었다(Gordohn, 1978: 176). 그러나 우생학적 관심이 끊임없는 출산으로부터의 여성 해방을 위한 초기 여성주의 운동의 관심을 지배하기 시작했고, 결국 1920년대에 피임 논쟁을 지배하게 되었다(176). 예를 들어 미국에서 출산 통제를 찬성했던 지도자 중 한 사람이었던 마거릿 생어 (Margaret Sanger)는 1919년에 다음과 같이 주장했다. "적합한 사람으로부터 자녀를 더 많이, 적합지 못한 사람으로부터는 자녀를 적게 얻는 것, 이것이 출산 통제의 가장 중요한 이슈이다"(Gordon, 1978: 170에서 인용). 모성애가 여성의 만족에 중요한 근원이라는 점이 인정되었지만 가족계획 운동가들은 적은 수의 가족이 경제적이며 건강에 이익을 준다고 주장했다(Gordon, 1978: 177). 인구 통제는 빈곤에 대한 대책으로 여겨졌다(Wajcman, 1991: 76).

의료전문직이 결국 이러한 주장을 받아들이기 시작하자 피임에 대한 조언은 단지 생명이나 건강이 위험에 처해 있는 여성들에게만 주어져야 한다고 주장함으로써 피임에 대한 처방과 치료에 대한 유일한 권리를 유지하여 지속적으로 여성의 재생산을 통제하고 규제했다(Walsh, 1980: 186~187). 오늘날에도 여성을 위한 참신하고 안전한 피임 방법은 상대적으로 적으며 거의 모든 방법이 의료전문직의 상담을 필요로 한다. 20세기 피임 기술의 발전은 이성애적인 남성의 성행위에 대한 정의를 기준으로 하고 있다. 피임약은 피임에 대한 남성의 책임을 회피하게 했고 콘돔 사용으로 인한 쾌락이 감소하는 문제를 해결했다. 여성이 피임약을 복용하는 것은 피임에 대한 걱정으로부터의 해방과 성적인 만족을 갖는 대신 오랜 기간 동안 약을 복용하고 잠재적으로 건강에 위험이 될 수 있는 부작용을 감수해야 하는 것이었다(Wajcman, 1991: 77~78). 피임 기술에 대한 연구와 판매에 관한 결정은 보통 남성 지배적인 국제적인 제약 회사의 경영자와 연구진, 그리고 국가 정부에 의해 이루어졌다. 피임약을 복용하는, 특히 흡연 여성에게 의학직 부작용이 있다는 사실이 잘 알려져 있는데도 기업과 전문직의 이해관계는 세계시장에서 대안 상품으로 이를 대체하는 것을 강력히 저지했다(Newman, 1985: 136; Wajcman, 1991: 76). 제약회사들은 논쟁이 되었던 주사제 스테로이드인 데포 프로베라(Depo Provera)를 포함한 새로운 약을 실험하기 위해 개발도상국 농촌 지역 여성들을 이용했다(Newman, 1985: 136).

피임약이 노동 시장에 진입하는 여성들을 자유롭게 해준다는 역할에 대한 논쟁은 약의 위험성을 극적으로 표현하는 새로운 언론의 경향에 잘 반영되는 반면, 동시에 모성애보다 경력을 선택하는 것과 암의 위험이 증가하는 것 사이에 관련이 있다는 사실도 제기되었다. 이러한 경향은 1983년 '피임약 공포(Pill Scare)'라는 영국 언론에 대한 분석에서 나타났는데, 여기서 피임약을 먹는 위험에 대해 모성을 포기한 '난잡한' 성생활에 대한 보복을 암시하는 도덕적인 공포가 드러났다(Wellings, 1985). 저자가 1987년부터 1990년 사이에 호주 언론의 유방암에 대한 표현을 분석한 연구(Lupton, 1994b)에서도 유방암에 대한 새로운 몇몇 기사에서 재생산의 선택과 유방암이 연관되어 있다는 것을 보여준다는 사실이 나타났다. 많은 경우에 여성이 자녀 출산을 지연시키거나 자녀를 갖는 데 '실패하는' 것은 스스로 유방암 발병의 위험을 높이는 것이라는 사실을 보고하는 기사가 많았다. 이는 '여유 있고' '전문직이며' '상류층의' '미혼' 또는 '직장 여성'이 더 위험하다는 증거로 여겨졌다. 이러한 진술에서 전달되는 메시지는, 전통적인 여성의 모성적 역할을 거부하고 대신 전문적이고 보상이 큰 경력을 선택하는 것은 자신의 생물학적 운명을 충족시키지 않는 데 대한 재난과 신체적인 징벌을 가져온다는 것이었다.

초기 낙태기술인 새로 시행된 경구투여약인 RU486의 개발은 1980년대 말과 1990년대 초에 많은 논쟁을 불러일으켰다. 낙태기술은 역사적으로 태아의 생명과 원하지 않는 자녀를 낳지 않을 수 있는 여성의 권리에 대한 도덕적·윤리적 문제에 기초한 많은 논쟁을 불러왔다. RU486의 개발은 황체호르몬 주사나 임신 8주까지 자궁 내벽에 허물을 야기하는 질정제의 사용과 함께 이것을 사용하는 것을 찬성하거나 반대하는 주요 집단에 의해 다양한 문제가 제기되었다. RU486을 개발한 과학자들에게 이 약은 진보와 새로운 해결책, 경력의 성공, 기술적인 의학의 승리를 나타내는 것이었다. 가족계획과 인구 통제 조직들은 이 약을 여성들이 가족 규모를 통제할 수 있도록 하는 상대적으로 안전하면서 효과적인 방법이라고 보았고, 오히려 문제는 접근 가능성이 부족한 것이었다. 제약회사들에게 이 약은 이윤과 소송의 위험 또는 부정적인 대중들의 반응 가능성이라는 관점에서 평가되었지만, 의료 집단들은 RU486을 의학의 자율성을 제한하려는 정치적 의도에 의해 제공이 억제되는 신비한 약으로 보았다. 낙태 반대론자들은 이를 인간의 생명을 값싸게 만들고 낙태를 여성들을 위한 쉬운 선택으로 만들며 이를 취하는 여성들에게 위험 가능성이 있는 것으로 본 반면, 낙태를 찬성하는 여성주의자들은 이 약이 임신 중절을 기품이 있고 덜 침투적이고 안전하며 개발도상국 여성에게 합법적인 낙태를 가능하게 해주는 획기적인 발견으로 보았다 (Raymond et al., 1991; Clarke and Montini, 1993).

그러나 일부 여성 건강운동가들은 이 약을 비판 없이 받아들이는 것에 지쳐서 여러 번 의료 기관을 방문해야 할 필요성, 심각한 경련과 출혈의 가능성, 알려지지 않은 부작용과 호르몬 양에 대한 장기적인 결과 등을 포함하는 문제점을 지적했다. 이들은 이 약이 엄격한 임상적인 테스트를 한 이후에만 여성들에게 사용되어야 하고, 여러 낙태기술 중 단지 하나의 선택으로 제시되어야 하며, 따라서 여성들은 약에 대해 충분한 정보를 제공받은 후에만 이를 선택할 수 있어야 한다고 주장했다(Raymond et al., 1990; Clarke and Montini, 1993). 따라서 RU486에 대한 일련의 경쟁적인 담론과 시각이 존재했으나 이 중 이 기술의 도입으로 인해 직접 영향을 받는 개인으로서 여성 사용자의 시각을 고려한 경우는 극히 드물었다(Clarke and Montini, 1993: 64~66).

월경과 폐경

현대 서구사회에서는 월경 중인 여성이 더 이상 자동적으로 병자로 취급되지는 않지만, 월경에 대한 규칙과 금기 등이 여성을 오염되거나 취약하거나 보호가 필요한 다른 존재(Other)로 표현한다. 더글러스(Douglas, 1980 / 1966)의 오염과 공해에 대한 상징적인 문화적 규칙에 대한 연구에서 월경은 다치지 않는 한 혈액을 내부에 포함하는 몸의 경계를 어김으로써 '잘못된 곳'에 있는 물질로 간주된다(Buckley and Gottlieb, 1988; Koutroulis, 2001). 전반적인 몸과 사회의 무질서를 나타내는 죽음, 고통, 통제의 상실, 전쟁에서의 패배와 더럽고 오염된 것으로 간주되는 몸의 일부분인 자궁과 질에서 규칙적으로 월경을 하는 것과 연관되어 있는 피는 성이 매우 상징적 의미가 있고 긴장을 야기하는 액체로 여겨진다. 월경의 오염적인 성격을 둘러싼 사회문화적인 긴장은 텔레비전이나 잡지의 생리대 광고에 잘 나타난다. 여기에서 이러한 생산품들은 완곡하게 '여성의 위생상품'으로 언급되고 착용자들에게 반복해서 '보호', '걱정으로부터 자유', '청결'을 제공할 수 있는 상품으로 언급된다.

그러나 월경은 여성성, 성적 성숙함, 생산력, 임신이 아닌 상태, 정상성,

몸의 질서와 건강, 몸의 재생과 같은 긍정적인 인식과도 연관되어 있다(Lee, 2002). 예를 들어 섭식장애 여성에게서 나타나는 월경 중단은 의학이나 대중 문헌에서도 일반적으로 축복이라기보다는 좋지 않은 건강 상태나 기능 장애로 표현되는 반면, 폐경으로 인한 월경 중단은 걱정을 덜어주는 환영받을 만한 일이지만 동시에 슬픈 여성성의 상실이기도 하다. 결과적으로 다른 시대나 현대의 다른 사회에서 대다수의 여성이 계속되는 임신과 영양부족으로 서구사회에서 '정상적'이라고 생각하는 월경을 경험하지 못했는데도, 서구사회에서 무월경증은 비정상적이고 병리적인 것으로 간주된다(Buckley and Gottlieb, 1988: 44~45). 현대 서구사회에서조차도 많은 여성이 일시적인 무월경증이나 불규칙하고 예측하기 어려운 월경을 경험하고 있다. 따라서 서구사회에서 보통 받아들여지는 규칙적인 28일 주기의 '월경 주기'는 문화적으로 구성된 것일 수도 있다.

성별화된 서구사회의 특성은 월경의 사회적 의미가 본질적으로 정치적이며 특히 남성이 여성보다 더 큰 권력을 가지고 있고 '본성'에 대한 인식이 이러한 권력을 정당화하는 데 이용되는 사회라는 점이다. 월경과 임신, 이에 따른 여성성과의 뗄 수 없는 문화적인 관계는 월경을 하지 않는 여성을 완전하지 못한 여성으로 볼 수밖에 없게 한다(Laws, 1990: 3~5). 월경에 대한 남성들의 태도가 여성의 감정의 근원이 된다는 가정 아래 로스(S. Laws)는 여성이 아닌 남성들의 월경에 대한 태도에 대해 면접조사를 하는 특이한 전략을 선택했다. 이 연구를 기반으로 하여 그녀는 월경이 청결하지 못한 것이라는 일부 남성들의 신념이 여성에 대한 자신의 강력한 지위의 증거일 것이라고 추측했다. "청결치 않다는 것은 자기 통제가 부족하다는 것을 나타내며, 권력을 가진 자가 통제하기를 원하는 사람들은 그들에게 열심히 순응할 것을 기대하고 있다"(36).

이 연구에서 면접을 한 많은 남성이 월경을 혐오스러운 것으로 인식하고,

탐폰과 월경 중 성관계에 대해 여러 가지 이야기와 농담을 했다. 남성들은 쉽게 월경과 재생산 과정을 연결시키지 않는 경향이 있는 반면 의학 텍스트에서 이 관계는 매우 강조가 된다. "남성만이 모인 집단에서 월경이 언급될 때 이를 농담이나 이야깃거리로 삼는 것은, 남성은 월경의 재생산 의미에는 전혀 관심이 없고 성관계에 대한 의미에만 초점을 맞추는 것이다"(105). 남성들은 어떻게 월경이 여성에 대한 자신의 성적인 접근에 영향을 미치는가에 대해 이야기했다. 반면 의학 교과서에서 산부인과 의사들은 월경에 대해 한편으로는 '정상적'인 과정으로, 또 다른 한편에서는 월경과 관련된 무질서와 질병에 대한 담론으로 다소 모호한 생각을 표현하고 있다. 예를 들어 세 개의 의학 교과서에서 자궁의 허물이 벗겨지는 것을 '괴사' 또는 세포의 사멸이라고 묘사하고 있다(137).

여성들 사이에서도 자신의 삶에서 월경의 상징적 역할에 대해 신념과 개념이 모순되는 경우가 있다. 월경에 대한 자신의 감정과 신념에 대해 면접을 한 여성들은 세 가지 유형의 설명을 했다(Bransen, 1992). 첫째는 월경과 연관된 어떤 스트레스도 잘 통제하고 대처하는 적극적이고 자신감과 책임감이 있는 '나'라는 특징을 갖는 해방의 유형이다. 둘째는 의사와 같이 일부 전문가에게 속한 객관적인 것으로서 몸과 월경 주기를 인식하는 객관적 유형이다. 월경 주기는 임신을 준비하는 타당한 기능을 가지는 것으로 인식되지만 대체로 부정적으로 인식된다. 마지막으로 자연적 유형으로서 월경 주기를 자연의 목적으로 여성이라는 존재의 본질적인 부분이고 여성이라는 신호와 조언을 보내며 몸의 '독기'를 씻어내는 것이라고 보는 보다 긍정적인 개념이다. 이러한 개념들 사이에는 중요한 차이가 있지만 세 가지 설명의 유형 모두 월경을 '자신'과 주체로부터 분리해서 보고 있다. 여성들의 월경에 대한 설명이 의학적 이미지를 단순히 반복하는 것은 아니지만 의학 이론의 부분들이 의심의 여지 없이 나타나고 있으며, 세 유형 모두 월경 주기에 문제가 생길 경우 의사가 개입할 여지를 허락하고 있다(유사한 결과는 Lee, 2002를 참조할 것).

월경과 마찬가지로 폐경도 당사자에 의해 공적으로 거의 언급되지 않는 과정으로, 아주 최근까지 여성학자들의 관심조차도 끌지 못했다. 그러나 1991년 호르몬 대체요법(HRT: Hormon Replacement Therapy)에 대해 비판한 저메인 그리어(Germaine Greer)의 논쟁이 되었던 『변화: 여성, 노화, 폐경 (The Change: Women, Ageing and the Menopause)』이라는 책이 출간되면서 폐경이 대중의 관심과 논쟁이 되기 시작했고 사회학자들의 연구 대상이 되었다. 폐경은 개인마다 다르고 불확실하며 개방적인 과정이고 치료를 요하는 질병인가를 중심으로 논쟁적인 정의가 있는 과정이다(Lock, 1986; Kaufert, 1988; Kagawa-Singer et al., 2002; Green et al., 2002). 서구화된 국가에서 폐경은 의학 문헌에서 의료화되어 있고 HRT로 치료가 가능한 결핍으로 다루어지며, 여성의 사회적·문화적·인종적·경제적 배경이나 개인적 경험과는 독립적인 일반화된 추상적인 개념으로 정의된다(Kaufert, 1988). 폐경기 여성은 의학적이거나 대중적인 담론 모두에서 부족하고, 통제가 되지 않으며, 더 이상 완전한 여성이 아니므로 성적으로 바람직하지 못한 존재로 표현된다. HRT의 안정화(그리고 식물성 에스트로겐과 같은 '자연적'인 대안)는 에스트로겐이 여성성을 규정하는 것으로 가정하고, 따라서 이것이 부족한 것은 호르몬 대체로 치료되어야 한다(Lupton, 1996; Harding, 1997).

이러한 연구들은 월경과 마찬가지로 폐경도 이를 경험하는 여성들의 입장에서 다양한 수준으로 해석되며 반드시 의학적 정의에 속해 있는 것은 아니라는 점을 보여준다. 예를 들어 카우퍼트(Kaufert, 1988)가 캐나다 여성을 대상으로 한 면접 조사에서 여성은 자신의 규칙적인 월경에 변화가 일어나기 시작하면 의학적인 폐경의 정의인 완전히 월경이 멈출 때까지 기다리지 않고, 자신을 폐경기에 있다고 정의하는 경향을 보인다. 따라서 이 여성들에게 폐경은 하나의 사건이 아니며 자신에게 정상적인 것이 무엇인가에 대한 지각에 기초한 과정이다. 사실상 얼굴이 화끈거리는 것을 경험한 일부 여성은 월경 주기의 상태에 관계없이 스스로를 폐경기에 있다고 이야기했다. 웨일스 남부의 작은 마을에 살고 있는 폐경기 전후의 여성들의 월경 상실에 대한 의미를 조사한 또 다른 연구(Skultans, 1988)는 여성들의 월경 주기에 대한 태도는 다음 두 가지 중 하나의 범주에 속한다는 것을 발견했다. 일부 여성은 월경을 피하기를 원하는 반면 일부는 이를 원했고 월경이 건강에 도움이 된다고 생각했다. 첫 번째 범주의 여성들은 월경이란 원하지 않는 사건으로서 신체적으로 문제를 일으키고 약하게 만드는 것이기 때문에 변화를 기대하고 있으며 되도록 빨리 폐경기에 이르기를 원하고 있었다. 두 번째 범주의 여성들은 월경을 자신의 건강한 삶에 중요하며 활기를 주는 것으로 보고, 혈액을 잃는 것은 나태함을 바로잡아 '체계를 바로잡는' '바람직한 정돈'의 가치가 있다고 주장했다. 이들에게 폐경은 여성성에 대한 정체감을 '위협'하는 것으로 인식되었다(Skultans, 1988: 142~144, 159). 나아가 이 연구는 월경과 폐경이 자신의 자아 정체성에 대해 갖는 가치와 중요성에 대해 여성들 사이에도 서로 담론이 다르다는 점을 보여준다.

월경과 마찬가지로 폐경은 여러 가지 긍정적인 의미와 부정적인 의미를 동시에 가지고 있다. 예를 들어 특히 앵글로 유럽 문화에서 폐경의 신체적인 증상은 HRT와 같은 약물이 필요한 우울하고 당황스러운 것으로 인식되고, 폐경은 노화, 신체 과정에 대한 통제의 상실(얼굴이 화끈거리는 것과 같이), 출산력의 상실 등과 같은 부정적인 의미와 동일시된다(Lupton, 1996; Green et al., 2002; Kagawa-Singer et al., 2002). 그러나 상당수의 다른 여성들에게 폐경은 자신의 삶에서 새로운 단계를 시작하는 신호로 긍정적으로 여겨질 수도 있다. 이들은 자녀가 성장한 중년 여성으로서 보다 독립적이고 자유로워 자신에게 의지하는 사람들의 요구보다 자신의 욕구에 집중할 수 있다. 이러한

견해는 예를 들어 일본인의 배경을 가진 여성에게서 지배적으로 나타났다
(Kagawa-singer et al., 2002).

월경이나 폐경과 달리 월경전증후군은 대중문화에서 많은 관심을 받았고,
특히 1980년 영국의 법정에서 살인으로 기소된 두 여성에게 월경전증후군을
방어 논리로 이용하여 책임이 경감된 사건 이후에 더욱 관심이 커졌다. 월경
전증후군에 대한 현재의 담론의 뿌리는 19세기 히스테리에 대한 담론까지
거슬러 올라간다(Rodin, 1992). 두 집단의 담론 모두 여성의 재생산 주기와
기관에 의해 지배되는 비합리성, 통제 결여, 광기 등을 언급한다. 이러한 담
론은 여성들의 행동을 그들의 몸의 기능으로 환원시켜 여성의 삶의 사회적
맥락에 대한 고려 없이 자신의 행동에 개인적으로 책임을 지도록 만든다. 사
실 로스(1990)는 면접 연구에서 대다수의 남성이 여성들이 '그 달에 그때가
되면' 호르몬으로 인해 우울하고 불안정하게 된다는 신념을 가지고 있다는
사실을 발견했다.

일부에서는 월경전증후군이 사회문제로 등장하게 된 것은 여성의 임금노
동시장 진입과 평등과 여성에 대한 기회 증진을 요구한 2차 여성주의 운동
이 20세기 후반 '적절한' 여성의 지위가 무엇인가에 대한 논쟁을 불러온 정
치적 맥락에서 등장했다고 주장해왔다(Rittenhouse, 1991: 413). 한 연구는 미
국의 언론매체와 의학 문헌에서 나타난 월경전증후군의 긴장에 대한 논쟁은
여성들이 공적 영역에 완전히 참여할 수 있는 능력이 있는가에 대한 평가와
더불어 재론되었다는 것을 발견했다. 1980년대 후반에 등장한 가장 최근의
담론 변화는 의학 문헌에서 월경전증후군에 대한 이전의 견해가 변화했고
대중 문헌에서도 여성의 월경전증후군으로 인한 예측 불가능성에 초점을 덜
맞추고 있다는 사실로 나타난다. 여성주의자들의 도전은 의학이 필연적으로
몸에 대한 담론을 지배하는 결정요인이 아니라는 증거를 제공함으로써 어느
정도 대중과 의학 담론을 형성하는 데 영향을 미친 것으로 본다(Rittenhouse,

1991).

1980년과 1987년 사이에 미국에서 간행된 잡지에 나타난 월경전증후군을 다룬 기사들에 대한 연구(Chrisler and Levy, 1990)는 이 기사들이 월경 주기의 변화에 대해 부정적으로 보고하는 경향이 있으며 증상과 모순된 매우 혼란스러운 치료 방법을 제안하고 있는 것을 발견했다. 기사에서 언급된 부정적인 변화들은 부종, 우울증, 가슴 통증, 이명, 손발의 무감각, 인후통, 쉽게 멍이 드는 것, 식은땀, 안질환, 판단력 약화, 일과성 열감, 감정적 폭발, 근육통, 지성 피부와 머리카락, 에너지 저하, 갈증, 식욕부진, 무력감, 공포, 음주 발작 등등으로 그 목록에 끝이 없다. 민감성과 자아존중감이 증가하고 집중력 향상, 창의성 증가, 건강하다는 느낌, 충만한 에너지, 도취감, 욕망 증가 등과 같은 일부 긍정적인 변화가 언급되기도 하지만 이는 언급된 전체 변화 중 약 15%에 지나지 않는다. 월경 주기는 '고통의 주기', '화학적 변화의 도랑', '매달 오는 괴물', '내부의 짐승', '몸의 호르몬에 의한 전쟁' 등으로 언급된다. 그런가 하면 월경 전의 여성은 '호르몬의 죄수', '불구자', '장애인', '분노에 찬 짐승' 등으로 묘사되었다. 수준 낮은 동물과 같이 월경 주기에 의해 통제되는 것으로 여성을 보는 19세기의 여성에 대한 인식은 요즘 대중적인 텍스트에서 사용되는 언어에서도 명백하게 드러난다.

이러한 연구들은 여성의 몸과 관련된 건강과 질병에 대한 인식을 구성하는 데 언어와 담론의 중요성을 특히 잘 보여준다. 제3장에서 논의한 바와 같이 마틴(Martin, 1987; 1990b; 1991)은 의학 문헌들이 월경을 낭비·상실·실패로, 난자를 수동적인 것으로 언급하는 반면, 남성의 재생산 체계는 생산성·역동성·공격·성공을 강조하는 방식으로 묘사되고 있다는 점을 잘 보여주었다. 폐경은 흔히 의학 교재에서 실패한 재생산·체계 단절, 퇴락, 병리적 상태로 묘사되는 반면, 출산은 기계적이고 자본주의적인 은유의 사용을 통해 여성의 몸은 기계이고 의사는 '이를 고치는'((Martin, 1987: 54) 기술자로 표현되며, 그녀의 '노동'으로 인한 생산품은 아기가 된다. 반대로 자궁은 아기를 생산하는 기계로 그려지고 의사는 노동 과정의 감독자 또는 십장의 책임을 지고 있는 것으로 그려진다(63).

여성의 재생산을 묘사하는 의학 교과서에서 사용되는 지배적인 은유는 하나의 신호체계로서 호르몬이 조직과 기관과 '의사소통'하는 것으로 그려지는 반면, 시상하부는 뇌하수체에 '지시를 한다'. 이러한 은유 체계는 서구사회에서 지배적인 조직의 위계적인 조직 구조를 모방하는 것이다. 의사소통의 체계는 생산을 향해, 즉 여성 호르몬, 난자, 궁극적으로 태아를 목적으로 이루어진다. 결과적으로 이러한 궁극적인 결과가 실현되지 않을 때 여성의 재생산 주기는 낭비적인 생산, 죽음, 실패와 같이 부정적으로 묘사된다(40~45). 한 의학 교과서에서 주장하는 바와 같이 "수정에 실패하면 자궁내막은 허물을 벗게 되고 새로운 주기가 시작된다. 이것이 "월경은 아기를 갖지 못한 것을 슬퍼하는 것이다"라고 가르쳤던 이유이다(1987: 45).

따라서 폐경을 병리적이고 비정상적인 것으로 보는 의학적 담론의 경향은 서구사회에서 여성의 노화에 대한 부정적인 전형화에서 나올 뿐만 아니라, 사람의 몸을 컴퓨터처럼 정보를 전달하는 것이 적절한 기능을 하는 것으로 보는데서 비롯된다(42)(몸에 대한 이러한 비유에 대한 자세한 논의는 제3장을 참조할 것). 폐경기에 이러한 신호체계는 뇌하수체에 의해 전달된 '메시지'에 반응을 하지 못하기 때문에 권위체계를 파괴시키는 역기능적인 것으로 표현된다. 이러한 생산의 결여는 (예를 들어 암세포가 몸의 기능을 악화시키면서 급격히 확산되는 것처럼) 고장이 난 생산과 같이 후기 산업사회에서는 공포가 된다. 그러므로 '생산에 실패한' 월경과 폐경기는 여성의 재생산 체계를 더 이상 지시를 받은 자신의 기능을 수행하지 못하는 조직 구성원으로부터 발생된 산업의 혼란과 같은 악몽으로 표현한다(43).

출산과 통제를 위한 투쟁

지난 20여 년간 변화해온 출산의 특성은 의료전문직의 여성의 몸에 대한 통제가 증가했음을 보여준다. 17세기가 끝날 무렵까지는 출산을 돌보는 것은 항상 여성의 역할이었다. 산파가 여성의 출산을 도우면서 출산하는 여성의 친한 여성 친구나 친척들이 함께 도움을 주었다. 이들의 출산에 대한 경험과 지식은 다음 세대 여성에게 이어져 내려왔다. 18세기 동안에 여성 산파와 새롭게 출현한 남성 지배적인 의료전문직 사이에 출산 과정에 대한 개입의 통제를 놓고 투쟁이 벌어졌다. 예전 같으면 산모나 신생아 중 누군가가 사망하게 되는 난산의 경우에도 신생아 출산이 가능케 했던 출산용 집게(forceps)의 사용은 의사와 외과 의사의 배타적인 영역이 되었고, 새롭게 등장한 (남성 지배적인) 의료전문직과 연관되었다. 집게가 소개되면서 아기를 손으로 받는 데 익숙하고 출산과 출생에 대해 모든 실용적인 지식을 가지고 있었던 여성 산파에 비해 남성이 우월한 위치를 차지했다(Wilson, 1985; Moscucci, 1990; Wajman, 1991: 3장). 관습에 따르면 산파들은 자신의 실천 과정에서 도구를 사용하는 것은 허용되지 않았다. 따라서 출산에 어려움이 생기면 남성 의사가 왔다. "산파의 업무는 **살아 있는** 아기를 출산하도록 돕는 것이며 남성 의사의 일은 **사산**을 돕는 것이었다"(Wilson, 1985L 137, 강조는 원문대로).

산파들은 오랫동안 남성 의료전문직의 압력에 저항했지만 19세기에 결국 과학적 의학의 등장으로 인해 취약해질 수밖에 없었다. 의학적 규제가 증가하고 지방정부의 조례 등이 산부인과학에서 여성을 배제하면서 중세 초기부터 여성들은 출산을 돕는 데서 배제되기 시작했다. 여성 산파들은 신뢰를 잃고 주변화되었다. 의학을 전문직화하려는 시도는 의사, 외과 의사, 이발사, 산파들 사이에서 의학적 실천 분야를 놓고 통제를 확립하려는 경쟁을 유발했다. 과학적 지식은 경험적 지식보다 가치를 부여받았고 여성 산파들은 의학 교육에 접근하지 못하게 되었다. 산파는 미신이나 주술과 연관이 되었다 (Ehrenreich and English, 1973; Brighton Women and Science Group, 1980; Wertz and Wertz, 1981; Oakley, 1987; Blumenfeld-Kosinski, 1990: 3장). 18세기 중반에 '남성 산파'가 생기기 시작했고 남성 의사들을 위해 산파 조약이 만들어져 1750년 이후 여성 지배적인 출산의 관행을 비판하게 되었다(Wilson, 1985: 140).

제왕절개는 기술적이고 외과적인 특성으로 인해 산파들이 통제력을 상실하고 남성 의사의 지도 아래 놓이게 되는 첫 번째 산과학적 절차였다. 블루멘펠트 코진스키(Blumenfeld-Kosinski, 1990: 90)는 산파가 출산에 대해 배타적인 통제력을 가지고 있고 어떤 남성도 출산에 참여하는 장면이 없었던 14세기부터 점차 산파가 이러한 출산에 적극적으로 참여하는 것이 배제되고 남성 외과 의사가 출산하는 여성에게 수술을 하는 것으로 그려지기 시작한 15세기와 16세기에 이르러 제왕절개에 남성 보조자가 점차 많이 등장한다는 점을 지적한다. 따라서 기술적인 개입이 빠른 속도로 남성 의료진의 특징이 되었고 여성을 배제하는 수단이 되었다.

남성 의료전문직이 출산과 관련된 여성의 질병을 치료하게 된 것은 18세기 후반의 인구 재생산과 노동력의 질에 대한 관심을 불러왔다(Moscucci, 1990: 11~13). 이러한 관심의 결과 남성 의료진은 산파와 출산여성과 신생아의 질병에 대한 기준을 만들기 시작했다. 산파의 시술은 높은 신생아 사망과 모성 사망에 대해 비판을 받았고 과학의 합리성에 대한 이상이 이에 대한 답을 줄 것으로 기대되었다. 나아가 전문직의 경쟁은 출산에 대한 남성의 지배가 증가하는 것과 일치했다. 사회적 배경, 훈련과 경력, 산과학에 대한 남성의 열망 등은 전문직화의 임상적이고 제도적인 발전에 기여했다. 여기에는 남성 산파들이 주변화된 전문직으로서 의료전문직 내에서 더 높은 지위를 얻으려는 시도와 19세기의 일반적인 의료에서 산파와 부인과가 중심이 되었다는 사실을 포함한다. 이는 산부인과학을 규제하는 것이 전반적인 의료 조직의 중요한 일부라는 신념을 나타내는 것이었다(Moscucci, 1990; Dally, 1991도 볼 것).

19세기 후반부터 임신과 출산은 점진적으로 의료화되기 시작했고 임신부는 환자가 되었다. 1900년에 미국의 어떤 여성도 산전 의료 관리를 받은 적이 없었던 반면 20세기 말에는 거의 모든 사람이 이러한 관리를 규칙적으로 받게 되었다. 그 기간 동안 의학 문헌에는 임신이 보다 병리적인 것이며 따라서 임신부는 의학의 세밀한 감독이 있어야 한다고 그려졌다(Barker, 1998). 현재 모든 출산이 병원에서 도움을 받아야 할 필요성이 있는지와 집에서 출산하는 것이 안전한지에 대해 활발한 논쟁이 벌어지고 있다. 2차 세계대전 전까지 대다수의 여성은 집에서 산파의 도움을 받거나 가능한 경우 일반의의 도움을 받아 출산을 했다. 1927년에 영국에서는 병원이나 다른 기관에서 신생아를 출산하는 경우가 단지 15%였다. 그러나 1985년까지 영국 병원에서 출산하는 경우가 99%였다(Stanworth, 1987: 10). 20세기 중반에는 마취, 출산용 집게, 출산의 인공적인 유도, 회음절개술과 제왕절개의 표준적인 시행 등이 일상화되었다.

1970년과 1980년대에 여성주의자들은 의료전문직이 출산 여성을 다루는 방식에 대해 연구하기 시작하면서, 출산에서의 의료 담론에 깔려 있는 이데올로기에 의문을 제기하기 시작했다. 여성주의 비판가들은 출산 여성을 위해 보다 낫고 안전한 시설을 만들려는 소망이 여성들을 임신과 그 후 과정에서 어떤 '평균적인' 유형에 따라 이들을 다루는 시스템으로 만들어버렸다고 비판했다. 일부 이론가들은 대부분의 여성이 특이한 사건이 없는 출산을 하므로 병원에서 출산을 하는 것이 더 좋을 것도 없다고 주장했다. 오히려 여성을 병원에 가두는 움직일 수 없는 변화는 모든 여성을 한 곳에 있도록 하는 의료전문직의 요구에 적합한 것이다(Oakley, 1987: 52).

비판가들은 출산을 병원으로 옮기는 데 영향을 미친 두 가지 요인이 있다고 주장한다. 첫째는 치료적인 의학, 질병의 병리학적 문제의 발견과 치료에 대한 강조이고, 둘째는 삶에서 가장 취약한 시점에 있는 여성들이 개인으로서의 여성에게는 전혀 관심이 없으면서 사고 없이 출산을 하도록 만드는 체계로 편입되었다는 점이다. 그 과정에서 여성은 임신과 출산의 전 과정을 통해 전문가의 조언에 순응해야 하는 위치에 놓이게 되었으며, 자신의 개인적인 요구나 희망은 간과되었다. 출산은 점차 혼자 내버려 두어서는 안 되는 것이 되었으며 반드시 누군가가 관여하고 감시하고 '도움을 주어야' 하는 것이 되었다. 어머니는 주어진 기대되는 이미지와 개념에 적합해야 했으며 의사의 지시에 따라야 했다. 보통 어머니보다는 아기의 욕구가 강조되었다. 임신부가 임신 과정에 거리를 두고 자신의 몸을 다른 사람의 통제에 맡기고 조언을 듣는 상황이 되었으며 이는 출산 후에 자기 자신에 대한 감정이나 아기에 대한 지식이 없는 경우 다시 통제를 되찾기 어렵게 만들었다. 예상했던 바와 같이 병원에서 집으로 돌아오게 되면 많은 여성들이 불안을 느끼고 산후우울증으로 고생을 하게 된다고 주장했다(Brighton Women and Science Group, 1980; Oakley, 1980, 1984, 1987).

자연분만운동은 이러한 비판에 대한 반응이었다. 이는 대체로 의학적 기술을 거부하고 흔히 출산을 신비로운 경험으로 개념화했다. 이러한 운동은 고통의 중요성을 출산 경험의 일부로 재확립하려 했고 개인의 상황과 여성의 주관성은 임신에 대한 그녀의 관계, 그녀의 과거 경험과 태도를 포함하여 고통의 의미와 경험에 영향을 미치는 것으로 인식되어야 한다고 주장했다(Arney and Neil, 1982). 지난 40여 년간 의사와 병원의 입장에서도 여성의 출산을 '탈의료화'시키고 보다 '자연스러운' 경험을 하기를 원하는 여성의 희망을 만족시키려는 점진적인 움직임이 있어왔다. 그러나 최근에 담론과 실천에서 이러한 변화가 반드시 여성이 출산에서 자유와 주권을 행사하도록 해방시킨 것은 아니며, 사실상 개인의 욕구에 기초한 그들의 선택을 계속 거부하고 있다고 비판받고 있다. '자연스러운' 출산을 강조하는 것은 되도록 약물 개입이 적은 것을 의미하며 이는 여성들이 진통제를 요구하는 데 부담을 느끼게 만드는 결과를 가져왔다(Porter, 1990: 192). 자연분만의 이데올로기를 신봉하는 여성들은 제왕절개와 같은 임신이나 출산 과정에서 의료의 개입을 받아들일 수밖에 없는 상황이 되었을 때 배신낭하고 '여성적이지 못하다'는 느낌을 받을 수도 있다. 중요한 것은 여성들이 자신의 임신에 대해 통제를 할 수 있다는 점이다. 그러나 아직 여성들을 무력하게 만드는 보다 넓은 사회적 맥락에 대한 이해는 별로 없다(Evans, 1985: 122).

자연분만 담론에는 중산층의 합리적·경제적 이데올로기가 뒷받침되어 있다고 주장되어왔다. 이러한 운동은 출산에 대한 통제를 강조하고 나아가 정보를 가진 소비자의 선택을 강조한다. 이러한 모델은 출산에 대한 대안적인 시장에서 여성이 한 개인이 된다. 여성은 가능한 한 많은 정보를 얻고 여러 대안 중 상대적으로 자유롭게 선택을 할 수 있다……. 구매자(출산을 하는 여성)는 원하는 것을 '취하거나 버릴 수 있기' 때문에 통제를 행사하는 것처럼 보인다(Martin, 1990b: 308). 마틴(Martin, 1990b: 310)은 출산에서 통제에 대한 여성들의 태도에 사회계층적 차이가 있음을 지적한다. 마틴은 중산층 여성이 삶의 모든 영역에 대한 개인적인 통제에 가치를 두는 경향이 있고 이는 분만 중 진통제를 거부하는 등 자신의 통제를 행사하면서 의학의 통제를 거부하는 것으로 나타난다. 반면 일부 노동계층 여성은 분만 과정에서 '통제 밖의' 행동을 하는 것에 대해 별로 관심을 갖지 않는데, 이는 항상 통제를 할 수 있는 위치에 있는 것을 열망하는 중산층의 이데올로기에 대한 저항일 수도 있다.

중산층 모델의 문제는 여성들이 마음 편하게 통제를 포기할 수 있는 기회를 상실했다는 것이다. 사실 이러한 운동이 여성에게 마치 진통제의 도움을 받지 않는 '자연적인' 방식으로 출산을 경험하는 것이 생물학적으로 본질적인 것처럼 '자연스러운 모성'이 되어야 한다는 더 큰 압력을 줄 수도 있다고 주장한다. 자연분만 운동은 '자연적인' 것과 '인공적인' 것 사이에 구별을 두어, 여성은 단순하고 본능적이며 자연에 가까운 반면 남성들은 합리적이고 과학적이라는 견해를 주장하는 것에 비판을 받고 있다(Coward, 1989). 자연분만 운동에 대한 여성주의 담론의 일반적인 특성인 여성의 몸에 대한 객관화와 상징화가 일부 사람들에게는 문제가 되기도 한다(Coward, 1989: 175). 나아가 출산 경험의 의료화가 신랄한 비판의 대상이 된 반면, 같은 비판이 산전검사 기술이나 체중 미달의 신생아를 위해 출산 후 소비되는 엄청난 의료 자원에 의한 의료화에 대해서는 거의 문제를 삼지 않는다는 점은 주목할 가치가 있다(Crouch and Manderson, 1993: 61).

또한 의료전문직이 여성의 자연적인 출산에 대한 요구를 받아들이는 것이 출산에 대한 그들의 통제를 포기하는 것의 증거인가에 대한 지적도 많이 있다. 아니와 닐(Arney and Neill, 1982)은 자연분만주의에 대한 신념을 받아들여 마취제 사용을 줄이고 지속적인 지원을 제공하는 등의 산부인과학의 실천이 변화된 결과, 오히려 환자에 대한 의학의 통제는 감소하기보다는 계속 유지되고 더 강화되었다고 주장한다. 이들은 푸코적인 관점을 취하여 환자는 '지지'를 하기 위한 지속적인 감시에 종속되어 더욱 노출이 되었다고 주장한다. 예를 들어 출산 준비 교실은 여성들을 더욱 확대된 의학적 영역의 대상으로 만들어 자신의 관심과 두려움을 고백의 형식으로 공적으로 표현하는 것을 격려하고 있다. 20세기 후반의 자연분만으로의 전환은 총제주의적적인 경험에 대한 강조와 더불어 여성들이 출산을 의료전문직의 통제에 맡길 뿐아니라 자신의 사적인 생각, 경험, 주관적인 자아까지도 내놓게 되는 결과를 가져왔다.

따라서 자연분만 운동은 개인적인 여성의 행동과 분만 중에 자기 통제에 대한 의학적 관심을 강화시키고 의학적 상호작용에서의 구조적인 권력에 의문을 제기하지 않은 채 산부인과적인 치료를 아무 문제 없이 이데올로기화함으로써 출산에 대한 의학의 지배를 더욱 촉진시킨 것으로 생각할 수도 있다. 여성주의 자조 운동은 보다 급진적이어서 여성과 의사 사이의 권력 관계에 저항하는 등 적극적으로 출산의 사회적 맥락을 비판한다(예를 들어 보스톤 어싱 건강 집단이 쓴 여성 신강 백서 『우리의 몸/우리 자신(Our Bodies/Ourselves)』을 보라). 이들은 건강관리에 대한 참여와 건강에 대한 총체주의적 접근을 강조하면서 여성들이 남성 의료전문가에게 의지하기보다는 스스로 그리고 서로서로 치료하는 것을 격려한다. 그러나 급진적인 여성 건강 자조운동은 진행 속도가 매우 느리며 대체로 백인 중산층 여성들에 의해 정치화된 영역에 남아 있다(Evans, 1985: 124).

산전검사 기술

태아의 발달을 모니터하는 산전검사 기술의 도입은 이 기술의 궁극적인 이득과 미래의 목적에 대해 의문을 제기하는 광범위한 논쟁을 불러왔다. 가장 보편적으로 사용되는 기술은 자궁 안 태아의 초음파 영상, 태아 발달의 영상 기록, 다운증후군이나 선천적 신장증 또는 신경결함 등에 대한 위험성을 나타내는 임산부의 혈청의 태아단백질 수준을 검사하는 것 등이다. 태반에서 조직 샘플을 추출하는 융모막 검사(Chorionic villus sampling), 양수 검사 등은 광범위한 유전적 결함을 확인하는 데 사용되는 유전적 물질을 제공한다. 이처럼 신체적으로는 침투적이지만 보다 정확한 검사는 태아의 유전적 결함의 위험성이 높은 30대 후반 이상의 여성에게만 제공되고 있다.

이러한 검사를 경험하는 여성의 비율은 1970년대 이후 급격히 증가하는 데, 특히 초음파는 이제 임신 18주의 모든 여성에게 적용이 되고 있다. 이러한 절차의 필요성에 대해서는 거의 문제가 제기되지 않는다. 많은 여성이 이 검사를 하는 것은 단지 '정기적'인 것이고 따라서 필요하고 안전하며 확실한 절차라고 믿기 때문이다(Rowland, 1992; Santalahti et al., 1998). 여성들은 흔히 이런 절차를 통해 크든 작든 비정상적인 것이 발견될 수 있으나, 그러한 발견은 확실하지 않을 수 있다는 사실을 잘 알고 있지 못하다. 이러한 정보를 제공하는 것은 임신 중 여성들에게 불필요한 걱정이나 불안감의 원인이 될 수 있다(Robotham, 2002a). 잘못된 긍정적인 결과의 확률이 높은 것으로 알려진 혈청 검사의 경우 이런 결과를 받았을 때 어떻게 해야 하는지에 대한 준비가 되어 있지 않다. 이 경우 여성들은 아기가 비정상적일 가능성에 직면하여 정말 그런 문제가 있는지를 알려줄 수 있는 양수 검사와 같은 보다 몸을 침해하는 절차를 거쳐야 할지를 결정해야 하는 매우 불안한 상태에 놓이게 된다(Santalahti et al., 1998).

자궁 안에서 자라고 있는 태아가 노출되어 있는 '위험'에 대해 의학과 대중적인 문헌들이 집중적인 관심을 통해, 어머니가 소비하는 음식과 음료수, 이들이 경험하는 스트레스, 복용하는 약 등뿐만 아니라 어머니의 나이 등과 함께 '잘못된 것이 아무것도 없다'는 것을 보여줌으로써 이러한 긴장을 감소시켜주는 각종 검사를 하고 싶은 욕망과 임산부의 불안에 기여하게 된다 (Lupton, 1999). 임신 과정이 잘 진행되고 있으며 태아의 건강에 대한 긴장을 진정시킬 수 있는 기회가 있다는 것이 매우 바람직한 것처럼 보이지만, 일부 여성주의자들은 예컨대 양수 검사를 할 것인가에 대한 결정은 사실상 분명하지가 않다고 지적한다. 양수 검사가 다운증후군이나 척추피열(spina bifida)과 근이영양증(muscular dystrophy)과 같은 유전적 결함에 대한 정보를 제공함으로써 부모가 태아에 대한 중절을 할 수 있는 선택을 가능케 하지만 양수를 충분히 추출하기 전까지 확실한 것은 아니며 유전적인 결함이 있을 확률이 약 2%인 것과 비교할 때 검사 자체가 유산을 가져올 위험도 1%에 달한다 (Rapp, 1985).

거의 2주 가까이 양수 검사와 같은 검사 결과를 기다리는 것도 많은 여성이나 부모에게는 엄청나게 불안한 시간이다.

> '무소식이 희소식'이라고 얘기를 하지만 참기 어려운 시간이었어요. 충분한 양수가 만들어지는 시기(약 6~8주)부터 태동을 느끼는 기간(약 18~20수)까지 그리고 법적인 임신 중절의 제한 기간(미국에서 24주 이후에는 거의 낙태를 하지 않는다) 사이에서 우리 모두는 끔찍한 상상에 사로잡혀서 여러 가지 우울한 꿈을 꾸었다고 서로 얘기했어요(Rapp, 1985: 318).

유전적 문제가 있다는 결과가 나오면 여성들에게 임신 중절이 권고된다. 임신 기간의 3분의 2가 지나면 분만을 유도하기 위해 식염수나 요소(urea)를 주사하여 사산아를 출산하도록 한다. 또 다른 대안은 자궁의 확장과 소개 (evacuation)를 통해 태아와 양수를 제거하는 것이다(Rapp, 1985: 320~ 321). 낙태 이후에 여성들은 아기가 없는 산후 과정에 적응해야 한다.

산전검사는 여성들이 자신의 임신을 개념화하는 방식에 영향을 미친다. 즉, 임신 과정에 개입하는 것에 대한 결정은 여성들에게 얼마나 태아가 '진정한' 존재이며 태아가 '우리의 아기'가 되는 시점이 언제인가 등에 영향을 미친다(Hubbard, 1984). 양수 검사와 같은 검사의 등장과 일상화는 어떤 임신을 끝까지 지킬 것인가와 같은 결정에 직면해야 할 필요성을 증가시켜왔다. 물론 이러한 결정은 무엇이 타당하고 용납할 수 있는 결정인가에 대한 사회적 기대의 범주 안에서 구조화된다. 초음파와 양수 검사 둘 다를 사용하는 것은 여성들에게 감정적인 딜레마를 가져왔다. "초음파는 태아를 좀 더 우리 아기같이 만드는 반면 인공중절의 가능성은 임신이 정상적으로 아기를 분만하는 것으로 끝나지 않는 경우 정서적인 거리를 두기를 원하게 만들기도 한다"(Hubbard, 1984: 335). 양수 검사의 효용성은 부분적으로 환경이나, 직업적 또는 사회계층적 요소와 같이 왜 유전자적인 비정상성이 일어나게 되는지에 대한 원인을 연구하는 것으로부터 여성들의 관심을 돌리는 데에도 부분적으로 봉사하고 있다(339).

일부 비판가들은 초음파 광선의 건강에 대한 효과에도 문제를 제기했다(Holland and McKenna, 1984: 415; Rowland, 1992: 69~70). 초음파가 생물학적으로 부정적인 부작용이 있을 수 있다는 증거가 있는데도 다른 약이나 의료 절차에서 흔히 하는 것과 같은 무작위 통제 실험을 사용한 체계적인 검사를 하려는 노력은 거의 행하지 않았다. 융모막 검사(Chorionic villus sampling)라는 또 다른 산전검사 방법은 보다 일찍 유전적인 결함을 가려내는 덜 위험한 방법으로 알려졌다. 그러나 이 기술은 임신 기간 중 너무 일찍 실시하면 사지 기형 등과 같은 선천적 결손증과 관련되기도 한다(Saul, 1993).

산전검사절차에 참여하는 여성들이 그 과정과 이에 대한 감정을 인식하는 방식은 의학적 담론과는 눈에 띄는 차이가 있다. 랩(Rapp, 1990)은 양수 검사와 초음파와 같은 산전 진단 검사를 둘러싼 의학적 담론을, 검사를 하는 병원에서 환자와의 상담 맥락에서 논의했다. 현지연구에서 랩이 행한 면접과 관찰은 보편적이고 추상적인 생의학의 언어와 자신의 경험에 의해 제공된 여성들의 개별화된 설명 사이에 긴장이 있음을 지적했다. 여성들은 검사를 할 것인지에 대한 자신의 희망에 대해 주저하면서도 스스로 임신에 대해 의학적 용어로 개념화하고 있는 것을 발견했다. 양수 검사를 받은 한 여성은 "검사를 하고 이틀 동안이나 울었어요. 아마도 보편적인 모성애가 있다고 스스로를 생각했던 것 같아요. 내 자궁이 부서지는 것 같은 이미지를 느꼈습니다. 예전같이 안전하지 않은 산산조각이 난 듯한 느낌이에요"(Rapp에서 인용, 1990: 31)라고 말했다.

그러나 다른 다수 여성들은 산전검사의 기회를 환영한다. 페체스키(Petchesky, 1987)는 검사에 비판적이지만 (원하지 않는 임신을 한) 많은 여성이 확신과 통제와 태아와의 친밀성과 같은 감정을 제공하는 이러한 이미지 과정을 좋아한다는 사실을 인정한다. 그녀는 "우리는 피임약, 정관수술, 체외수정, 양수 검사, 고도의 산전모니터링 기술 등의 '시장'이 피해자화(victimization)나 남성자궁질투 이론이 주장하는 것보다 훨씬 더 복잡한 현상이라는 것을 이해해야 한다"고 결론짓는다(Petchesky, 1987: 72). 여성들이 태아의 이미지에서 무엇을 보아야 하는지에 대해 듣는 대로만 볼지 모르지만 여성들의 재생산에 대한 의식은 지배적인 담론의 산물일 뿐만 아니라 자신의 나이, 과거의 재생산 경험, 민족, 성적인 선호, 건강 상태, 자녀에 대한 희망 등과도 밀접하게 관련되어 있다. 임신 과정에서 어려움을 경험한 여성과 유산을 경험했거나 평균보다 임신 연령이 높은 여성은 출산에 어려움을 겪은 적이 없어 초음파가 자신만의 영역을 침해하는 것에 반감을 느끼는 여성보다 초음파에 더 믿음이 가고 훨씬 긍정적인 경험을 하게 될 것이다(76). 이러한 여성들을 재생산 기술의 '피해자'라고 할 수 없을 것이다. 사실 많은 여성들에게 초음파 사진은 친족 간의 네트워크와 관계를 대표하는 이미지의 '가족' 앨범과 같은 가족적인 상징으로 여겨져 왔다(74~75).

분명히 여성운동가들과 임신을 경험한 여성들 사이에 산전검사에서 사용되는 의료기술이 바람직한 것인가에 대한 담론이 상반된다. 한 연구자(Evans, 1985)는 임신과 출산의 경험에 대해 200명의 여성을 면접했다. 이 연구는 응답자들이 의료의 개입과 기술의 사용에 대한 생각이 모호하다는 것을 발견했다. 많은 여성이 의사의 실제 행동에 반감을 느끼지만 여전히 그들의 의학적인 실력과 산전 도움의 중요성에 대해 신념을 가지고 있었다. 여성들은 자신의 임신에 대해 보다 사적인 통제를 갖기를 원하는 반면 동시에 더 많은 의학 기술을 원하기도 했다. 이러한 모순된 것으로 보이는 발견은 여성들의 태도가 남성들이 출산과정에 권력을 가지게 되는 출산에 대한 투쟁의 역사와 이에 동반된 임신과 모성애에 대한 혼란의 결과라고 본다면 설명이 가능할 것이다. '의사가 다 안다'는 여성들의 복종 이데올로기는 의사와 환자 사이의 비대칭적인 정보와 전문화된 훈련을 받은 전문직, 그리고 남성 일반에 대한 사회화된 존경심과 연관되어 있는 것이다.

장차 어머니가 될 여성 입장에서 의학적 개입에 의지하는 것은 반드시 비생산적인 것은 아니다. 예를 들어 비정상성을 찾아내기 위한 기술 사용은 여성들이 의사를 신뢰하여 자신의 임신에 대해 보다 확신을 갖도록 해줄 것을 기대하는데도 의사들이 이를 무시함으로써 혼란을 겪는 임신부에게는 완화제와 같이 보일 수 있다(Evans, 1985: 120). 그런데도 여기서 불안하고 불확실한 임신부에게 평화로운 마음을 제공할 가능성이 있는 산전검사와 같은 모니터링 기술과 여러 가지 복잡한 문제를 안고 있는 출산 중에 광범위하게 사용되는 기술의 개입 사이에 분명한 선을 그을 필요가 있다(1985: 119).

서구사회에서 급성장한 산전검사에 대한 여성주의자들의 비판은 이러한 기술의 또 다른 잠재적인 억압적 사용 가능성을 밝혀냈다. 즉, 임신부가 태아를 위해 모든 가능한 생활양식을 변화시키고, 검사 과정과 의료의 도움을 받아야 하는 부담이 증가하게 되었다는 점이다. 산전검사가 더욱 일상적인 것으로 받아들여지면서 결함을 가진 아기의 출생은 임신 중에 검사를 거부한 여성에 대한 법적인 행동의 가능성까지 있을 정도로 어머니의 잘못이라는 점을 암시한다. '태아의 권리'는 모성의 권리보다 우위에 놓이기 시작했다(Hubbard, 1984: 344~345; Rose, 1987: 166~167).

이미 성인이 된 자녀가 어머니의 무관심을 상대로 성공적으로 소송을 한 경우들이 나오고 있다. 1990년대 초반 호주에서 일어난 사건에서 심각한 뇌성마비 장애를 가진 여성이 자신의 어머니가 임신 중 무모하게 운전을 했고 그 결과 궁극적으로 뇌성마비를 야기한 사고를 일으켰다고 주장하여 승소한 경우가 있다. 이 사건을 보도한 지역 신문은 "태어나지 않은 아기도 소송을 할 수 있다 — 어머니들에 대한 경고"라는 제목으로 기사를 싣고《선데이 텔레그래프》(시드니), 1993년 6월 13일자, 양수주머니 안에서 마치 우주를 떠돌아다니는 것 같은 어머니의 몸으로부터 분리된 자기 충족적이고 스스로 충분한 개체로서 앉아 있는 태아의 사진을 삽화로 넣었다. '완전한' 아기를 원하는 이러한 담론은 태내에 있을 때뿐만 아니라 아기의 건강을 확실하게 하기 위해 가능한 한 모든 주의를 기울여야 하는 부담을 어머니에게 지우고, 여기서 어머니와 아기 사이의 관계는 양립할 수 없게 된다. 임신부는 '적대적'인 모성 환경을 만들거나 제안된 의료 개입을 거절함으로써 점점 자신의 임신/태아와 분리되고 적수가 되고 만다(Petchesky, 1987: 65).

한 연구는 미국 여성이 '주산기(임신 20주 이후부터 출산 후 28일까지: 옮긴이 주)에 위험에 빠뜨리게 한 것' 또는 의학적 도움을 받지 않은 분만으로 인해 신생아를 위험에 빠뜨리게 한 것에 대해 소송을 당한 미국 여성에 대한 대중들의 반응에 대해 연구를 수행했다. 도움을 받지 않은 출산을 한 여성은 법이나 의료계 종사자, 언론기자, 신문사, 경찰 보고서, 법정 자료, 심리적·의학적, 그리고 보호관찰의 기록 등 다양한 자료에서 '계산된 범죄자', '부자연스럽고' '냉담한 살인자' 등의 도덕적 표현으로 묘사되었다. 임신 중 행동을 둘러싼 담론은 현대 미국 사회(그리고 다른 선진국들)에서 진행되고 있는 낙태, 아동 학대, 신생아 복지, 출산의 의료화 등과 같은 현대적인 논쟁과 중복이 되었다. 도움받지 않은 출산을 범죄화하고 '반모성애'로 구성하는 것은 신생아의 연약함과 귀중함뿐만 아니라 이러한 각각의 담론에서 도출되었다. '반모성애' 범죄는 임신 중 의사의 지시를 무시하고 허락되지 않은 약물을 사용하는 것, 제왕절개를 거부하고 자연분만을 선택하는 것, 신생아의 죽음에 대해 질문을 받았을 때 '냉정한' 태도를 보이는 것 등을 포함했다(Tsing, 1990).

이러한 사건들을 둘러싼 담론은 여성 자신의 욕구보다는 신생아의 입장에서 아동 학대나 신생아 살인 등에 빠질 수 있는 문제가 있는 젊은 어머니들을 예방할 필요성을 강조했다. "어머니들 자신의 취약성은 그들이 더 많은 서비스와 권리, 나아가 더 나은 사회에 살 자격이 있다는 것을 의미하지 않는다. 대신 이들을 보다 분명하게 사회적 통제의 대상으로 만든다"(Tsing, 1990: 289). 이것이 암시하는 바와 같이 출산을 하는 여성들은 신생아를 돌보아야 하는 유일한 책임을 지고 있으나 이러한 책임은 의료체계에 의존하는 것으로 부정적으로 그려진다.

이러한 발견은 1970년대 소아과 의사를 위해 쓰인 교과서와 뉴스레터에서 모성적인 행동에 대한 초기의 담론 연구의 결과에 대한 메아리와 같다(Howell, 1978). 이 연구는 소아과 의사를 아기를 해치는 사람들에게서 아이를 '구조하는' 것으로 자신의 일을 묘사하는 경향이 있음을 발견했다. 그중에서도 특히 부모가 지적되었는데, 어머니는 무지나 무식함 또는 자잘한 질병에 크게 개의치 않음으로써 자녀의 건강을 해치는 것으로 비난받았다(Howell, 1978: 204). 자동차 사고나 환경오염 또는 영양부족에 영향을 주는 빈곤 등과 같은 자녀의 건강에 나쁜 영향을 준 외부적인 원인들에 주의를 기울인 교재는 거의 없었으며, 대신 예를 들어 설탕을 너무 많이 허용하는 것과 같이 주로 어머니가 자녀의 건강에 주의를 기울이지 않는 것에 대해 초점을 맞추고 있었다.

따라서 과거 수십 년 동안 의학 문헌이나 대중매체에 분명하게 나타난 '좋은' 어머니에 대한 담론은 임신한 순간 나아가 심지어는 그 이전 순간으로 확장되어가는 것으로 보인다. 이제 여성들은 임신했다는 사실을 안 순간부터 술을 마시거나 담배를 피워서는 안 되며 일부 의사나 대중의료 잡지들은 술과 담배를 포기하고 체중을 줄이며 규칙적인 운동을 하는 것과 같이 임신을 위해 책임을 지고 준비를 하면서 계획해야 한다고 충고한다. 이러한 충고를 무시하거나 아니면 그저 이런저런 이유로 담배나 술을 포기할 수 없는 여성들은 일반적으로 이기적이고 무책임하며 무관심한 것으로 묘사된다 (Lupton, 1999). 다시 한 번 이러한 담론이 우선적으로 강조하는 것은 태아의 건강과 복지이다. '태아 학대'라는 용어가 알코올이나 니코틴 또는 다른 약물을 통해 태아에 대한 '화학적 공격'을 하는 어머니의 행동을 묘사하기 위해 사용되고 있으며, 이러한 공격의 '유죄'가 발견되는 여성은 국가에 아기의 보호를 맡기도록 강요될 것이라고 예측하고 있다(Rowland, 1992: 128). 여성들이 낮은 사회적 지지, 사회적 소외, 실업, 스트레스, 빈곤, 자녀 양육에 대한 부담, 편안하게 선택할 수 있는 다른 방법의 부족 등에 대처하기 위해 왜 담배나 술을 사용하지 말라는 충고를 들을 수 없는지에 대한 이유는 거의 고려되지도 않고 적절한 것으로 인정되지도 않는다.

임신보조기술

위에서 강조한 바와 같이 20세기 후반에서 21세기 초반까지의 여성의 재생산은 여러 가지 복잡하고 때로는 모순되고 경쟁적인 담론의 주제가 되어 왔다. 체외수정, 배아세포이식, 대리모, 난자와 배아 기증 등을 포함한 새로운 임신보조기술의 발전은 여성주의와 의료 사이의 정치적 투쟁의 핵심 문제가 되었고, 여성주의 내에서도 열띤 논쟁을 불러일으켰다.

이러한 논쟁은 주로 '모성애'와 '출산'에 대한 사회적으로 구성된 의미를 중심으로 이루어졌다. 앞에서 제시했던 바와 같이 지배적인 여성주의 관점 중 하나는 여성의 집합적이고 주위의 지지를 받는 출산의 경험을 축하하는 자연분만운동에서 표현되는 것처럼 자녀를 출산할 수 있는 여성의 본질적인 권력을 축하하는 입장이다. 또 다른 입장은 출산이 여성의 몫이어야만 한다는 인식을 거부하고 여성을 재생산과 연결시키고 어머니 - 자녀의 관계를 너무 강조하는 것은 여성을 탈권력화하고 사회적 경제적 이동을 제한하는 것이라고 주장한다. 후자의 관점에서는 출산과 수유의 육체적인 경험을 찬양하기보다는 부정하려고 한다. 이 두 가지 관점은 서로 불편한 동료가 되었다. 모성애에 대한 여성주의나 다른 담론에서 나타나는 최근의 혼란은 다음과 같이 묘사되고 있다. "모성애는 여성들의 가장 큰 희망이자 가장 큰 불안이다. 이는 병의 원인이 되고, 병리적이지만 궁극적인 로맨스이기도 하다. 이보다 더 혼돈스러운 것은 없다"(Manion, 1988: 186).

새로운 임신보조기술의 발전으로 '어머니'란 용어는 여러 가지의 변화하는 의미를 갖게 되었다. 모성애의 본질적인 인식 부족을 나타내는 대중매체와 의학 교재에서 흔히 돌아다니는 용어들은 '난자모'·'생모'·'명명모'·'대리모'·'유전자모'·'생물학적 어머니'·'입양모'·'키운 어머니'·'법적인 어머니'·'장기모'·'양육한 어머니' 등이다. 이것이 보여주는 것은 출산이나 모성의 '실제로 본성적인' 또는 '진실된 의미' 또는 '명확한 개념정의'가 없다는 것이다. 이러한 용어들이 사용되는 담론 과정과 역사적 사회적 배경이 그 의미를 결정하며 사실상 존재론적 의미를 규정한다(Treichler, 1990: 130). 예를 들어 미국 뉴스 매체는 뇌사 상태에 빠졌지만 보조출산 기술에 의해 출산할 때까지 살아 있는 여성을 '어머니'로 부름으로써 어머니의 역할에 대한 의식이 없이도 수동적으로 태아를 배태하고 있는 것만으로 모성의 역할이 환원될 수 있다는 것을 암시한다(Hartouni, 1991: 32~33).

일부 급진적인 여성주의자들은 출산의 제한으로부터 여성을 자유롭게 해줄 가능성이 있기 때문에 재생산 기술이 여성에게 이롭다고 주장해왔다. 예를 들어 슐라스미스 파이어스톤(Shulasmith Firestone)은 1970년대에 '가능한 모든 수단을 동원하여 재생산의 횡포'로부터 여성들이 자유로워져야 한다고 주장했다(Firestone, 1972: 193). 그러나 다른 여성주의자들은 새로운 재생산 기술에 대한 남성의 통제에 직면하여 여성들은 선택이 부족하다는 점을 강조해왔다. 이런 입장을 취하는 일부 비판가들은 새로운 임신보조기술들이 여성의 몸을 재생산 상품으로 환원시키고 가부장적 통제의 이해로 인해 여성의 자발성을 제거하는 과정이라고 비판했다(Arditti et al., 1984). 또한 이들은 새로운 재생산 기술이 대중적으로 찬양되고 낙태의 권리는 공격을 받는 반면, 여전히 여성(또는 남성)에게 안전한 피임 방법이 없으며, 사회적인 빈곤계층의 신생아 사망률은 여전히 높고, 이들의 자녀와 어머니를 위한 복지는 여전히 충분한 지원을 받지 못하는 모순을 지적한다(Arditti et al., 1984: 3~4). 마찬가지로 새로운 임신보소기술의 발달은 임신과 출산에 대한 통제를 원하는 남성들의 논리적인 귀결로 해석되어왔다(Rowland, 1992). 의학기술의 지배를 통해 임신에 대한 책임을 박탈함으로써 남성들은 모성에 대한 소외와 부적절한 질투의 감정을 극복하고 상징적으로 '체외에서 탄생한 아이의 어머니인 동시에 아버지'가 된다(Rowland, 1992: 11). 대리모 논쟁에서 남성들은 여성의 자궁을 자신을 위해 사서 여성을 그 과정에서 종속된 노예로 만들고 있다고 주장한다(Arditti et al., 1992: 12).

이러한 비판은 불임에 대한 의학적 치료를 받는 여성에 의해 당황스러움, 실망, 신체적 불편함, 비인간화와 모욕 등을 느끼는 것으로 보고된다. 또한 이들은 공적으로는 거의 관심을 끌지 못하는 불임 치료 방법으로 난자 생산을 증진시키는 과다배란과 같은 약물치료의 부작용의 가능성에 주목한다. 여기에는 선천적 결손증과 다산 확률 증가, 시력 문제와 구토, 난소 종양, 혈전증과 암, 난자 채취를 위한 수술의 의학적 문제점 등이 있다(Rowland, 1992: 1장).

체외수정에 대한 대중적인 담론은 불임 여성을 불행하고 만족스럽지 못한 것으로 인식하는 것을 강화하고, 이 기술이 해결책으로서 '의학적 기적'을 제공함으로써 이러한 여성들을 구원해준다고 표현한다. 특히 신문, 텔레비전, 다큐멘터리, 여성잡지 등과 같은 대중매체에서 남성 과학자와 의사들은 흔히 적극적이고 전문가적이며 합리적인 '생산자'이거나 '시험관 아기'의 '아버지'인 반면, 여성은 아이를 간절히 원하고, 수동적이면서, 모성애의 기쁨을 경험할 기회를 간절히 원하는 사람으로 묘사된다. 여성주의 또는 다른 분야에서의 체외수정에 대한 비판과 그것의 실패나 부작용에 대한 논의는 이러한 논의에 대해서는 거의 관심을 보이지 않는다(Granklin, 1990; Hartouni, 1991; Noble and Bell, 1992; Rowland, 1992: 6장).

프랭클린(Franklin, 1990: 217)은 불임에 대한 언론매체와 의학적 표현을 세 가지 주요 담론으로 정의했다. 이는 각각 사회적 손실 담론, 생물학적 운명 담론 그리고 의학적 희망 담론이라고 할 수 있다. 아이가 없는 부부나 여성들의 이야기에서 새로운 재생산 기술의 등장은 궁극적이고 분명한 '해결책'이 되어 이를 규범화하면서 낮은 성공률, 부담해야 하는 비용, 여성이 겪어야 하는 충격적인 과정, 새로운 기술이 제기하는 본질적으로 도덕적이고 윤리적인 문제점 등에 대한 인식은 없이 자녀에 대한 간절한 소망을 해결하는 것으로 끝을 맺게 된다(Franklin, 1990: 216). 나아가 무자녀에 대한 언론매체나 의학적 설명은 결혼한 부부의 생물학적인 불임 문제로 간주하는 반면 실직, 낮은 수입, 아동 보호 기관의 부족, 장애, 성적인 선호 또는 혼인 지위 등의 사회구조적 원인과 관련된 이유는 무자녀의 틀 속에 포함되지 않는다. 따라서 불임에 대한 '치료'는 일상적으로 의학적 치료이며, 사회적 변화로는 묘사되지 않는다(Franklin, 1990: 220~221).

여성주의 비판은 언론매체와 의학 교재의 언어는 흔히 여성을 비인격화되고 분절된 신체의 부분으로 환원시켜 '자궁 환경'이나 '임신 운반자'와 같은 용어를 사용하면서 걸어다니는 인큐베이터로 묘사한다(Rowland, 1992: 6장). 이러한 언어는 실천으로 전환되어 여성의 몸에 미치는 약이나 수술의 효과를 왜곡하고, 여성의 몸을 접근가능하고 조작할 수 있으며 개방되고 가시적인, 의료에 의해 통제 가능한 것으로 만든다. "따라서 의사들은 별 생각 없이 '난소, 성숙된 난자'와 같이 여성의 분해된 몸의 부분들에 대해 말할 수 있고,

자신이 여성의 몸의 이러한 부분들을 물질로 변형시키고 제거하면서 조차도 이를 '회복시킨다'라고 말하고 있다"(Steinberg, 1990: 86, 강조는 원문대로).

그러나 1980년대 초를 지배했던 임신보조기술에 강력히 반대하는 여성주의 학자들은 이후 후기구조주의 여성주의적 관점에 의해 도전을 받기 시작했다. 일부 여성학자들은 새로운 재생산 기술과 이데올로기와 권력의 본질과 의미를 이해하기 위한 '음모로서의 가부장제' 접근은 여성의 몸을 구성적이라고 보기보다는 외재하는 것으로 봄으로써, 이러한 글들은 여성을 적극적인 행위자라기보다는 수동적인 피해자로 표현한다고 주장하면서 이러한 비판의 본질주의적 특성에 의문을 제기한다(Bowe, 1987; Reiger, 1987; Stanworth, 1987; Caddick, 1992: 115). 따라서 후기구조주의 여성주의자들의 접근은 '실제적인 여성의 몸'의 행동이라는 인식을 거부하고, 대신 이는 담론의 과정을 통해 새겨지고 구성되는 것으로 본다. 이러한 접근에서는 새로운 재생산 기술 자체가 '허위의식'이라기보다는 주관성을 생산하는 것으로 여겨진다.

여전히 다른 여성주의 학자들은 여성주의자들이 제기하는 '몸의 정치'를 통해 여성이 스스로의 몸에 대해 자신이 선택한 방식으로 이야기할 수 있고 과학적 담론에 저항함으로써 변화의 가능성이 있다고 주장하면서 결정론적인 권력 담론을 거부한다(Jacobus et al., 1990: 7). 이러한 관점에 따르면 새로운 의학 기술을 어떻게 사용할 것인지 아니면 거부할 것인지를 선택하는 것은 여성의 권리이다. 여성주의는 대체로 의학 기술을 자원으로 사용할 수 있는 가능성을 인식하지 못했다는 점에 대해 비판을 받는다(Bowe, 1987). 불임 여성에게 매달 원하지 않는 월경을 하는 경험은 의학적 과정을 거치는 것만큼 소외를 느끼게 한다고 주장한다. "여성들은 자신의 몸에 대해 알고 있고 임신을 원하는 불임 여성은 이에 대해 고통을 느끼고 있다"(Bowe, 1987: 151). 서로 다른 이해 집단 사이에 재생산의 의미를 놓고 투쟁을 벌이는 것이다. 산부인과 전문의들의 가장 중요한 관심은 기술적인 어려움을 극복하고 임신율을 성공적으로 높여 자신의 분야를 발전시키고 나아가 전문직의 위상을 높이는 것이다. 흔히 불임의 심리적이고 사회적인 부담이 지적되지만 치료를 하는 데 들어가는 경제적·정서적·신체적 비용은 의학 문헌에서는 거의 논의되지 않는다. 반면 환자들은 이 문제를 생물학적 문제라기보다는 '그들 자신의' 아이를 갖지 못하는 문제로 인식하여 자신의 몸에 대한 통제의 상실로 여긴다(Strickler, 1992).

불임을 경험하는 사람들에 대한 심층면접에서 여성들은 자신의 몸에 대한 '통제의 상실', 아기를 가져보지 못한 슬픔, 이러한 기대를 충족시키지 못하는 데 대한 실망 등의 감정을 표현하는 것을 발견했다. 그러나 출산보조치료의 가능성으로 인해 불임은 결과를 알 수 없는 상태가 되었으며 희망을 가지고 불임을 최종적으로 인정하는 것을 지연시키고 있다(Greil et al., 1989; Steinberg, 1990).

한 연구(Modell, 1989)에서 보건 전문직과 체외수정을 원하는 고객에 대한 면접을 실시했다. '확률' 또는 통계적 가능성의 개념이 체외수정에 관한 대화에서 개인이 임신할 가능성, 전반적인 프로그램의 임신 성공률, 그리고 기술적인 개입에 부수되는 확률 등에 대한 다양한 진술을 정리하는 데 끊임없이 사용되는 수사적인 전략이었음을 발견했다. 관련된 보건 전문직 종사자들은 확률의 통계적 의미를 사용하면서 심지어는 도박의 룰렛의 확률과 비교하기도 했다. 반면 환자들은 임신에 성공하기 위한 마지막 시도로서 성공할 확률에 대해 언급하면서 보다 주관적인 맥락에서 이 용어를 사용하는 경향이 있었다. 고객들의 말에는 체외수정 과정에서 '자연적인 것'과 '인공적인 것' 사이의 긴장이 계속 언급되었으며 부모가 되기 위해 기술적인 개입을 추구하는 것이 바람직하다는 것을 확신하기 위해 후자보다는 전자를 강조하는 경향을 보였다. 이 연구는 체외수정과 같은 과정에 참여하는 사람들은 선택적인 언어의 사용을 통해 적극적으로 이 경험을 긍정적인 방식으로 구성하려 한다는 점을 암시하고 있다. 그렇게 함으로써 이들은 자신의 경험을 '규범화'하려 하며 이를 인정할 수 있는 대안으로 보려 한다.

특히 중산층의 많은 구성원이 가지고 있는 개인주의와 성취지향적인 문화에서 원하는 시점에 계획한 대로 자녀를 가질 수 없다는 것은 받아들이기 어려우며 '불공평'한 것으로 보인다. 결과적으로 치료를 원하는 불임 부부는 임신보조기술에 대해 '사랑과 증오'의 감정을 동시에 갖는 것처럼 보인다. 이 기술이 자녀를 가질 수 있는 희망, 자아 충족감, 모든 가능한 대안을 추구함으로써 자신의 운명에 대해 어느 정도 통제할 수 있는 가능성을 제공하는 반면 일련의 검사, 수술, 비용, 불편함, 지연되는 불확실성 등을 주기도 한다 (Strickler, 1992). 또한 여성이 의학 기술에 접근할 수 있는 가능성을 제한하는 사회적 계층, 연령, 민족성 등의 요인이 있으며, 여성을 의학적 지배에 보다 취약하게 하거나 태아의 성별이나 유전적인 구성을 결정하기 위해 양수 검사와 같은 절차를 겪어야 하는 사회적 압력, 또는 대리모 등에 대한 문제도 있다는 점을 인식해야 한다. 여성이 '선택할 권리'를 가져야 한다는 자유주의적이고 소비자 지향적인 시각은 '새로운 재생산 기술이 제3세계의 여성과 발전된 국가의 여성들에게 또는 한 국가에서도 서로 다른 여성들에게 서로 다른 함의를 가질 수 있다는 구조적인 제한을 간과하는 경향이 있다.

결론

문화로서의 의료에 대한 초기 여성주의 문헌들은 여성에 대한 통제와 억압을 추구하는 의료전문직에 의한 의료에 의문을 제기하면서 의료의 '보호'의 굴레로부터 여성들의 자유를 촉구했다. 후기구조주의의 출현은 '진실', '지식', 그리고 '본질적인' 여성의 몸은 보편적이라는 인식에 도전하면서 반대로 여성의 몸은 정치적 투쟁과 담론적 표현에 기초한 변화에 취약하다고 주장해왔다. 후기구조주의 여성주의 학자들은 이제 여성의 몸에 대한 경험은 이를 구성하는 담론과 실천으로부터 분리될 수 없으며 의료의 굴레에서 해방되기를 기다리는 '진정한' 몸은 없다고 주장한다. 더 나아가 일부 여성주의자들은 특정한 체계의 수동적인 피해자가 되기보다는 여성이 출산과 임신과 같은 경험과 관련되어 그들에게 제공되는 의학적 개입의 범위를 개인으로서 선택할 수 있어야 한다는 점을 주장한다. 여성에게 제공되는 의학적 기술과 치료에 대한 평가에서 여성주의자들 사이에 나타나는 서로 다른 정치적인 입장은 생의학에 의해 영향을 받는 사회적 삶의 모든 영역에 존재하는 의미에 대한 투쟁을 반영한다. 여성주의적 입장에서 의료가 여성에게 영향을 미치는 것으로 언급하거나 비판하는 사람들은 현대 인문학과 사회과학에 나타나는 경쟁적인 이론적 주장들을 강조하지만, 서구사회에서 의료에 대한 현대적인 태도에 스며들어 있는 모순성을 극명하게 보여주기도 한다.

결론

    의료가 다른 사회적 영역을 점차 지배해감에 따라, 생명을 구하는 능력과 기적적인 특성을 가지고 있는 반면 사회적 불평등을 심화시키고 범죄자와 희생자를 양산하고 차별적 권력을 공고히 하는 의료의 모순은 점차 분명하게 드러나고 있다. 이러한 모순은 사회에서 의료의 역할을 논의할 때마다 끊임없이 나타나며, 특히 역사적으로 의료가 그들의 사회적 지위에 영향을 미쳤던 여성과 다른 주변화된 집단의 경우에 더욱 그러하다. 이 책에서 저자는 비서구사회의 담론과 실천은 사회적으로 구성되지만 서구사회에서 지배적인 생의학모델 역시 사회적 관계의 산물이라는 것을 인식하는 데 실패한 관점에서 탈피하여 의료와 문화를 접근하려고 시도했다. 저자는 다른 사회와 마찬가지로 서구사회에서도 건강, 질병, 죽음 등과 같은 이슈는 사회적 과정과 분리할 수 없이 얽혀 있다는 점을 보여주었다. 즉 이러한 현상의 생물학적 차원과 의학적 이해는 그것이 이해되고 경험된 사회문화적 배경에서 쉽게 분리될 수 없다는 것이다.

    최근 의학적 담론과 실행에 의해 구성된 몸에 대한 새로운 관심이 사회 이론에서 가장 의견이 분분하고 중요한 논쟁을 전면에 등장시켰다. 바로 개인의 삶에서 구조와 행위 각각의 역할에 관한 것이다(Turner, 1992: 159). 건강과 질병의 사회학에서 거시 이론가들, 특히 정치경제학적 접근을 취하는 사람들은 전통적으로 인간의 삶에서 의료가 차지하는 역할을 분석하는 데 행위자보다는 구조를 강조해왔다. 반면 현상학자들과 같이 미시적 접근을 취하는 사회이론가들은 의료 상황에서 개별 행위자를 강조하거나 사람들이 자신의 운명을 구성하고 자신의 삶에 의미를 부여하는 방식을 강조해왔다. 이 책은 이러한 이론적 관점을 통합하여 각각의 접근이 기여한 특징을 인정하는 동시에 이들의 견해가 수렴하는 지점을 찾으려 했다. 현실의 인식을 구성함에서 언어와 담론의 공헌을 강조하는 후기구조주의의 이해의 방식이 가끔 사회적 행위자를 언어의 권력 밑으로 환원시킨다는 점에 대해 비판을 해왔지만 이 책은 개인들이 주관성을 구성하기 위한 대안적인 담론에 접근하고 개발하는 노력이 계속된다면 저항의 가능성이 있다는 사실도 보여주었다.

질병의 범주와 치료 방법이 발전되고 다른 방법은 배제하면서 제도화되는 방식을 인식하는 것은 어떤 문화에서든 의료의 사회적 역할을 이해하는 데 매우 중요하다. 의학적 지식의 역동적이고 상대적인 특성을 보여줌으로써 이러한 통찰력은 지배적인 지식의 형태에 저항을 할 수 있는 공간을 제공해준다. 의료와 보건 관리, 질병 상태 등이 반드시 주어진 것이나 '진실한' 것이 아니라 변화할 수 있는 것이라는 사실을 보여줌으로써, 이런 현상의 사회적 기반을 밝히는 데 후기구조주의와 포스트모더니즘의 관점은 당연시되는 가정과 전형화를 피할 수 있는 사고와 언어의 대안적인 기회를 허락함으로써 협상이 가능하도록 해준다. 주변 집단에게는 이러한 도전이 자신의 요구가 다른 집단에게 들릴 수 있도록 도와준다. 예를 들어 HIV/AIDS를 가지고 사는 사람들은 '에이즈 희생자'라는 용어를 거부함으로써 자신을 수동적인 환자가 아니라 생존자로 간주해줄 것을 주장할 수 있고, 폐경기 여성이 폐경이 여성성의 종말이라기보다는 새로운 해방적인 여성의 삶의 차원이라고 주장할 수 있다면, 이런 과정을 둘러싼 몸의 경험과 실천은 변화될 수 있을 것이다.

후기구조주의와 포스트모더니즘의 저작들 또한 인문학과 사회과학 연구자들이 스스로를 반추해보도록 도전함으로써 연구와 저술 과정에서 진실에 대한 자신 스스로의 주장과 권력을 검토하는 데 중요한 영향을 미쳤다. 푸코(Foucault, 1984b: 74)는 '진실'이 구성되고 누구의 이해관계를 위해 작동하는가에 대한 메커니즘을 밝혀 진실에 대한 새로운 정치학의 기능성을 분명하게 해줄 수 있는 위치에 있는 것이 학자의 역할이라고 주장했다. 게이튼스(M. Gatens)는 여성주의적 맥락에서 '**성별화**된 몸이 단순히 이분법적이 아니라 **다원적**이라는 것을 인정할 수 있는 정치·윤리적 입장과 함께 발전할 수 있는 다른 존재론에 대한 탐구를 시작하는 것이 중요하다'라고 주장한다(Gatens, 1988: 67, 강조는 원문대로).

이러한 주장은 의료에서의 몸에 대한 논의에도 유용하게 확장할 수 있을 것이다. 의료에서의 질병과 몸에 대한 사회문화적 차원에 관심을 가진 학자들은 자신의 저작이 자아/타인, 남성적/여성적, 아픔/건강함, 합리적/비합리적, 능동적/수동적, 생산적/낭비적, 자연/문화, 무질서/통제, 도덕적/비도덕적 등과 같은 제한된 이중성을 지지하는 억압적이고 제한적이며 전형화된 담론에 공헌하고 있다는 사실을 인식하고, 자신의 사회적으로 구성된 지식의 본질에 대한 이해가 이것 아니면 저것의 구별을 피하고, 의료 상황에서 몸에 대한 순수하고 다원화된 지식을 생산할 수 있는 여지를 만들어낼 수 있다는 점을 기억해야 할 것이다.

참고문헌

Ahmad, W. and Jones, L. (1998) 'Ethnicity, health and health care in Britain', in A. Petersen and C. Waddell (eds), *Health Matters: A Sociology of Illness, Prevention and Care.* Sydney: Allen and Unwin, pp. 114–27.

Allen, J. (1992) 'Frameworks and questions in Australian sexuality research', in R. Connell and G. Dowsett (eds), *Rethinking Sex: Social Theory and Sexuality Research.* Melbourne: Melbourne University Press, pp. 5–31.

Arditti, R., Klein, R. and Minden, S. (1984) 'Introduction', in R. Arditti, R. Klein and S. Minden (eds), *Test-tube Women: What Future for Motherhood?* London: Pandora, pp. 1–7.

Ariès, P. (1981) *The Hour of Our Death.* London: Allen Lane.

Armstrong, D. (1982) 'The doctor–patient relationship: 1930–80', in P. Wright and A. Treacher (eds), *The Problem of Medical Knowledge: Examining the Social Construction of Medicine.* Edinburgh: Edinburgh University Press, pp. 109–22.

Armstrong, D. (1983) *Political Anatomy of the Body: Medical Knowledge in Britain in the Twentieth Century.* Cambridge: Cambridge University Press.

Armstrong, D. (1984) 'The patient's view', *Social Science & Medicine,* 18 (9), 737–44.

Armstrong, D. (1987a) 'Silence and truth in death and dying', *Social Science & Medicine,* 24 (8), 651–7.

Armstrong, D. (1987b) 'Bodies of knowledge: Foucault and the problem of human anatomy', in G. Scambler (ed.), *Sociological Theory and Medical Sociology.* London: Tavistock, pp. 59–76.

Armstrong, D. (1997) 'Foucault and the sociology of health and illness: a prismatic reading', in A. Peterson and R. Bunton (eds), *Foucault, Health and Medicine.* London: Routledge, pp. 15–30.

Armstrong, D. (2002) *A New History of Identity: A Sociology of Medical Knowledge.* Basingstoke: Palgrave.

Arney, W. and Neill, J. (1982) 'The location of pain in childbirth: natural childbirth and the transformation of obstetrics', *Sociology of Health & Illness,* 4 (1), 1–24.

Atkinson, P. (1981) *The Clinical Experience: the Construction and Reconstruction of Medical Reality.* Guildford: Gower.

Atkinson, P. (1990) *The Ethnographic Imagination.* London: Routledge.

Backett, K. (1992) 'Taboos and excesses: lay health moralities in middle-class families', *Sociology of Health & Illness,* 14 (2), 255–73.

Baer, H., Singer, M. and Johnsen, J. (1986) 'Toward a critical medical anthropology', *Social Science & Medicine,* 23 (2), 95–8.

Banks, C. (1992) '"Culture" .in culture-bound syndromes: the case of anorexia nervosa', *Social Science & Medicine,* 34 (8), 867–84.

Barker, K. (1998) 'A ship upon a stormy sea: the medicalization of pregnancy', *Social Science & Medicine,* 47 (8), 1067–76.

Barthes, R. (1973) *Mythologies.* London: Paladin.

Bassuk, E. (1986) 'The rest cure: repetition or resolution of Victorian women's conflicts?', in S.R. Suleiman (ed.), *The Female Body in Western Culture: Contemporary Perspectives*. Cambridge, MA: Harvard University Press, pp. 139–51.

Beier, L. (1985) 'In sickness and in health: a seventeenth century family's experience', in R. Porter (ed.), *Patients and Practitioners: Lay Perceptions of Medicine in Pre-Industrial Society*. Cambridge: Cambridge University Press, pp. 101–28.

Berger, P. and Luckmann, T. (1967) *The Social Construction of Reality*. London: Allen Lane.

Berliner, H. and Salmon, J. (1980) 'The holistic alternative to scientific medicine: history and analysis', *International Journal of Health Services*, 10 (1), 133–45.

Berman, B. (1989) 'The computer metaphor: bureaucraticizing the mind', *Science as Culture*, 7, 7–42.

Berridge, V. and Strong, P. (1991) 'AIDS and the relevance of history', *Society for the Social History of Medicine*, 4 (1), 129–38.

Berthelot, J. (1986) 'Sociological discourse and the body', *Theory, Culture & Society*, 3 (3), 155–64.

Birken, L. (1988) *Consuming Desire: Sexual Science and the Emergence of a Culture of Abundance, 1871–1914*. Ithaca, NY: Cornell University Press.

Blaxter, M. (1983) 'The causes of disease: women talking', *Social Science & Medicine*, 17 (2), 59–69.

Blaxter, M. and Paterson, E. (1982) *Mothers and Daughters: a Three Generational Study of Health Attitudes and Behaviour*. London: Heinemann.

Bloor, M. and McIntosh, J. (1990) 'Surveillance and concealment: a comparison of techniques of client resistance in therapeutic communities and health visiting', in S. Cunningham-Burley and N. McKeganey (eds), *Readings in Medical Sociology*. London: Routledge, pp. 159–81.

Blumenfeld-Kosinski, R. (1990) *Not of Woman Born: Representations of Caesarean Birth in Medieval and Renaissance Culture*. Ithaca, NY: Cornell University Press.

Bordo, S. (1990) 'Reading the slender body', in M. Jacobus, E. Keller and S. Shuttleworth (eds), *Body/Politics: Women and the Discourses of Science*. New York: Routledge, pp. 83–112.

Bourdieu, P. (1984) *Distinction: a Social Critique of the Judgement of Taste*. London: Routledge and Kegan Paul.

Bowe, M. (1987) 'A woman's choice? The IVF option', *Arena*, 79, 146–55.

Bradbury, H., Gabe, J. and Bury, M. (1995) '"Sexy docs" and "busty blondes": press coverage of professional misconduct cases brought before the General Medical Council', *Sociology of Health & Illness*, 17 (4), 458–76.

Brandt, A. (1988) 'AIDS and metaphor: toward the social meaning of epidemic disease', *Social Research*, 55 (3), 413–32.

Brandt, A. (1991) 'Emerging themes in the history of medicine', *Milbank Memorial Quarterly*, 69 (2), 199–214.

Bransen, E. (1992) 'Has menstruation been medicalized? Or will it never happen …?', *Sociology of Health & Illness*, 14 (1), 98–110.

Breslow, L. (1982) 'Control of cigarette smoking from a public policy perspective', *Annual Review of Public Health*, 3, 129–51.

Brighton Women and Science Group (1980) 'Technology in the lying-in room', in The Brighton Women and Science Group (ed.), *Alice through the Microscope: the Power of Science over Women's Lives*. London: Virago, pp. 165–81.

Broom, D. (1991) *Damned If We Do: Contradictions in Women's Health Care*. Sydney: Allen and Unwin.

Broom, D. (2001) 'Reading breast cancer: reflections on a dangerous intersection', *Health*, 5 (2), 249–68.

Brown, P. (1992) 'AIDS: the challenge of the future', *New Scientist Supplement*, 18 April.

Brumberg, J. (1988) *Fasting Girls: the Emergence of Anorexia Nervosa as a Modern Disease*. Cambridge, MA: Harvard University Press.

Buckley, T. and Gottlieb, A. (1988) 'A critical appraisal of theories of menstrual symbolism', in T. Buckley and A. Gottlieb (eds), *Blood Magic: the Anthropology of Menstruation*. Berkeley, CA: University of California Press, pp. 3–50.

Bury, M. (1986) 'Social constructionism and the development of medical sociology', *Sociology of Health & Illness*, 8 (2), 135–69.

Bytheway, B. and Johnson, J. (1998) 'The sight of age', in S. Nettleton and J. Watson (eds), *The Body in Everyday Life*. London: Routledge, pp. 243–57.

Caddick, A. (1986) 'Feminism and the body', *Arena*, 74, 60–88.

Caddick, A. (1992) 'Feminist and postmodern: Donna Haraway's cyborg', *Arena*, 99/100, 112–28.

Calnan, M. and Johnson, B. (1985) 'Health, health risks and inequalities: an exploratory study of women's perceptions', *Sociology of Health & Illness*, 7 (1), 54–75.

Calnan, M. and Williams, S. (1992) 'Images of scientific medicine', *Sociology of Health & Illness*, 14 (2), 233–54.

Cant, S. and Sharma, U. (2000) 'Alternative health practices and systems', in G. Albrecht, R. Fitzpatrick and S. Scrimshaw (eds), *Social Studies in Health and Medicine*. London: Sage, pp. 426–39.

Caskey, N. (1986) 'Interpreting anorexia nervosa', in S. Suleiman (ed.), *The Female Body in Western Culture*. Cambridge, MA: Harvard University Press, pp. 175–89.

Cassata, M., Skill, T. and Boadu, S. (1979) 'In sickness and in health', *Journal of Communication*, 29 (4), 73–80.

Cassell, E. (1976) 'Disease as an "it": concepts of disease revealed by patients' presentation of symptoms', *Social Science & Medicine*, 10, 143–6.

Charles, N. and Kerr, M. (1986) 'Food for feminist thought', *Sociological Review*, 34 (3), 537–72.

Chernin, K. (1985) *The Hungry Self: Women, Eating and Identity*. New York, NY: Times Books.

Chrisler, J. and Levy, K. (1990) 'The media construct a menstrual monster: a content analysis of PMS articles in the popular press', *Women and Health*, 16 (2), 89–104.

Clark, D. (1993) '"With my body I thee worship": the social construction of marital sex problems', in S. Scott and D. Morgan (eds), *Body Matters: Essays on the Sociology of the Body*. London: Falmer, pp. 22–34.

Clarke, A. (1993) 'Modernity, postmodernity and reproductive processes, c. 1890–1992, or, Mommy, where do cyborgs come from anyway?' Paper delivered at the Sex/Gender in Techno-Science Worlds conference, University of Melbourne, 26 June – 1 July 1993.

Clarke, A. and Montini, T. (1993) 'The many faces of RU486: tales of situated knowledges and technological constraints', *Science, Technology and Human Values*, 18 (1), 42–78.

Clarke, J. (1992) 'Cancer, heart disease and AIDS, what do the media tell us about these diseases?' *Health Communication*, 4 (2), 105–20.

Clarke, J. and Robinson, J. (1999) 'Testicular cancer: medicine and machismo in the media (1980–94)', *Health*, 3 (3), 263–82.

Clatts, M. and Mutchler, K. (1989) 'AIDS and the dangerous other: metaphors of sex and deviance in the representation of disease', *Medical Anthropology*, 10, 105–14.

Comaroff, J. (1982) 'Medicine: symbol and ideology', in P. Wright and A. Treacher (eds), *The Problem of Medical Knowledge: Examining the Social Construction of Medicine*. Edinburgh: University of Edinburgh Press, pp. 49–69.

Conrad, P. (1999) 'A mirage of genes', *Sociology of Health & Illness*, 21 (2), 228–41.

Coombs, M. (1988) 'Induced and abandoned: the story of an April fool', in M. Coombs, *Regards to the Czar*. Brisbane: University of Queensland Press, pp. 100–34.

Courtenay, W. (2000) 'Constructions of masculinity and their influence on men's well-being: a theory of gender and health', *Social Science & Medicine*, 50, 1385–410.

Coward, R. (1989) *The Whole Truth: the Myth of Alternative Health*. London: Faber and Faber.

Crawford, R. (1980) 'Healthism and the medicalization of everyday life', *International Journal of Health Services*, 19, 365–88.

Crawford, R. (1984) 'A cultural account of "health": control, release and the social body', in J. McKinlay (ed.), *Issues in the Political Economy of Health Care*. New York, NY: Tavistock, pp. 60–103.

Crimp, D. (1989) 'AIDS: cultural analysis/cultural activism', in D. Crimp (ed.), *AIDS: Cultural Analysis, Cultural Activism*. Cambridge, MA: MIT Press, pp. 3–16.

Crimp, D. (1992) 'Portraits of people with AIDS', in L. Grossberg, C. Nelson and P. Treichler (eds), *Cultural Studies*. New York, NY: Routledge, pp. 117–30.

Crouch, M. and Manderson, L. (1993) 'Parturition as social metaphor', *Australian and New Zealand Journal of Sociology*, 29 (1), 55–72.

Cunningham-Burley, S. and Bolton, M. (2000) 'The social context of the new genetics', in G. Albrecht, R. Fitzpatrick and S. Scrimshaw (eds), *Social Studies in Health and Medicine*. London: Sage, pp. 173–87.

Dally, A. (1991) *Women under the Knife: a History of Surgery*. London: Hutchinson Radius.

Daly, J. (1989) 'Innocent murmurs: echocardiography and the diagnosis of cardiac normality', *Sociology of Health & Illness*, 11 (2), 99–116.

Davis, K. (1997) '"My body is art": cosmetic surgery as feminist utopia?', *European Journal of Women's Studies*, 4, 23–37.

Davis, K. (2002) '"A dubious equality": men, women and cosmetic surgery', *Body & Society*, 8 (1), 49–65.

Davison, C., Frankel, S. and Davey Smith, G. (1992) 'The limits of lifestyle: re-assessing "fatalism" in the popular culture of illness prevention', *Social Science & Medicine*, 34 (6), 675–85.

DiGiacomo, S. (1987) 'Biomedicine as a cultural system: an anthropologist in the kingdom of the sick', in H. Baer (ed.), *Encounters with Biomedicine: Case Studies in Medical Anthropology*. New York, NY: Gordon and Breach, pp. 315–46.

DiGiacomo, S. (1992) 'Metaphor as illness: postmodern dilemmas in the representation of body, mind and disorder', *Medical Anthropology*, 14, 109–37.

Douglas, M. (1974) *Implicit Meanings: Essays in Anthropology*. London: Routledge and Kegan Paul.

Douglas, M. (1980/1966) *Purity and Danger: an Analysis of Concepts of Pollution and Taboo*. London: Routledge and Kegan Paul.

Douglas, M. (1984) *Food in the Social Order: Studies of Food and Festivities in Three American Communities*. New York, NY: Russell Sage Foundation.

Douglas, M. and Calvez, M. (1990) 'The self as risk-taker: a cultural theory of contagion in relation to AIDS', *Sociological Review*, 38 (3), 445–64.

Doyal, L. (1983) *The Political Economy of Health*. London: Pluto Press.

Dreuihle, E. (1988) *Mortal Embrace: Living with AIDS*. New York, NY: Hill and Wang.

Ehrenreich, B. and Ehrenreich, J. (1978) 'Medicine and social control', in J. Ehrenreich (ed.), *The Cultural Crisis of Modern Medicine*. New York, NY: Monthly Review Press, pp. 39–79.

Ehrenreich, B. and English, D. (1973) *Witches, Midwives and Nurses: a History of Women Healers*. Westbury: Feminist Press.

Ehrenreich, B. and English, D. (1974) *Complaints and Disorders: The Sexual Politics of Sickness*. London: Compendium.

Ehrenreich, J. (1978) 'Introduction: the cultural crisis of modern medicine', in J. Ehrenreich (ed.), *The Cultural Crisis of Modern Medicine*. New York, NY: Monthly Review Press, pp. 1–35.

Emerson, J. (1987/1970) 'Behaviour in private places: sustaining definitions of reality in gynaecological examinations', in I. Stoeckle (ed.), *Encounters between Patients and Doctors: an Anthology*. Cambridge, MA: MIT Press, pp. 215–34.

Enright, D. (ed.) (1989) *The Faber Book of Fevers and Frets*. London: Faber and Faber.

Epstein, S. (1978) *The Politics of Cancer*. San Francisco, CA: Sierra Club Books.

Epstein, S. (1990) 'Losing the war against cancer: who's to blame and what to do about it', *International Journal of Health Services*, 20 (1), 53–71.

Erwin, D. (1987) 'The militarization of cancer treatment in American society', in H. Baer (ed.), *Encounters with Biomedicine: Case Studies in Medical Anthropology*. New York, NY: Gordon and Breach, pp. 201–27.

Estes, C. and Linkins, K. (2000) 'Critical perspectives on health and aging', in G. Albrecht, R. Fitzpatrick and S. Scrimshaw (eds), *Social Studies in Health and Medicine*. London: Sage, pp. 154–72.

Evans, F. (1985) 'Managers and labourers: women's attitudes to reproductive technology', in W. Faulkner and E. Arnold (eds), *Smothered by Technology: Technology in Women's Lives*. London: Pluto Press, pp. 109–27.

Fagin, C. and Diers, D. (1984) 'Nursing as metaphor', *International Nursing Review*, 31 (1), 16–17.

Fairclough, N. (1992) 'Discourse and text: linguistic and intertextual analysis within discourse analysis', *Discourse & Society*, 3 (2), 193–217.

Featherstone, M. (1987) 'Leisure, symbolic power and the life course', in J. Horne, D. Jary and A. Tomlinson (eds), *Sport, Leisure and Social Relations*. London: Routledge and Kegan Paul, pp. 113–38.

Featherstone, M. (1991) 'The body in consumer culture', in M. Featherstone, M. Hepworth and B.S. Turner (eds), *The Body: Social Process and Cultural Theory*. London: Sage, pp. 170–96.

Featherstone, M. and Hepworth, M. (1991) 'The mask of ageing and the postmodern life course', in M. Featherstone, M. Hepworth and B.S. Turner (eds), *The Body: Social Process and Cultural Theory*. London: Sage, pp. 371–89.

Fee, E. and Porter, D. (1992) 'Public health, preventive medicine and professionalization: England and America in the nineteenth century', in A. Wear (ed.), *Medicine in Society: Historical Essays*. Cambridge: Cambridge University Press, pp. 249–76.

Firestone, S. (1972) *The Dialectic of Sex*. London: Paladin.

Fischler, C. (1986) 'Learned versus "spontaneous" dietetics: French mothers' views of what children should eat', *Social Science Information*, 25 (4), 945–65.

Fischler, C. (1988) 'Food, self and identity', *Social Science Information*, 27 (2), 275–92.

Fisher, S. (1991) 'A discourse of the social: medical talk/power talk/oppositional talk?', *Discourse & Society*, 2 (2), 157–82.

Fiske, J. (1992) 'British cultural studies and television', in R. Allen (ed.), *Channels of Discourse, Reassembled*. London: Routledge, pp. 284–326.

Foucault, M. (1967) *Madness and Civilization: A History of Insanity in the Age of Reason*. London: Tavistock.

Foucault, M. (1975) *The Birth of the Clinic: an Archaeology of Medical Perception*. New York, NY: Vintage Books.

Foucault, M. (1979) *The History of Sexuality, Volume One: An Introduction*. London: Penguin.

Foucault, M. (1984a) 'The politics of health in the eighteenth century', in P. Rabinow (ed.), *The Foucault Reader*. New York, NY: Pantheon, pp. 273–89.

Foucault, M. (1984b) 'Truth and power', in P. Rabinow (ed.), *The Foucault Reader*. New York, NY: Pantheon, pp. 51–75.

Foucault, M. (1986) *The Use of Pleasure: The History of Sexuality, Volume Two*. London: Viking.

Foucault, M. (1988) *The Care of the Self: The History of Sexuality, Volume Three*. London: Allen Lane/Penguin.

Fox, D. and Karp, D. (1988) 'Images of plague: infectious disease in the visual arts', in E. Fee and D. Fox (eds), *AIDS: the Burdens of History*. Berkeley, CA: University of California Press, pp. 172–89.

Fox, N. (1993) *Postmodernism, Sociology and Health*. Buckingham: Open University Press.

Fox, N. (1997) 'Is there life after Foucault? Texts, frames and differends', in A. Petersen and R. Bunton (eds), *Foucault, Health and Medicine*. London: Routledge, pp. 31–50.

Fox, N. (1998) 'Postmodernism and "health"', in A. Petersen and C. Waddell (eds), *Health Matters: a Sociology of Illness, Prevention and Care*. Sydney: Allen and Unwin, pp. 9–22.

Fox, N. (2002) 'Refracting "health": Deleuze, Guattari and body-self', *Health*, 6 (3), 347–64.

Frank, A. (1990) 'Bringing bodies back in: a decade review', *Theory, Culture & Society*, 7, 131–62.

Frank, A. (1991) 'For a sociology of the body: an analytical review', in M. Featherstone, M. Hepworth and B. Turner (eds), *The Body: Social Process and Cultural Theory*. London: Sage, pp. 36–102.

Frank, A. (1998) 'Just listening: narrative and deep illness', *Families, Systems & Health*, 16 (3), 197–212.

Frankenberg, R. (1988) '"Your time or mine?": an anthropological view of the tragic temporal contradictions of biomedical practice', *International Journal of Health Services*, 18 (1), 11–35.

Frankenberg, R. (1990) 'Disease, literature and the body in the era of AIDS – a preliminary exploration', *Sociology of Health & Illness*, 12 (3), 351–60.

Franklin, S. (1990) 'Deconstructing "desperateness": the social construction of infertility in popular representations of new reproductive technologies', in M. McNeil, I. Varcoe and S. Yearly (eds), *The New Reproductive Technologies*. New York, NY: St Martin's Press, pp. 200–29.

Freidson, E. (1970) *Professional Dominance: the Social Structure of Medical Care*. Chicago, IL: Aldine.

Gabe, J. and Calnan, M. (1989) 'The limits of medicine women's perception of medical technology', *Social Science & Medicine*, 28 (3), 223–31.

Holland, R. and McKenna, J. (1984) 'Regaining trust', in R. Arditti, R. Klein and S. Minden (eds), *Test-tube Women: What Future for Motherhood?* London: Pandora, pp. 414–18.

Horst, S. and Daemmrich, I. (1987) *Themes and Motifs in Western Literature.* Tubingen: Francke Verlag.

Howarth, D. (2000) *Discourse.* Buckingham: Open University Press.

Howell, M.C. (1978) 'Paediatricians and mothers', in J. Ehrenreich (ed.), *The Cultural Crisis of Modern Medicine.* New York, NY: Monthly Review Press, pp. 201–11.

Hubbard, R. (1984) 'Personal courage is not enough: some hazards of childbearing in the 1980s', in R. Arditti, R. Klein and S. Minden (eds) *Test-tube Women: What Future for Motherhood?* London: Pandora, pp. 331–55.

Hyden, L.-C. (1997) 'Illness and narrative', *Sociology of Health & Illness*, 19 (1), 48–69.

Illich, I. (1976) *Limits to Medicine: Medical Nemesis: the Expropriation of Health.* London: Marion Boyars.

Jacobus, M., Keller, E. and Shuttleworth, S. (1990) 'Introduction', in M. Jacobus, E. Keller and S. Shuttleworth (eds), *Body/Politics: Women and the Discourses of Science.* New York, NY: Routledge, pp. 1–10.

Jensen, K. (1991) 'Humanistic scholarship as qualitative science: contributions to mass communication research', in K. Jensen and N. Jankowski (eds), *A Handbook of Qualitative Methodologies for Mass Communication Research.* London: Routledge, pp. 17–43.

Jewson, N. (1976) 'The disappearance of the sick-man from medical cosmology, 1770–1870', *Sociology*, 10, 225–44.

Johnson, T. (1972) *Professions and Power.* London: Macmillan.

Jordanova, L. (1983) 'The social sciences and history of science and medicine', in P. Corsi and P. Weindling (eds), *Information Sources in the History of Science and Medicine.* London: Butterworths, pp. 81–96.

Jordanova, L. (1989) *Sexual Visions: Images of Gender in Science and Medicine between the Eighteenth and Twentieth Centuries.* London: Harvester Wheatsheaf.

Kagawa-Singer, M., Kim, S., Wu, K., Adler, S., Kawanishi, Y., Wongripat, N. and Greendale, G. (2002) 'Comparison of the menopause and midlife transition between Japanese American and European American women', *Medical Anthropology Quarterly*, 16 (1), 64–92.

Karpf, A. (1988) *Doctoring the Media: the Reporting of Health and Medicine.* London: Routledge.

Katz, J. (1984) 'Why doctors don't disclose uncertainty', *Hastings Center Report*, February, 35–44.

Katz, P. (1985) 'How surgeons make decisions', in R. Hahn and A. Gaines (eds), *Physicians of Western Medicine: Anthropological Approaches to Theory and Practice.* Dordrecht: D. Reidel, pp. 155–76.

Kaufert, P. (1988) 'Menopause as process or event: the creation of definitions in biomedicine', in M. Lock and D.R. Gordon (eds), *Biomedicine Examined.* Dordrecht: Kluwer, pp. 331–49.

Kelly, M. (1992) 'Self, identity and radical surgery', *Sociology of Health & Illness*, 14 (3), 390–415.

Kirmayer, L. (1988) 'Mind and body as metaphors: hidden values in biomedicine', in M. Lock and D. Gordon (eds), *Biomedicine Examined.* Dordrecht: Kluwer, pp. 57–94.

Kleinman, A. (1988) *The Illness Narratives: Suffering, Healing and the Human Condition*. New York, NY: Basic Books.

Kleinman, A., Eisenberg, L. and Good, B. (1978) 'Culture, illness and care: clinical lessons from anthropological and cross-cultural research', *Annals of Internal Medicine*, 88, 251–8.

Koutroulis, G. (2001) 'Soiled identity: memory-work narratives of menstruation', *Health*, 5 (2), 187–205.

Krantzler, N. (1986) 'Media images of physicians and nurses in the United States', *Social Science & Medicine*, 22 (9), 933–52.

Kress, G. (1985) *Linguistic Processes in Socio-cultural Practice*. Geelong: Deakin University Press.

Kroker, A. (1992) 'Sacrificial sex', in J. Miller (ed.), *Fluid Exchanges: Artists and Critics in the AIDS Crisis*. Toronto: University of Toronto Press, pp. 321–8.

Kroker, A. and Cook, D. (1988) *The Postmodern Scene: Excremental Culture and Hyperaesthetics*. Toronto: Macmillan.

Kroker, A. and Kroker, M. (1988) 'Panic sex in America', in A. Kroker and M. Kroker (eds), *Body Invaders: Sexuality and the Postmodern Condition*. Toronto: Macmillan, pp. 10–19.

Lakoff, G. and Johnson, M. (1981) *Metaphors We Live By*. Chicago, IL: University of Chicago Press.

Laqueur, T. (1987) 'Orgasm, generation, and the politics of reproductive biology', in C. Gallagher and T. Laqueur (eds), *The Making of the Modern Body: Sexuality and Society in the Nineteenth Century*. Berkeley, CA: University of California Press, pp. 1–41.

Lasch, C. (1980) *The Culture of Narcissism: American Life in an Age of Diminishing Expectations*. New York, NY: Abacus.

Lawler, J. (1991) *Behind the Screens: Nursing, Somology and the Problem of the Body*. Melbourne: Churchill Livingstone.

Lawrence, S. and Bendixen, K. (1992) 'His and hers: male and female anatomy in anatomy texts for US medical students, 1890–1989', *Social Science & Medicine*, 35 (7), 925–34.

Laws, S. (1990) *Issues of Blood: the Politics of Menstruation*. Basingstoke: Macmillan.

Lawton, J. (1998) 'Contemporary hospice care: the sequestration of the unbounded body and dirty dying', *Sociology of Health & Illness*, 20 (2), 123–39.

Lazarus, E. (1988) 'Theoretical considerations for the study of the doctor–patient relationship: implications of a perinatal study', *Medical Anthropology Quarterly*, 2 (1), 34–58.

Lee, S. (2002) 'Health and sickness: the meaning of menstruation and premenstrual syndrome in women's lives', *Sex Roles*, 46 (1/2), 25–35.

Lehtonen, M. (2000) *The Cultural Analysis of Texts*. London: Sage.

Leiss, W., Kline, S. and Jhally, S. (1986) *Social Communication in Advertising: Persons, Products and Images of Well-being*. New York, NY: Methuen.

Leslie, C. (2001) 'Backing into the future', *Medical Anthropology Quarterly*, 15 (4), 428–40.

Lippman, A. (1992) 'Led (astray) by genetic maps: the cartography of the human genome and health care', *Social Science & Medicine*, 35 (12), 1469–76.

Little, M., Jordens, C., Paul, K., Montgomery, K. and Philipson, B. (1998) 'Liminality: a major category in the experience of cancer illness', *Social Science & Medicine*, 47 (10), 1485–94.

Littlewood, R. (1991) 'From disease to illness and back again', *Lancet*, 337, 1013–16.

Lock, M. (1985) 'Models and practice in medicine: menopause as syndrome or life transition?', in R. Hahn and A. Gaines (eds), *Physicians of Western Medicine: Anthropological Approaches to Theory and Practice*. Dordrecht: D. Reidel, pp. 115–40.

Lock, M. (1986) 'Introduction: anthropological approaches to menopause: questioning received wisdom', *Culture, Medicine and Psychiatry*, 10, 1–5.

Lonsdale, M. (1992) 'Sexual violence', *Arena*, 99/100, 80–97.

Lucie-Smith, E. (1975) *The Waking Dream: Fantasy and the Surreal in Graphic Art, 1450–1900*. New York, NY: Alfred Knopf.

Lupton, D. (1992) 'Ideology and health reporting', *Media Information Australia*, 65, 28–35.

Lupton, D. (1993a) 'AIDS risk and heterosexuality in the Australian press', *Discourse & Society*, 4 (3), 307–28.

Lupton, D. (1993b) 'The construction of patienthood in medical advertising', *International Journal of Health Services*, 23 (4), 805–19.

Lupton, D. (1993c) 'Risk as moral danger: the social and political functions of risk discourse in public health', *International Journal of Health Services*, 23 (3), 425–35.

Lupton, D. (1994a) *Moral Threats and Dangerous Desires: AIDS in the News Media*. London: Taylor and Francis.

Lupton, D. (1994b) 'Femininity, responsibility and the technological imperative: discourses on breast cancer in the Australian press', *International Journal of Health Services*, 24 (1), 73–89.

Lupton, D. (1995) *The Imperative of Health: Public Health and the Regulated Body*. London: Sage.

Lupton, D. (1996) 'Constructing the menopausal body: the discourses on hormone replacement therapy', *Body & Society*, 2 (1), 91–7.

Lupton, D. (1997a) 'Psychoanalytic sociology and the medical encounter: Parsons and beyond', *Sociology of Health & Illness*, 19 (5), 561–79.

Lupton, D. (1997b) 'Foucault and the medicalisation critique', in A. Petersen and R. Bunton (eds), *Foucault, Health and Medicine*. London: Routledge, pp. 94–110.

Lupton, D. (1999) 'Risk and the ontology of pregnant embodiment', in D. Lupton (ed.), *Risk and Sociocultural Theory: New Directions and Perspectives*. Cambridge: Cambridge University Press, pp. 59–85.

Lupton, D. and Chapman, S. (1991) 'Death of a heart surgeon: reflections on press accounts of the murder of Victor Chang', *British Medical Journal*, 303, 1583–6.

Lupton, D. and McLean, J. (1998) 'Representing doctors: discourses and images in the Australian press', *Social Science & Medicine*, 46 (8), 947–58.

Lynch, M. (1987) 'The body: thin is beautiful', *Arena*, 79, 128–45.

Lyons, A. and Willott, S. (1999) 'From suet pudding to superhero: representations of men's health for women', *Health*, 3 (3), 283–302.

McCombie, S. (1987) 'Folk flu and viral syndrome: an epidemiological perspective', *Social Science & Medicine*, 25 (9), 987–93.

McCracken, G. (1988) *Culture and Consumption: New Approaches to the Symbolic Character of Consumer Goods and Activities*. Bloomington, IN: Indiana University Press.

McKee, J. (1988) 'Holistic health and the critique of western medicine', *Social Science & Medicine*, 26 (8), 775–84.

Mackie, R. (1992) 'When the body fails, so does autonomy', *Sydney Morning Herald*, 11 May, 24.

McKinlay, J. and Stoeckle, I. (1988) 'Corporatization and the social transformation of doctoring', *International Journal of Health Services*, 18 (2), 191–205.

McLaughlin J. (1975) 'The doctor shows', *Journal of Communication*, 25 (3), 18–24.

McMahon, K. (1990) 'The *Cosmopolitan* ideology and the management of desire', *Journal of Sex Research*, 27 (3), 381–96.

Malchiodi, C. (1997) 'Invasive art: art as empowerment for women with breast cancer', in S. Hogan (ed.), *Feminist Approaches to Art Therapy*. London: Routledge, pp. 49–64.

Manderson, L. (1998) 'Health matters in developing economies', in A. Petersen and C. Waddell (eds), *Health Matters: A Sociology of Illness, Prevention and Care*. Sydney: Allen and Unwin, pp. 97–113.

Manion, E. (1988) 'A ms.-managed womb', in A. Kroker and M. Kroker (eds), *Body Invaders: Sexuality and the Postmodern Condition*. Toronto: Macmillan, pp. 183–99.

Mansfield, A. and McGinn, B. (1993) 'Pumping irony: the muscular and the feminine', in S. Scott and D. Morgan (eds), *Body Matters: Essays on the Sociology of the Body*. London: Falmer, pp. 49–68.

Marshall, S. (1990) 'Picturing deviancy', in T. Boffin and S. Gupta (eds), *Ecstatic Antibodies: Resisting the AIDS Mythology*. London: Rivers Oram Press, pp. 19–36.

Martin, E. (1987) *The Woman in the Body: a Cultural Analysis of Reproduction*. Boston, MA: Beacon Press.

Martin, E. (1990a) 'Toward an anthropology of immunology: the body as nation state', *Medical Anthropology Quarterly*, 4 (4), 410–26.

Martin, E. (1990b) 'The ideology of reproduction: the reproduction of ideology', in F. Ginsburg and A. Tsing (eds), *Uncertain Terms: Negotiating Gender in American Culture*. Boston, MA: Beacon Press, pp. 300–14.

Martin, E. (1991) 'The egg and the sperm: how science has constructed a romance based on stereotypical male–female roles', *Signs: Journal of Women in Culture and Society*, 16 (3), 485–501.

Martin, E. (1992) 'Body narratives, body boundaries', in L. Grossberg, C. Nelson and P. Treichler (eds), *Cultural Studies*. New York, NY: Routledge, pp. 409–23.

Martin, E. (2000) 'Flexible bodies: science and a new culture of health in the US', in S. Williams, J. Gabe and M. Calnan (eds), *Health, Medicine and Society: Key Theories, Future Agendas*. London: Routledge, pp. 123–45.

Martin, R. (1997) 'Looking and reflecting: returning the gaze, re-enacting memories and imagining the future through phototherapy', in S. Hogan (ed.), *Feminist Approaches to Art Therapy*. London: Routledge, pp. 150–76.

Maseide, P. (1991) 'Possibly abusive, often benign and always necessary. On power and domination in medical practice', *Sociology of Health & Illness*, 13 (4), 545–61.

May, C. (1992a) 'Individual care? Power and subjectivity in therapeutic relationships', *Sociology*, 26 (4), 589–602.

May, C. (1992b) 'Nursing work, nurse's knowledge, and the subjectification of the patient', *Sociology of Health & Illness*, 14 (4), 472–87.

Mechanic, D. (1979) *Future Issues in Health Care: Social Policy and the Rationing of Medical Services*. New York, NY: The Free Press.

Mechanic, D. (1993) 'Social research in health and the American sociopolitical context: the changing fortunes of medical sociology', *Social Science & Medicine*, 36 (2), 95–102.

Mennell, S. (1985) *All Manners of Food*. Oxford: Basil Blackwell.

Meyers, J. (1985) *Disease and the Novel, 1880–1960*. London: Macmillan.

Modell, J. (1989) 'Last chance babies: interpretations of parenthood in an in vitro fertilization programme', *Medical Anthropology Quarterly*, 3 (2), 124–38.

Montgomery, S. (1991) 'Codes and combat in biomedical discourse', *Science as Culture*, 2 (3), 341–91.

Morgan, D. (1993) 'You too can have a body like mine: reflections on the male body and masculinities', in S. Scott and D. Morgan (eds), *Body Matters: Essays on the Sociology of the Body*. London: Falmer, pp. 69–88.

Morgan, D. and Scott, S. (1993) 'Bodies in a social landscape', in S. Scott and D. Morgan (eds), *Body Matters: Essays on the Sociology of the Body*. London: Falmer, pp. 1–21.

Moscucci, O. (1990) *The Science of Woman: Gynaecology and Gender in England, 1800–1929*. Cambridge: Cambridge University Press.

Muller, J. and Koenig, B. (1988) 'On the boundary of life and death: the definition of dying by medical residents', in M. Lock and D. Gordon (eds), *Biomedicine Examined*. Dordrecht: Kluwer, pp. 351–74.

Murcott, A. (ed.) (1983) *The Sociology of Food and Eating*. Aldershot: Gower.

Murcott, A. (1993) 'Purity and pollution: body management and the social place of infancy', in S. Scott and D. Morgan (eds), *Body Matters: Essays on the Sociology of the Body*. London: Falmer, pp. 122–34.

Nash, J. (1992) 'Attack of the superbugs', *Time*, 31 August, 44–7.

Nations, M., Camino, L. and Walker, F. (1985) '"Hidden" popular illnesses in primary care: residents' recognition and clinical implications', *Culture, Medicine and Psychiatry*, 9, 223–40.

Navarro, V. (1976) *Medicine under Capitalism*. New York, NY: Prodist.

Nelkin, D. and Gilman, S. (1988) 'Placing blame for devastating disease', *Social Research*, 55 (3), 361–78.

Nelkin, D. and Tancredi, L. (1989) *Dangerous Diagnostics: the Social Power of Biological Information*. New York, NY: Basic Books.

Newman, E. (1985) 'Who controls birth control?', in W. Faulkner and E. Arnold (eds), *Smothered by Technology: Technology in Women's Lives*. London: Pluto Press, pp. 128–43.

Nicolson, M. and McLaughlin, C. (1987) 'Social constructionism and medical sociology: a reply to M.R. Bury', *Sociology of Health & Illness*, 9 (2), 107–27.

Noble, C. and Bell, P. (1992) 'Reproducing women's nature: media constructions of IVF and related issues', *Australian Journal of Social Issues*, 27 (1), 17–30.

Oakley, A. (1980) *Women Confined: Towards a Sociology of Childbirth*. Oxford: Martin Robertson.

Oakley, A. (1984) *The Captured Womb: a History of Medical Care of Pregnant Women*. Oxford: Basil Blackwell.

Oakley, A. (1987) 'From walking wombs to test-tube babies', in M. Stanworth (ed.), *Reproductive Technologies: Gender, Motherhood and Medicine*. Oxford: Polity Press, pp. 30–56.

Oakley, A. (1989) 'Smoking in pregnancy: smokescreen or risk factor? Towards a materialist analysis', *Sociology of Health & Illness*, 11 (4), 311–35.

O'Hara, L. (1989) 'The operating theatre as degradation ritual: a student nurse's view', *Science as Culture*, 6, 78–103.

Olivar, J. (1993) '"My fight for life" (interview with Olivia Newton-John)', *Australian Women's Weekly*, February, 4–9.

Orbach, S. (1988) *Fat is a Feminist Issue*. London: Arrow Books.

Outram, D. (1989) *The Body and the French Revolution: Sex, Class and Political Culture*. New Haven, CT: Yale University Press.

Park, K. (1992) 'Medicine and society in medieval Europe, 500–1500', in A. Wear (ed.), *Medicine in Society: Historical Essays*. Cambridge: Cambridge University Press, pp. 59–90.

Parker, I. (1992) *Discourse Dynamics: Critical Analysis for Social and Individual Psychology*. London: Routledge.

Parker, I. and the Bolton Discourse Network (1999) *Critical Textwork: an Introduction to Varieties of Discourse and Analysis*. Buckingham: Open University Press.

Parsons, T. (1987/1951) 'Illness and the role of the physicians: a sociological perspective', in J.D. Stoeckle (ed.), *Encounters between Patients and Doctors: an Anthology*. Cambridge, MA: MIT Press, pp. 147–56.

Patel, M. (1987) 'Evaluation of holistic medicine', *Social Science & Medicine*, 24, 169–75.

Patton, C. (1986) *Sex and Germs: the Politics of AIDS*. Montreal. Black Rose Books.

Pellegrino, E. (1980) 'Introduction: to look feelingly – the affinities of medicine and literature', in E. Peschel (ed.), *Medicine and Literature*. New York, NY: Neale Watson Academic Publications, pp. xv–xix.

Peschel, E. (ed.) (1980) *Medicine and Literature*. New York, NY: Neale Watson Academic Publications.

Petchesky, R. (1987) 'Foetal images: the power of visual culture in the politics of reproduction', in M. Stanworth (ed.), *Reproductive Technologies: Gender, Motherhood and Medicine*. Cambridge: Polity Press, pp. 57–80.

Petersen, A. (1998) 'Sexing the body: representations of sex differences in Gray's *Anatomy*, 1858 to the present', *Body & Society*, 4 (1), 1–15.

Petersen, A. and Bunton, R. (eds) (1997) *Foucault, Health and Medicine*. London: Routledge.

Petersen, A. and Lupton, D. (1997) *The New Public Health: Health and Self in the Age of Risk*. London: Sage.

Pill, R. and Stott, N. (1982) 'Concepts of illness causation and responsibility: some preliminary data from a sample of working-class mothers', *Social Science & Medicine*, 16, 43–52.

Pinell, P. (1987) 'How do cancer patients express their points of view?', *Sociology of Health & Illness*, 9 (1), 25–44.

Plummer, K. (ed.) (1981) *The Making of the Modern Homosexual*. London: Hutchinson.

Porter, M. (1990) 'Professional–client relationships and women's reproductive health care', in S. Cunningham-Burley and N.P. McKeganey (eds), *Readings in Medical Sociology*. London: Routledge, pp. 182–210.

Porter, R. (1985) 'Introduction', in R. Porter (ed.), *Patients and Practitioners: Lay Perceptions of Medicine in Pre-Industrial Society*. Cambridge: Cambridge University Press, pp. 1–22.

Porter, R. (1992) 'The patient in England, *c.* 1660–1800', in A. Wear (ed.), *Medicine in Society: Historical Essays*. Cambridge: Cambridge University Press, pp. 91–118.

Posner, T. (1991) 'What's in a smear? Cervical screening, medical signs and metaphors', *Science as Culture*, 2 (2), 160–87.

Posner, T. and Vessey, M. (1988) *Prevention of Cervical Cancer: the Patient's View*. London: King Edward's Hospital Fund for London.

Potter, J. and Wetherell, M. (1987) *Discourse and Social Psychology: Beyond Attitudes and Behaviour*. London: Sage.

Pouchelle, M.-C. (1990) *The Body and Surgery in the Middle Ages* (translated by R. Morris). Cambridge: Polity Press.

Pringle, R. (1992) 'Absolute sex? Unpacking the sexuality/gender relationship', in R. Connell and G. Dowsett (eds), *Rethinking Sex: Social Theory and Sexuality Research*. Melbourne: Melbourne University Press, pp. 76–101.

Prior, L. (2000) 'Reflections on the "mortal" body in late modernity', in S. Williams, J. Gabe and M. Calnan (eds), *Health, Medicine and Society: Key Theories, Future Agendas*. London: Routledge, pp. 186–202.

Prior, L. and Bloor, M. (1993) 'Why people die: social representations of death and its causes', *Science as Culture*, 3 (3), 346–75.

Quilliam, S. (1990) 'Positive smear: the emotional issues and what can be done', *Health Education Journal*, 49 (1), 19–20.

Rapp, R. (1985) 'XYLO: a true story', in R. Arditti, R. Klein and S. Minden (eds), *Test-tube Women: What Future for Motherhood?* London: Pandora, pp. 313–28.

Rapp, R. (1990) 'Constructing amniocentesis: maternal and medical discourses', in F. Ginsburg and A. Tsing (eds), *Uncertain Terms: Negotiating Gender in American Culture*. Boston, MA: Beacon Press, pp. 28–42.

Raymond, J., Klein, R. and Dumble, L. (1991) *RU486: Misconceptions, Myths and Morals*. Cambridge, MA: Institute on Women and Technology.

Reiger, K. (1987) 'The embodiment of resistance: reproductive struggles and feminism', *Arena*, 79, 92–107.

Renaud, M. (1978) 'On the structural constraints to state intervention in health', in J. Ehrenreich (ed.), *The Cultural Crisis of Modern Medicine*. New York, NY: Monthly Review Press, pp. 101–20.

Reynolds, T. (1987) *Your Cancer, Your Life*. Melbourne: Greenhouse Books.

Rhodes, T. and Shaughnessy, R. (1990) 'Compulsory screening: advertising AIDS in Britain, 1980–1989', *Policy and Politics*, 18 (1), 55–61.

Richardson, R. (1988) *Death, Dissection and the Destitute*. London: Penguin.

Rier, D. (2000) 'The missing voice of the critically ill: a medical sociologist's first-person account', *Sociology of Health & Illness*, 22 (1), 68–93.

Risse, G. (1988) 'Epidemics and history: ecological perspectives and social responses', in E. Fee and D. Fox (eds), *AIDS: the Burdens of History*. Berkeley, CA: University of California Press, pp. 33–66.

Risse, G. (1992) 'Medicine in the age of Enlightenment', in A. Wear (ed.), *Medicine in Society: Historical Essays*. Cambridge: Cambridge University Press, pp. 149–96.

Rittenhouse, C. (1991) 'The emergence of pre-menstrual syndrome as a social problem', *Social Problems*, 38 (3), 412–25.

Robotham, J. (2002a) 'Parents fail to get full picture on ultrasounds', *Sydney Morning Herald*, 30 September.

Robotham, J. (2002b) 'Webheads know what ails them', *Sydney Morning Herald*, 13 December.

Rodin, M. (1992) 'The social construction of pre-menstrual syndrome', *Social Science & Medicine*, 35 (1), 49–56.

Rose, H. (1987) 'Victorian values in the test-tube: the politics of reproductive science and technology', in M. Stanworth (ed.), *Reproductive Technologies: Gender, Motherhood and Medicine*. Cambridge: Polity Press, pp. 151–73.

Rosenberg, C. (1988) 'Disease and social order in America: perceptions and expectations', in E. Fee and D. Fox (eds), *AIDS: the Burdens of History*. Berkeley, CA: University of California Press, pp. 12–32.

Roth, J. (1981/1972) 'Some contingencies of the moral evaluation and control of clientele: the case of the hospital emergency service', in P. Conrad and R. Kern (eds), *The Sociology of Health and Illness: Critical Perspectives*. New York, NY: St Martin's Press, pp. 377–94.

Rothfield, P. (1992) 'Backstage in the theatre of representation', *Arena*, 99/100, 98–111.

Rowland, R. (1992) *Living Laboratories: Woman and Reproductive Technologies*. Sydney: Pan Macmillan.

Russell, C. and Schofield, T. (1986) *Where It Hurts: an Introduction to Sociology for Health Workers*. Sydney: Allen and Unwin.

Ruzek, S. (1981) 'The women's self-help movement', in P. Conrad and R. Kern (eds), *The Sociology of Health and Illness: Critical Perspectives*. New York, NY: St Martin's Press, pp. 563–70.

Sacks, O. (1984) *A Leg to Stand On*. New York, NY: Summit Books.

Saltonstall, R. (1993) 'Healthy bodies, social bodies: men's and women's concepts and practices of health in everyday life', *Social Science & Medicine*, 36 (1), 7–14.

Sandelowski, M., Holditch-Davis, D. and Harris, B. (1990) 'Living the life: explanations of infertility', *Sociology of Health & Illness*, 12 (2), 195–215.

Santalahti, P., Hemminkik, E., Latikka, A.-M. and Ryynanen, M. (1998) 'Women's decision-making in prenatal screening', *Social Science & Medicine*, 46 (8), 1067–76.

Saul, H. (1993) 'Bad timing puts babies at risk', *New Scientist*, 10 April, 12–13.

Scambler, G. (1987) 'Introduction', in G. Scambler (ed.), *Sociological Theory and Medical Sociology*. London: Tavistock, pp. 1–7.

Scheper-Hughes, N. and Lock, M. (1987) 'The mindful body: a prolegomenon to future work in medical anthropology', *Medical Anthropology Quarterly*, 1, 6–41.

Schiebinger, L. (1987) 'Skeletons in the closet: the first illustrations of the female skeleton in eighteenth-century anatomy', in C. Gallagher and T. Laqueur (eds), *The Making of the Modern Body: Sexuality and Society in the Nineteenth Century*. Berkeley, CA: University of California Press, pp. 42–82.

Scott, A. (1999) 'Paradoxes of holism: some problems in developing an anti-oppressive medical practice', *Health*, 3 (2), 131–49.

Scully, D. and Bart, P. (1981) 'A funny thing happened on the way to the orifice: women in gynaecology textbooks', in P. Conrad and R. Kern (eds), *The Sociology of Health and Illness: Critical Perspectives*. New York, NY: St Martin's Press, pp. 350–5.

Seale, C. (2001) 'Sporting cancer: struggle language in news reports of people with cancer', *Sociology of Health & Illness*, 23 (3), 308–29.

Sears, A. (1992) '"To teach them how to live": the politics of public health from tuberculosis to AIDS', *Journal of Historical Sociology*, 5 (1), 61–83.

Seddon, G. (1993) 'Imaging the mind', *Meanjin*, 52 (1), 183–94.

Seidman, S. (1991) *Romantic Longings: Love in America, 1830–1980*. New York, NY: Routledge.

Seidman, S. (1992) *Embattled Eros: Sexual Politics and Ethics in Contemporary America*. New York, NY: Routledge.

Seymour, W. (1989) *Bodily Alterations: an Introduction to a Sociology of the Body for Health Workers*. Sydney: Allen and Unwin.

Seymour, W. (1998) *Remaking the Body: Rehabilitation and Change*. London: Routledge.

Shakespeare, T. (1994) 'Cultural representations of disabled people: dustbins for disavowal?', *Disability & Society*, 9 (3), 283–99.

Shakespeare, T. (1999) '"Losing the plot?" Medical and activist discourses of contemporary genetics and disability', *Sociology of Health & Illness*, 21 (5), 669–88.

Shilling, C. (1991) 'Educating the body: physical capital and the production of social inequalities', *Sociology*, 25 (4), 653–72.

Showalter, E. (1990) *Sexual Anarchy: Gender and Culture at the Fin de Siècle*. New York, NY: Viking.

Silverman, D. (1987) *Communication and Medical Practice: Social Relations in the Clinic*. London: Sage.

Singer, L. (1993) *Erotic Welfare: Sexual Theory and Politics in the Age of Epidemic*. New York, NY: Routledge.

Singer, M. (1987) 'Cure, care and control: an ectopic encounter with biomedical obstetrics', in H.A. Baer (ed.), *Encounters with Biomedicine: Case Studies in Medical Anthropology*. New York, NY: Gordon and Breach, pp. 249–65.

Singer, M. (1990) 'Postmodernism and medical anthropology: words of caution', *Medical Anthropology*, 12, 289–304.

Skultans, V. (1988) 'Menstrual symbolism in South Wales', in T. Buckley and A. Gottlieb (eds), *Blood Magic: the Anthropology of Menstruation*. Berkeley, CA: University of California Press, pp. 137–60.

Smart, B. (1985) *Michel Foucault*. London: Ellis Horwood.

Smith, G. (1985) 'Prescribing the rules of health: self-help and advice in the late eighteenth century', in R. Porter (ed.), *Patients and Practitioners: Lay Perceptions of Medicine in Pre-Industrial Society*. Cambridge: Cambridge University Press, pp. 249–82.

Sontag, S. (1989) *Illness as Metaphor/AIDS and Its Metaphors*. New York, NY: Anchor.

Spence, J. (1986) *Putting Myself in the Picture: a Political, Personal and Photographic Autobiography*. London: Camden Press.

Stanworth, M. (1987) 'The Deconstruction of Motherhood', in M. Stanworth (ed.), *Reproductive Technologies: Gender, Motherhood and Medicine*. Cambridge: Polity Press, pp. 10–35.

Starr, P. (1982) *The Social Transformation of American Medicine*. New York, NY: Basic Books.

Stein, H. (1990) *American Medicine as Culture*. Boulder, CO: Westview.

Steinberg, D. (1990) 'The depersonalization of women through the administration of "*in vitro* fertilization"', in M. McNeil, I. Varcoe and S. Yearly (eds), *The New Reproductive Technologies*. New York, NY: St Martin's Press, pp. 74–122.

Stoeckle, J. and Barsky, A. (1981) 'Attributions: uses of social science knowledge in the "doctoring" of primary care', in L. Eisenberg and A. Kleinman (eds), *The Relevance of Social Science for Medicine*. Dordrecht: D. Reidel, pp. 223–40.

Strickler, J. (1992) 'The new reproductive technology: problem or solution?', *Sociology of Health & Illness*, 14 (1), 111–32.

Strong, P. (1979) *The Ceremonial Order of the Clinic: Patients, Doctors and Medical Bureaucracies*. London: Routledge and Kegan Paul.

Strong, P. (1990) 'Epidemic psychology: a model', *Sociology of Health & Illness*, 12 (3), 249–59.

Syme, S. and Alcalay, R. (1982) 'Control of cigarette smoking from a social perspective', *Annual Review of Public Health*, 3, 179–99.

Taleporos, G. and McCabe, M. (2002) 'Body image and physical disability – personal perspectives', *Social Science & Medicine*, 54, 971–80.

Taylor, K. (1988) 'Physicians and the disclosure of undesirable information', in M. Lock and D. Gordon (eds), *Biomedicine Examined*. Dordrecht: Kluwer, pp. 441–63.

Tesh, S. (1988) *Hidden Arguments: Political Ideology and Disease Prevention Policy.* New Brunswick, NJ: Rutgers University Press.

Treichler, P. (1990) 'Feminism, medicine, and the meaning of childbirth', in M. Jacobus, E. Keller and S. Shuttleworth (eds), *Body/Politics: Women and the Discourses of Science.* New York, NY: Routledge, pp. 113–38.

Tsing, A. (1990) 'Monster stories: women charged with perinatal endangerment', in F. Ginsburg and A. Tsing (eds), *Uncertain Terms: Negotiating Gender in American Culture.* Boston, MA: Beacon Press, pp. 282–99.

Turner, B. (1991a) 'Recent developments in the theory of the body', in M. Featherstone, M. Hepworth and B. Turner (eds), *The Body: Social Process and Cultural Theory.* London: Sage, pp. 1–35.

Turner, B. (1991b) 'The discourse of diet', in M. Featherstone, M. Hepworth and B. Turner (eds), *The Body: Social Process and Cultural Theory.* London: Sage, pp. 157–69.

Turner, B. (1992) *Regulating Bodies: Essays in Medical Sociology.* London: Routledge.

Turner, B. (1995) *Medical Power and Social Knowledge* (2nd edn). London: Sage.

Turner, B. (1996) *The Body and Society: Explorations in Social Theory* (2nd edn). London: Sage.

Turner, G. (1990) *British Cultural Studies: an Introduction.* Boston, MA: Unwin Hyman.

Turow, J. (1989) *Playing Doctor: Television, Storytelling and Medical Power.* New York, NY: Oxford University Press.

Turow, J. and Coe, L. (1985) 'Curing television's ills: the portrayal of health care', *Journal of Communication,* 35 (4), 36–51.

van der Geest, S. and Whyte, S. (1989) 'The charm of medicines: metaphors and metonyms', *Medical Anthropology Quarterly,* 3 (4), 345–67.

Vasseleu, C. (1991) 'Life itself', in R. Diprose and R. Ferrell (eds), *Cartographies: Poststructuralism and the Mapping of Bodies and Spaces.* Sydney: Allen and Unwin, pp. 55–64.

Vigarello, G. (1988) *Concepts of Cleanliness: Changing Attitudes in France since the Middle Ages* (translated by J. Birrell). Cambridge: Cambridge University Press.

Wadler, J. (1992) 'My left breast: part two', *HQ,* Summer, 122–34.

Waitzkin, H. (1981) 'A Marxist analysis of the health care systems of advanced capitalist societies', in L. Eisenberg and A. Kleinman (eds), *The Relevance of Social Science for Medicine.* Dordrecht: D. Reidel, pp. 333–70.

Waitzkin, H. (1984) 'The micropolitics of medicine: a contextual analysis', *International Journal of Health Services,* 14 (3), 339–78.

Waitzkin, H. and Stoeckle, J. (1972) 'The communication of information about illness', *Advances in Psychosomatic Medicine,* 8, 180–215.

Wajcman, J. (1991) *Feminism Confronts Technology.* Sydney: Allen and Unwin.

Walsh, V. (1980) 'Contraception: the growth of a technology', in The Brighton Women and Science Group (ed.), *Alice through the Microscope: the Power of Science over Women's Lives.* London: Virago, pp. 182–207.

Watney, S. (1987) *Policing Desire: Pornography, AIDS and the Media.* London: Comedia.

Watson, J. (2000) *Male Bodies: Health, Culture and Identity.* Buckingham: Open University Press.

Wear, A. (1985) 'Puritan perceptions of illness in seventeenth-century England', in R. Porter (ed.), *Patients and Practitioners: Lay Perceptions of Medicine in Pre-Industrial Society.* Cambridge: Cambridge University Press, pp. 55–99.

Wear, A. (1992) 'Making sense of health and the environment in early modern England', in A. Wear (ed.), *Medicine in Society: Historical Essays*. Cambridge: Cambridge University Press, pp. 119–48.

Weeks, J. (1986) *Sexuality*. London: Tavistock.

Weeks, J. (1987) 'Questions of identity', in P. Caplan (ed.), *The Cultural Construction of Sexuality*. London: Tavistock, pp. 31–51.

Weeks, J. (1991) *Against Nature: Essays on History, Sexuality and Identity*. London: Rivers Oram Press.

Wellings, K. (1985) 'Help or hype: an analysis of media coverage of the 1983 "pill scare"', in D. Leathar, G. Hastings, K. O'Reilly and J. Davies (eds), *Health Education and the Media II*. Oxford: Pergamon, pp. 109–15.

Wertz, R. and Wertz, D. (1981) 'Notes on the decline of midwives and the rise of medical obstetricians', in P. Conrad and R. Kern (eds), *The Sociology of Health and Illness: Critical Perspectives*. New York, NY: St Martin's Press, pp. 165–83.

White, R. (2002) 'Social and political aspects of men's health', *Health*, 6 (3), 267–86.

Wiener, A. (1993) 'Problems on the other side of the fence', *British Medical Journal*, 306, 661.

Williams, G. and Busby, H. (2000) 'The politics of "disabled" bodies', in S. Williams, J. Gabe and M. Calnan (eds), *Health, Medicine and Society: Key Theories, Future Agendas*. London: Routledge, pp. 169–87.

Williams, R. (1976) 'Developments in the sociology of culture', *Sociology*, 19, 497–506.

Williams, R. (1990) *A Protestant Legacy: Attitudes to Death and Illness among Older Aberdonians*. Oxford: Oxford University Press.

Williams, S. (2001) 'Sociological imperialism and the profession of medicine revisited: where are we now?', *Sociology of Health & Illness*, 23 (2), 135–58.

Williamson, J. (1989) 'Every virus tells a story', in E. Carter and S. Watney (eds), *Taking Liberties: AIDS and Cultural Politics*. London: Serpent's Tail, pp. 69–80.

Willis, E. (1978) 'Alternative medicine and the struggle for legitimacy', *New Doctor*, 9, 15–18.

Willis, E. (1989) *Medical Dominance: the Division of Labour in Australian Health Care* (revised edition). Sydney: Allen and Unwin.

Willis, S. (1991) *A Primer for Daily Life*. London: Routledge.

Wilson, A. (1985) 'Participant or patient? Seventeenth century childbirth from the mother's point of view', in R. Porter (ed.), *Patients and Practitioners: Lay Perceptions of Medicine in Pre-Industrial Society*. Cambridge: Cambridge University Press, pp. 129–44.

Wiltshire, J. and Parker, J. (1996) 'Containing abjection in nursing: the end of shift handover as a site of containment', *Nursing Inquiry*, 3, 23–9.

Winship, J. (1987) *Inside Women's Magazines*. London: Pandora.

Wright, P. (1988) 'Babyhood: the social construction of infant care as a medical problem in England in the years around 1900', in M. Lock and D. Gordon (eds), *Biomedicine Examined*. Dordrecht: Kluwer, pp. 299–330.

Wright, P. and Treacher, A. (1982) 'Introduction', in P. Wright and A. Treacher (eds), *The Problem of Medical Knowledge: Examining the Social Construction of Medicine*. Edinburgh: Edinburgh University Press, pp. 1–22.

Young, S. and Concar, D. (1992) 'These cells were made for learning', *New Scientist Supplement*, 21 November.

Zola, I. (1981) 'Medicine as an institution of social control', in P. Conrad and R. Kern (eds), *The Sociology of Health and Illness: Critical Perspectives*. New York, NY: St Martin's Press, pp. 511–27.

찾아보기

알파벳

ACT UP 214

HIV/AIDS   42, 55~56, 99~100, 102, 105,
    108, 110, 123, 125, 154

ㄱ

가시성 122

간호사 202~205, 216

감시 46, 58~59, 185~186, 204

거식증 77

건강 43, 123

  건강 관련 행위 31

건강과 질병의 사회학 16, 17

게놈 프로젝트 156

계몽주의 115, 134

공중보건   31, 35, 38, 40, 50, 57~60, 67,
    85~86, 110

  공중보건 담론 40

  공중보건제도 35

  공중보건지침 58

과학적 의학 143

구조주의 기호학자 37

군대 은유 102~106, 110

권력 33, 46, 53, 128, 174, 178, 183, 187~
    188, 194~195, 197, 204, 216

  권력 모델 184

권력 해방을 위한 에이즈 연합(ACT UP) 125

기계적 은유 100, 102

기능주의 151, 175, 197

  기능주의적 관점 176, 215

  기능주의적 접근 177

기호학 36

긴장 40

ㄴ

낙태 37, 228, 231

  낙태 반대론자 231

  낙태기술 231~232

남성성 47, 49~51, 220

ㄷ

다이어트 67~68, 73, 75~76

담론   36~38, 42~43, 50, 52, 54, 57, 67,
    71~73, 75, 111, 138, 186, 238

대안의료 207~213, 215

대중매체 35, 56, 60, 83, 91, 93, 104, 111,
    253

대중문화 36, 42, 70, 87~88, 93~94, 113,
    130

도덕적 금기 81

도상학 118, 120~121, 123

동성애 51, 54~56

동성애자 운동 51

ㅁ

매스미디어 35
면역 체계 107~109
모성애 221, 228, 230, 254, 255
몸 40~41, 43~46, 48~49, 67, 70, 72~73,
   75~77, 96, 118, 128, 219, 222
  말하는 몸 44
  깨끗한 몸(the clean body) 40
  상품화된 몸(the commodified body) 40,
   66
  성별화된 몸(the gendered body) 40
  섹슈얼한 몸(the sexual body) 40
  운동하는 몸(the sporting body) 40
  의료화된 몸 44
  죽은 몸(the dead body) 40
  훈육된 몸(the disciplined body) 40, 44
  몸의 경계 150
  몸의 정치 61, 81, 258
문화 29
  문화사회학 34~35
  문화연구 16, 34~35
  문화이론가 87
  문화적 행동주의 125
  문화화(enculturation) 54
민속방법론 198

ㅂ

병원 157~58, 163, 203
  병원균 이론 103~104, 153, 170
보건관리 전문직 142, 180, 189

부인과학 219~220, 223, 227
불임 166~167, 256, 259~260
  불임증 166~167
불확실성 199~200
비교문화적 관점 32
비유 87
비판사회학 17

ㅅ

사회구성주의 16, 25~26, 28, 48, 52, 86
  사회구성주의자 27~28, 42
  사회구성주의적 관점 25, 186
  사회구성주의적 접근 17
사회적 성 47
사회학 44
산전 관리 219
산전검사 248, 250~251
  산전검사 기술 246
  산전검사절차 249
산파 240, 241
상대주의 28, 48
상품 66, 67, 70, 76, 82
  상품소비 69
  상품화 67, 73
  상품화된 몸 40, 66
상호작용 46
생명연장 기술 84
생물학 26
생의학 30
섭식장애 77, 233
성과학(sexology) 52, 67
  성과학자 120

성별화된 몸 51

성형수술 69, 129

섹슈얼리티 46~47, 51~54, 56, 115, 118, 219

섹슈얼한 몸(성적인 몸) 44, 51, 90

소비문화 67~69, 72

소비자 191~192

　소비자 집단 199

　소비자주의 195

　소비자주의적 접근 192

시장성 68

신경성 무식욕증 환자 77

실증주의 17

실천 43, 138, 245

○

아비투스(habitus) 74

암 110~112

언론매체 50, 107, 112, 120

언어학적 전환(linguistic turn) 15

엘리트 문화 87~88, 130

여성성 47, 49, 220

여성운동 42

여성주의 46, 48, 229, 245, 258

　여성주의 문헌 260

여성주의자 46, 48, 76, 217

여성주의적 관점 258

여성학 17

역사학 16, 44

외모 66, 68

원인 이종(humanoid hybrid) 47

월경 219, 223~224, 227, 232~234, 236

월경전증후군 237~238

은유 43, 94~97, 99, 108, 113, 130, 238~239

　은유 체계 130, 239

의과대학생 196

의료사회학 16~17, 29, 133

의료역사학자 32, 135

의료의 기업화 188

의료인류학 29~31, 133

의료적 상호작용 174, 177, 183~187, 189, 193, 199, 205, 216

의료전문직 137~138, 143, 161, 181, 187, 216, 245

의료화 21, 40, 44, 191, 242

　의료화된 몸 44

의사 195~199, 216

의사 결정 200

의사 - 환자 관계 19, 23, 175, 178, 183, 188~189, 191, 204

　의사 - 환자 상호작용 179, 181

의사소통 38

의학 교과서 116~117, 181

이미지 87

이성애 54

이환(illness) 87, 90, 95~96, 98, 103, 121, 123, 144~145, 167, 215

인공수정(IVF) 84

인류학 16

　인류학자 44

일탈 151~152

임신 223~224, 242, 256

　임신 기술 219

　임신보조기술 254~255, 258, 260

임신중절 124~125

입원 157, 160, 172

ㅈ

자연 분만의 이데올로기 244

자연분만 담론 244

자연분만운동 243~246, 254

자조 집단 213, 215

　자조집단 운동 213

재생산 84, 124, 239, 256~257

　재생산 과정 124

　재생산 기술 84, 256~257

재의료화 213

전문의 197, 199

전문직화 180

정신질환 33, 34

정체감 150

　자아 정체감 66, 68, 150

정체성 146~147, 161

정치경제학 22, 31

　정치경제학자 178

　정치경제학적 관점 21, 179, 183

　정치경제학적 접근 23

제2차 여성주의 운동 46, 51, 218

제왕절개 241

젠더 16, 46~47, 49~51, 90, 114~116, 217

죽음 78~80, 84~85, 88, 90, 118~119

지지 집단 213

질병(disease) 43, 87~88, 90, 95~96, 98~99, 103, 118, 121, 123, 144~145, 148, 152, 156, 166~168, 215

질병 경험 146, 151, 160, 172

ㅊ

체외수정 166, 256, 259

체화(embodiment) 41, 51, 217

출산 219, 224, 240, 242~243, 254

　출산 통제 기술 228

ㅌ

탈의료화 212, 243

탈체화(disembodiment) 47

텍스트 38

통제 245

ㅍ

폐경 219, 233, 235~236, 239

포스트모더니즘 16~17, 25~26, 42~43, 56, 215

　포스트모더니즘 학자 25

　포스트모던 이론 187

폭식증 77

푸코, 미셸(M. Foucault) 16~17, 25, 33~34, 45~46, 52~54, 58, 74, 140, 184~185, 187, 193, 264

피임 219, 228~229

피트니스 71, 75

ㅎ

해부 81, 83

　해부학 41, 81, 83, 119, 220

　해부학적 지식 222

해석학(hermeneutics) 132

행동주의 126

현상학 131

혈액 81

환자 역할 151, 164, 175

　환자 역할 모델 20

후기구조주의 16~17, 26, 37, 42~43, 52,
　215, 258, 260

후기구조주의자 37

훈육 185, 204

　훈육된 몸 40, 44

히스테리 224~226

지은이__ 데 버 러 럽 턴 (Deborah Lupton)은 호주 찰스 스튜어트 대학의 문화연구 및 문화정책학과의 교수로 재직하면서 의료사회학과 관련된 문화현상에 관심을 가지고 연구를 수행하고 있다. 주요 저서로 *The Imperative of Health*(1995), *Risk and Everyday Life*(공저, 2003) 등이 있다.

옮긴이__ 김 정 선 은 이화여자대학교 사회학과 교수로 재직 중이며 의료사회학과 조직사회학을 전공분야로 연구와 강의를 수행하고 있다. 「보건의료기술의 사회적 함의: 재생산기술이 여성에게 미치는 영향을 중심으로」(2008) 등의 논문과 『건강질병의료의 문화분석』(2002) 등의 역서가 있다.

한울아카데미 1217
의 료 문 화 의 사 회 학
ⓒ 김정선, 2009

지 은 이 • 데버러 럽턴
옮 긴 이 • 김정선
펴 낸 이 • 김종수
펴 낸 곳 • 도서출판 한울
편집책임 • 김경아

1판 1쇄 인쇄 2009년 12월 14일
1판 1쇄 펴냄 2009년 12월 24일

주   소(본사) • 413-832 파주시 교하읍 문발리 507-2
(서울사무소) • 121-801 서울시 마포구 공덕동 105-90 서울빌딩 3층
전   화 • 영업 02-326-0095, 편집 02-336-6183
팩   스 • 02-333-7543
홈페이지 • www.hanulbooks.co.kr
등   록 • 1980년 3월 13일, 제406-2003-051호

Printed in Korea.
 ISBN 978-89-460-5217-8 93330(양장)
        978-89-460-4212-4 93330(학생판)

* 책값은 겉표지에 표시되어 있습니다.
* 이 도서는 강의를 위한 학생판 교재를 따로 준비했습니다.
  강의 교재로 사용하실 때에는 본사로 연락해주십시오.